# 规则与协调

## ——“一带一路”法治合作国际论坛文集

# Rules and Coordination

Forum on the Belt and Road Legal Cooperation

外交部 中国法学会 编

法律出版社
LAW PRESS·CHINA

# 编　委　会

出席论坛贵宾合影

**Group Photo of VIPs participating in the Forum**

# 论坛开幕式
# Opening Ceremony

中华人民共和国国务委员兼外交部长王毅在开幕式作主旨演讲
Mr. Wang Yi, State Councilor and Minister of Foreign Affairs of the People's Republic of China delivered a Keynote Speech

中国法学会会长王乐泉在开幕式作特别致辞
Mr. Wang Lequan, President of China Law Society, delivered special remarks

论坛共同主席、中国法学会常务副会长陈冀平主持开幕式

Mr. Chen Jiping，Co-Chair of the Forum and Executive Vice-President of China Law Society，chaired the Opening Ceremony

塞尔维亚司法部部长奈拉·库布罗维奇致辞

Ms. Nela Kuburovic，Minister of Justice of Serbia，delivered a speech

牙买加司法部部长德尔罗伊·卓致辞

Mr. Delroy Chuck, Minister of Justice of Jamaica, delivered a speech

亚洲和平和解理事会主席，泰国前副总理、前外交部部长、前财政部部长素拉杰·沙田泰致辞

Mr. Surakiart Sathirathai, Chairman of Asian Peace and Reconciliation Council and Former Deputy Prime Minister, Former Minister of Foreign Affairs, and Former Minister of Finance of Thailand, delivered a speech

联合国经济和社会事务副秘书长刘振民致辞
Mr. Liu Zhenmin, United Nations Under-Secretary-General for Economic and Social Affairs, delivered a speech

亚洲基础设施投资银行行长金立群致辞
Mr. Jin Liqun, President of Asian Infrastructure Investment Bank, delivered a speech

土耳其外交部副次长穆拉特·亚武兹·阿泰什致辞

Mr. Murat Yavuz Ates, Deputy-Under-Secretary of the Ministry of Foreign Affairs of Turkey, delivered a speech

英国政府"一带一路"金融与专业服务特使范智廉致辞

Mr. Douglas Flint, Belt and Road Initiative Special Envoy of the UK Treasury, delivered a speech

# 论坛闭幕式
# Closing Ceremony

论坛共同主席、中华人民共和国外交部副部长孔铉佑主持闭幕式，并宣读《论坛共同主席声明》

Mr. Kong Xuanyou, Co-Chair of the Forum and Vice-Minister of Foreign Affairs of the People's Republie of China, chaired the Closing Ceremony and announced the Statement of Co-Chairs of the Forum

柬埔寨王国司法大臣昂翁·瓦塔纳致辞

Mr. Ang Vong Vathana, Minister of Justice of Cambodia, delivered closing remarks

白俄罗斯总统办公厅副主任瓦列里·米茨克维奇致辞
Mr. Valeri Mitskevich，Deputy Head of the Administration of the President of the Republic of Belarus，delivered closing remarks

新加坡律政部副常务秘书韩国元致辞
Mr. Han Kok Juan，Deputy Secretary of Ministry of Law of Singapore，delivered closing remarks

# 序　　言

2013年，习近平主席提出共建“一带一路”倡议。5年多来，“一带一路”秉承和平合作、开放包容、互学互鉴、互利共赢的丝路精神，在恪守《联合国宪章》宗旨原则与和平共处五项原则的同时，致力于促进各国共同发展繁荣，推动各国携手共同构建人类命运共同体，得到了国际社会的积极响应和广泛支持，取得丰硕成果，成为当今世界规模最大的国际合作平台和最受欢迎的公共产品。法治合作是“一带一路”国际合作不可或缺的重要组成部分，有助于为“一带一路”建设提供更加坚实的法律支撑和制度保障。构建“一带一路”法治保障体系、营造稳定可预期的法治环境、在法治轨道上深化交流与合作，是实现“一带一路”沿线各国共同发展繁荣的必然要求。

2018年7月2日至3日，外交部与中国法学会在中国北京共同举办“一带一路”法治合作国际论坛，为沿线各国政府和国际组织及法学法律界创设了一个高级别对话平台。来自中国与“一带一路”沿线国家和国际组织近400位代表出席了论坛，包括20多位外国部长级官员、前政要和国际组织负责人。

论坛主题为“共建‘一带一路’：规则与协调”，四个分议题为“一带一路”理念与国际法治、“一带一路”规则体系与条约法律保障、“一带一路”与国际争端解决、“一带一路”法律交流与合作。国务委员兼外交部长王毅、中国法学会会长王乐泉出席论坛开幕式并致辞。论坛闭幕式上通过了论坛共同主席声明，凝聚各方共识，为未来“一带一路”法治合作明确方向和“路线图”。中外50余位资深专家就“一带一路”法治合作发表观点和建议，为推动“一带一路”行稳致远、走深走实贡献法律智慧。我们期待各方能够一道努力，推动本次论坛成果不断深化、不断扩大，促进各项倡议能够落地生根，转化为一个个具体的合作协议和实际行动。

为集中展示论坛情况，我们将论坛发言汇集出版，希望为后续工作提供有益借鉴，为促进“一带一路”法治合作发挥积极作用。在此，衷心感谢每一位发言人的辛勤努力！

由于编写时间紧迫，《规则与协调——“一带一路”法治合作国际论坛文集》的编撰工作难免有疏漏、错误之处，敬请广大读者提出宝贵意见和建议。

论坛组委会

2018 年 7 月

# Preface

In 2013, President Xi Jinping first proposed the Belt and Road Initiative. In the past five years, guided by the Silk Road spirit of peace and cooperation, openness and inclusiveness, mutual learning and mutual benefit, and abiding by the purpose and principles of the United Nations Charter as well as the Five Principles of Peaceful Coexistence, the Belt and Road Initiative has been committed to promoting common development and prosperity of different countries and building a community of shared future for mankind. It has received wide support from international community and become the largest platform for international cooperation and the most popular public good in the world. Legal cooperation, an integral part of Belt and Road international cooperation, provides solid legal support and institutionalized safeguard for building the initiative. To achieve joint development and prosperity of the countries along the Belt and Road, it is crucial to build a sound legal safeguard system, create a stable and foreseeable legal environment, and deepen cooperation and exchange on the rule of law.

The Forum on the Belt and Road Legal Cooperation was hosted by the Ministry of Foreign Affairs and the China Law Society in Beijing on July 2 – 3, 2018, creating a high-profile platform for dialogues between governments, international organizations and legal professionals from all Belt and Road countries. Nearly 400 delegates from Belt and Road countries as well as international organizations, including over 20 foreign ministerial-level officials, former dignitaries and leaders of international organizations, attended the event.

Themed "Jointly Build the Belt and Road: Rules and Coordination", the forum comprised four panel sessions: The Belt and Road Initiative and International Rule of Law; Rules, Treaties and Laws Supporting the Belt and Road Initiative; The Belt and Road Initiative and International Dispute Settlement; and The Belt and Road Initiative Legal Exchange and Cooperation. State Councilor and Foreign Minister Wang Yi and President of the China Law Society Wang Lequan attended the opening ceremony of the forum, outlining its goals in their speeches. A Statement of the Co-Chairs of Forum on the Belt and Road Legal Cooperation was released at the closing ceremony, defining the direction and roadmap for Belt and Road legal cooperation in the future through consensus among all the parties. More than 50 senior experts from China and other countries presented their opinions and suggestions on the Belt and Road legal cooperation, contributing their legal wisdom to help the Belt and Road Initiative progress in a more stable, deeper and stronger manner. We hope that all parties will work together to deepen and expand the outcomes of the forum so that all its initiatives can take root and develop into specific cooperative agreements and practical action.

This publication is a collection of the speeches made at the forum. As a record of the outcomes of the forum, we hope that it will serve as a useful reference for future work and play an active role in the promotion of Belt and Road legal cooperation. We are grateful to all speakers for their hard work.

This publication may have some omissions or mistakes. We welcome comments and suggestions from our readers.

The Organizing Committee,

Forum on the Belt and Road Legal Cooperation

July 2018

# 目 录

## 论坛共同主席声明



## 开 幕 式

## 议题一：“一带一路”理念与国际法治



## 议题二：“一带一路”规则体系与条约法律保障

## 议题三：“一带一路”与国际争端解决

## 议题四:“一带一路”法律交流与合作

## 闭 幕 式



## 论坛共同主席接受联合采访实录摘编

# Contents

## Statement of the Co-Chairs of the Forum on the Belt and Road Legal Cooperation



## Opening Ceremony

## Panel 1: The BRI and International Rule of Law

## Panel 2: Rules, Treaties and Laws Supporting the BRI

## Panel 3: The BRI and International Dispute Settlement

## Panel 4: BRI Legal Exchange and Cooperation

## Closing Ceremony

## Excerpt of Joint Interview with Co-Chairs of the Forum

# 论坛共同主席声明

# “一带一路”法治合作国际论坛共同主席声明

（2018 年 7 月 3 日，中国北京）

1. 2018 年 7 月 2 日至 3 日，来自有关国家政府部门、国际和地区组织、私营部门和学术机构的 350 余名代表相聚中国北京，出席由中国外交部和中国法学会联合举办的“一带一路”法治合作国际论坛，围绕“共建‘一带一路’：规则与协调”主题进行了广泛深入且富有成效的讨论。外交部副部长孔铉佑和中国法学会常务副会长陈冀平担任论坛共同主席。

2. 2013 年，中国国家主席习近平提出共建“一带一路”倡议。五年来，倡议得到国际社会积极响应和广泛支持，100 多个国家和国际组织参与其中，取得丰硕成果。“一带一路”源自中国，但属于世界。“一带一路”建设跨越不同地域、不同发展阶段、不同文明、不同法系，是一个开放包容的合作平台，是各方共同打造的全球公共产品。

3. 随着“一带一路”建设不断深入，除了继续加强基础设施等“硬联通”外，各方对规则制度等“软联通”的需求也日益凸显。在此背景下，需要共同探讨“一带一路”法治合作相关问题，为“一带一路”建设提供更好的支撑和保障。

## 加强“一带一路”建设促进国际法治

4. 国际法治是捍卫国家主权、维护世界和平、促进共同发展的重要制度保障，反映了各国对主权平等、和平包容、合作共赢、公正高效等理念和价值的普遍追求。良好的国际法治环境是“一带一路”建设顺利推进的必要前提。

5. 共建“一带一路”倡议自提出以来，一直秉持“共商、共建、共享”原则。“共商、共建、共享”原则与以《联合国宪章》为核心的国际法基本原则和国际关系基本准则一脉相承，符合国际法治的精神和要求。

6. 法治合作是“一带一路”国际合作中不可或缺的一个重要领域和环节，应在“共商、共建、共享”原则的基础上开展。

7. 建议“一带一路”参与方开展多层次、多渠道、全方位的法治合作，共同探索建立合作机制、协商确定合作重点、逐步制订行动计划、有效解决法律问题、不断凝聚共识，为“一带一路”建设夯实法治之基。

8. 国际和地区组织拥有机构网络、专业和人才等方面的优势，在“一带一路”法治合作中可以发挥重要作用。建议“一带一路”参与方进一步加强与国际和地区组织在相关领域的合作。

9. 我们认为，“一带一路”是践行国际法治的新平台、促进国际法治的新动力。随着“一带一路”建设的不断发展及其法治合作的逐步深入，将从理念和实践层面进一步丰富和充实国际法治，进一步促进国际法治的发展。

## 遵守和完善有关国际规则体系

10. “一带一路”致力于打造平等互利、开放包容、公开透明的国际合作平台，遵守有关国际公约、双边条约及其他相关国际规则。随着“一带一路”建设的深入发展，也有必要根据实际情况和各方共同需要，不断发展相关规则，逐步推动规则体系的完善。

11. 支持“一带一路”参与方结合本国实际情况和发展需要，在借鉴、吸纳国际标准的基础上，加强包括基础设施建设在内的技术标准体系对接和兼容，并在平等基础上共同研究合作标准，进一步推进“一带一路”国际合作走向深入。

12. 认识到贸易和投资作为经济增长引擎的关键作用，呼吁各方通力合作，维护多边贸易体制，避免并反对一切形式的单边主义和贸易保护主义。支持“一带一路”参与方缔结贸易和投资协定，促进贸易和投资自由化和便利化，进一步放宽市场准入，逐步减少和消除贸易和投资壁垒。

13. 支持“一带一路”参与方推进金融、税收、交通运输、知识产权、环境保护、劳工、反恐和打击跨国犯罪等领域的法律合作，为“一带一路”构建稳定、公正、透明、非歧视的规则和制度框架。

14. 支持“一带一路”参与方积极开展多边和双边会计审计监管合作，

推动会计审计标准趋同和监管等效,为跨境投融资活动和金融市场的互联互通提供基础设施保障。

15. 鼓励“一带一路”参与方在国际民商事通行规则的基础上,加强民商事法律法规领域的合作,减少相互之间的法律冲突。

16. 鼓励“一带一路”参与方加强在签证、通关等领域的规则协调与合作,便利跨境人员与物资往来。

17. 呼吁“一带一路”参与方携手加强“一带一路”廉洁建设,鼓励以《联合国反腐败公约》等国际公约和相关双边条约为基础开展反腐败合作,将“一带一路”建成廉洁之路。

## 积极预防和妥善解决有关争端

18. 积极化解“一带一路”贸易和投资争端,平等保护各方当事人合法权益,营造稳定公平透明、可预期的法治化营商环境,对于“一带一路”建设具有重要的保障作用。

19. 建议“一带一路”参与方积极开展法律风险防范合作,有效预防争端。

20. 支持“一带一路”参与方加强协商合作,积极运用现有国内、国际争端解决机制或机构解决争端。探索建立符合“一带一路”实际需要的争端解决机制或机构,包括研究建立以条约为基础的国际机制或机构的可行性,预防和解决相关争端。

21. 支持“一带一路”参与方深化司法执法领域合作,包括探讨加强民商事判决相互承认和执行、促进民商事司法文书送达及调查取证的合作机制等。支持“一带一路”参与方加强调解、仲裁等非诉纠纷解决领域的交流合作。

22. 倡导公正、高效、便利地解决争端,赞赏相关国家探索建立诉讼、调解、仲裁有效衔接的多元化纠纷解决机制所做的努力。

## 深化“一带一路”法治交流

23. 鼓励“一带一路”参与方、国际和地区组织、社会团体、学术界等开展多元化的法治交流,分享良好做法和最新实践,推进法律制度、法律文化和法律教育领域的合作。

24. 支持“一带一路”参与方法律服务业加强相互沟通与交流，通过多种形式推进跨境合作，为政府和企业提供更加优质、高效的法律服务。

25. 鼓励“一带一路”参与方、国际和地区组织、社会团体、研究机构和私营部门共同参与“一带一路”法治人才培养，并积极开展法治能力建设合作。

26. 欢迎中国出资实施“‘一带一路’法治合作研修项目”，以支持“一带一路”参与方深入开展法律交流和能力建设。

27. 鼓励“一带一路”参与方加强法律信息和实践交流机制建设，探索建立外国法查明在线共享平台和司法案例交流平台等。

28. 鼓励“一带一路”参与方积极建设条约数据库，为公众查阅相关国家缔结和参加的双多边条约提供便利。

## 愿景展望

29. 我们建议，未来通过适当形式继续开展对“一带一路”法治合作问题的交流讨论。

30. 我们呼吁，尊重《联合国宪章》宗旨原则和国际法，在“共商、共建、共享”基础上，推进“一带一路”法治合作；积极为构建人类命运共同体，建设持久和平、普遍安全、共同繁荣、开放包容、清洁美丽的世界贡献力量。

# 开 幕 式

中华人民共和国国务委员兼外交部长
王　毅

# 加强国际法治合作
# 推动“一带一路”建设行稳致远

（2018 年 7 月 2 日，中国北京）

尊敬的论坛主席，各位嘉宾，
女士们、先生们：

上午好！首先，我代表中国政府，热烈欢迎大家来北京出席“一带一路”法治合作国际论坛。

2013 年，习近平主席提出共建“一带一路”倡议。这是习主席纵观中国和世界发展大势，为促进各国人民的共同发展繁荣，携手共同构建人类命运共同体所提出的重大国际合作设想。5 年来，“一带一路”秉承和平合作、开放包容、互学互鉴、互利共赢的丝路精神，致力于促进各国的共同发展需求，得到了全球范围的响应支持，取得了十分丰富的早期收获。到目前为止，已有近 90 个国家和国际组织与中方签署了共建“一带一路”的合作协议。我们同各国共同建设了 75 个境外经贸合作区，产能合作、互联互通和经济走廊建设稳步推进。中国与沿线国家的进出口总值已达到 30 多万亿元人民币，对沿线国家的投资超过 700 亿美元，已经创造了 20 多万个就业岗位。越来越多的国家和地区人民正在从中受益。“一带一路”实际上已成为当今世界规模最大的国际合作平台，也成为国际社会最受欢迎的公共产品。去年，首届“一带一路”国际合作高峰论坛在北京成功举办，达成了270多项成果，推动“一带一路”倡议进入全面实施的新阶段。明年，中国还将应各国的要求，主办第二届“一带一路”国际合作高峰论坛，欢迎各国继续踊跃参与。

“一带一路”为什么能够在短时间内受到如此广泛的欢迎，取得这么多超出预期的成果？原因主要在于以下几个方面：

第一，共建“一带一路”坚持以平等互利为原则。“一带一路”是具有典范意义的国际合作平台，虽然由中国倡议，但各方都是平等的参与者、贡献者和受益者。在这一新型合作平台上，各国平等相待，公平参与，聚焦发展，谋划合作。

第二，共建“一带一路”坚持以合作共赢为目标。“一带一路”从一开始就坚持所有参与方的共同发展和共同繁荣。这一目标致力于使经济全球化朝着更加普惠、包容和共赢的方向发展，完全符合各国希望通过合作实现共赢的美好愿望。“一带一路”不是中国的“独奏曲”，而是大家的“交响乐”；不是哪家单独受益，而是各方共赢多赢。

第三，共建“一带一路”坚持以开放包容为宗旨。“一带一路”建设的一切都在阳光下运行，它不是封闭的俱乐部，而是开放的朋友圈。只要认同丝路精神，各方都可以参与共建，分享机遇。我们希望所有“一带一路”项目都是高水平、高标准和高质量的，我们也高度重视绿色环保和债务的可持续性。同时，我们认为也应考虑不同合作对象的客观情况，照顾每一个参与方的实际需求。

第四，共建“一带一路”坚持以对接发展为途径。5年来，我们与各方在国家、地区层面进行了成功的发展战略对接，其中包括俄罗斯等国的“欧亚经济联盟”、哈萨克斯坦的“光明之路”、蒙古国的“草原之路”、印度尼西亚的“全球海洋支点”、欧盟的“欧洲投资计划”以及联合国的2030年可持续发展议程等。我们通过这些不同层次，不同类型的对接，形成更强的优势互补，开辟更大的合作空间，挖掘更多的合作潜力，从而更好地解决各国发展的不平衡和国际合作碎片化问题，最终目标是以对接带动整体发展，以发展实现共同繁荣。

第五，共建“一带一路”坚持以规则法治为基础。我们始终在各种现行国际规则和法律范围内开展合作，既尊重通行的国际法，也遵守各国的国内法。我们正加快同各方商签贸易投资、金融税收、知识产权、交通环保等协定，努力打造共建“一带一路”的规则和法治网络。我们深信，规则和法治既是“一带一路”走向世界的通行证，也是应对各种不确定性风险和挑战的安全阀。

女士们、先生们：

推进“一带一路”建设离不开各国的携手努力，也离不开各界包括法律界人士的共同参与。我们愿与各方不断加强法治合作，为“一带一路”建设提供更加坚实的法律和制度保障。

一是加强“一带一路”的规则联通和协调对接。中国已基本实现与国际规则的全面接轨和国际标准国内化。我们参加了几乎所有普遍性政府间国际组织，加入了500多项国际公约，2017年中国的国家标准与国际标准的相关联采标率已达90%以上。我们的主张是，各国在推进基础设施“硬联通”的同时，也应加强横向之间政策、规则、标准和机制的“软联通”，实现规则和标准体系之间相互兼容，打造畅通无阻的“规则高速公路”，以充分释放“一带一路”互联互通的积极效应。

二是完善“一带一路”的法治保障体系。我们应及时填补空白领域，更新有关条约，构建适应“一带一路”发展需求的条约保障网络。包括尽快建立诉讼、仲裁、调解有机衔接的“一带一路”争端解决服务机制，妥善化解纠纷，营造法治化营商环境。搭建“一带一路”法律领域的信息共享和大数据服务平台，为开展合作提供更好法律咨询服务。中国外交部正在建设国家条约数据库，建成后将极大便利“一带一路”参与国企业和公众查阅条约信息。

三是深化“一带一路”法治交流与国际合作。我们支持“一带一路”参与国政府、国际组织、私营部门、学术界等开展法治交流，促进不同法律文化的交流互鉴，分享有益经验和最佳实践，共同防范法律风险。我们愿加强“一带一路”参与国司法执法合作，共同打击跨国犯罪，推进反腐败国际合作。我们希望提升“一带一路”参与国法治能力建设水平，培养高素质国际法律人才。我愿在此宣布，中国政府决定出资实施“‘一带一路’法治合作研修项目”，以实际行动促进这一合作。

女士们、先生们：

今年是中国改革开放40周年。中国将继续坚持对外开放的基本国策，坚持打开国门搞建设，继续积极促进“一带一路”国际合作，坚持奉行“共商、共建、共享”，努力实现政策沟通、设施联通、贸易畅通、资金融通、民心相通。

共建“一带一路”倡议源于中国，但机遇和成果属于世界。正如习近平主席在首届“一带一路”国际合作高峰论坛上所指出的：“一带一路”建设是伟大的事业，需要伟大的实践。让我们一步一个脚印推进实施，一点一滴抓出成果，造福世界，造福人民。为此，让我们携起手来，不断加强包括国际法治合作在内的各领域合作，推动“一带一路”建设取得更大进展，为构建人类命运共同体，建设一个持久和平、普遍安全、共同繁荣、开放包容、清洁美丽的世界而作出不懈努力！

最后，预祝本次论坛取得圆满成功！

谢谢大家！

中国法学会会长
王乐泉

# 在"一带一路"法治合作国际论坛开幕式上的特别致辞

（2018 年 7 月 2 日，中国北京）

尊敬的各位来宾，
女士们、先生们、朋友们：

7 月的北京，万木葱茏、生机盎然。在这美好的季节，来自"一带一路"沿线国家和地区的近 400 位中外法学家、法律家、政府官员以及各界代表会聚在美丽的北京，以"规则与协调：共建'一带一路'"为主题，探讨法治合作的途径，共谋发展大计，这对于增进沿线各国的相互了解，扩大交流与合作，促进共同发展具有十分重要的意义。首先，请允许我代表中国法学会，向各位嘉宾的到来表示诚挚的欢迎！

朋友们！

2013 年，习近平主席提出"一带一路"倡议，得到国际社会的普遍欢迎和积极响应，已有 100 多个国家和国际组织参与其中。"一带一路"倡议秉承"和平合作、开放包容、互学互鉴、互利共赢"的丝路精神，在恪守《联合国宪章》宗旨原则与和平共处五项原则的同时，坚持开放合作、和谐包容、市场运作和互联共赢，为实现新型国际合作开辟了新道路。去年5月，习近平主席出席“一带一路”国际合作高峰论坛开幕式并发表主旨演讲，强调将“一带一路”建成和平之路、繁荣之路、开放之路、创新之路、文明之路。1年来，习近平主席运筹帷幄、亲力亲为，带领中国人民为建设“一带一路”作出了巨大努力，取得了新的成果，赢得世界广泛赞誉。

法治是人类社会的美好理想，也是“一带一路”沿线各国的共同追求。一个和谐美好的“一带一路”，必定是公平正义的“一带一路”，民主法治的“一带一路”。在人类漫长历史长河中，“一带一路”沿线各国对推动世界法治文明做出了积极贡献。“一带一路”建设根植于历史，但面向未来。法治环境是各国、各地区间经贸往来的基本保障，加快法治体系构建、深化国际司法合作成为推进“一带一路”沿线各国共同发展繁荣的必然要求。当前，“一带一路”沿线各国法律制度各不相同，法律文化传统差异很大，法治发展水平也参差不齐，建设过程中必然涉及诸多法律问题，比如，如何通过法律规则促进沿线国家实现对接、优势互补；如何完善沿线各国投资环境，保护投资者的合法权益；如何促使参与者更好遵守当地的法律法规、公序良俗等。加强对这些问题的研讨和交流，对于有效应对风险和挑战，使“一带一路”合作与交往在法治化轨道上健康有序地推进，在相对稳定的法律框架下实现共同发展和互利共赢具有重要意义。

朋友们！

中国政府高度重视法治建设。改革开放40年来，伴随着市场经济、民主政治与和谐社会建设，中国的法治建设取得了历史性进步。特别是近年来，中国坚定不移坚持全面依法治国方略，坚持依法治国、依法执政、依法行政共同推进，法治国家、法治政府、法治社会一体建设，深入推进科学立法、民主立法、依法立法，进一步完善以宪法为核心的中国特色社会主义法律体系；修改宪法，加强宪法实施和监督，更好发挥宪法在国家和社会生活中的重大作用；全面启动民法典编纂，开启公民权利保障法治化的新时代；出台《中华人民共和国监察法》，实现国家对公权力行使监察全面覆盖。用法治引领改革发展破障闯关、推动民生改善和社会公正；加快推进依法行政、法治政府建设；深入推进司法体制改革，不断完善人权司法保障，司法公信力进一步提升；坚持依法依规管党治党，为全面依法治国提供坚强政治保证；运用法治思维和法治方式化解社会矛盾，全民法治素养有了新的提高，多元化纠纷解决体系日益健全，保障人民共享法治社会建设成果。

“一带一路”倡议提出后，中国一直在努力为“一带一路”建设打造和谐稳定、开放包容的社会环境，营造公平、公正、可持续发展的营商环境，加强与“一带一路”沿线国家执法司法合作，共同应对风险和挑战，全力护航“一带一路”建设。中国最高人民法院在《关于人民法院为“一带一路”建设提供司法服务和保障的若干意见》中明确指出“要坚持平等保护中外当事人的合法权益”；最高人民检察院出台《关于做好检察机关预防职务犯罪工作服务和保障“一带一路”战略的十条意见》，加强“一带一路”建设中的反腐合作，让“一带一路”成为廉洁之路。司法行政部门和广大律师，紧紧围绕“一带一路”建设的重点领域，丰富服务载体，拓展服务平台，努力为“一带一路”建设提供优质高效的法律服务。

中国法学会是中国法学界、法律界的全国性人民团体、群众团体和学术团体，是加强社会主义民主法制建设，推进依法治国、建设社会主义法治国家的重要力量。中国法学会也是开展对外法学交流的重要渠道。截至目前，已经与世界上100多个国家和地区的800多个法学、法律组织建立了联系，并与其中88个国家和地区的136个重要法学、法律组织签署了双边合作备忘录。多年来，我们与“一带一路”沿线国家法学界、法律界保持着良好的合作关系。中国提出“一带一路”倡议以来，我们服务和配合“一带一路”建设等国家重大发展战略和外交工作大局，继续深化与“一带一路”沿线国家法学界、法律界的交流与合作。与一些科研院所和大学合作建立“一带一路”法治研究基地，以“深化法治交流合作，共建共享‘一带一路’”为主题举办中国—东盟法律论坛、金砖国家法律论坛、中英法治圆桌会议等多个高层次的对话、论坛，召开多次“国际投资经贸法律风险及对策”研讨会。多次派团访问俄罗斯、印度、日本、韩国、东盟国家和东欧国家，深化与新兴经济体和发展中国家的务实合作。积极做好涉外法律服务，尤其是我国在发展中国家和欠发达国家投资企业的法律咨询和服务。推进中非法律研究中心、联合仲裁中心等的建设。加强域外法律人才培训，举办面向“一带一路”沿线国家、非洲、东盟和南亚、东北亚地区的域外法律人才培训班，推进与亚太法协等国际组织在“一带一路”法律事务上的合作。设立和发布“一带一路”系列课题，组织引领专家学者集中研究“一带一路”法律问题，形成一批高质量的研究成果。随着“一带一路”建设的深入推进，中国法学会与沿线国家法学界、法律界的合作必将进一步深化。我们愿意继续努力，始终遵循合作、发展、共赢的理念，与沿线各国法学界、法律界在更大范围、更广领域开展多种形式的交流与合作，为“一带一路”建设提供法律支撑，更好地造福沿线各国人民。

为此，我提出以下三点建议：

一要以论坛为平台，加强沟通合作。论坛举办的初衷，就是要为沿线各国法学界、法律界提供一个高层对话平台，为各国经济和社会的合作发展创造一个良好的法治环境。各国法学、法律组织应当充分利用这一渠道，积极开展双边、多边务实合作，增进各国法学、法律界的相互理解和信任，为推动沿线各国经济、环境、文化等领域合作保驾护航，推动可持续发展，实现共同繁荣。

二要不断深化合作的内容与形式。经济全球化深入发展，使各国的利益相互交织、各国的发展相互依存。“一带一路”建设跨越不同地域、不同发展阶段、不同文明，论坛应当紧密结合沿线各国经贸合作的发展，探讨面临的法律热点、难点问题，以论坛为框架，积极探索新的合作领域，创造新的模式，尝试新的项目，通过学习互访、研讨培训、智库合作、网络信息化建设等务实合作项目，不断为论坛增添新的活力。

三要完善工作机制，将论坛建成长效平台。论坛的发展壮大，需要各国与会组织的共同努力。我们应当高度重视和推动建立完善多边联合工作机制，研究未来数年内推进“一带一路”法治合作的整体规划和行动方案，为实质行动奠定基础。不断丰富论坛的活动方式，健全论坛的活动机制，积极寻求论坛和其他国际性、区域性法学法律组织开展交流与合作，扩大论坛的影响，将论坛建设成为中国与沿线各国法学界、法律界经常交流与合作的长效平台，“一带一路”建设全面持续发展的法律智库。

女士们，先生们，朋友们！

“一带一路”建设已经迈出坚实步伐，接下来的是乘势而上、顺势而为，推动它行稳致远、继往开来。展望“一带一路”沿线各国的未来发展，我们充满信心。让我们以此次论坛为起点，用实实在在的行动，推动“一带一路”沿线各国法治合作不断取得新进展，为经济社会发展营造良好的法治环境,为构建人类命运共同体注入强劲动力!

我衷心祝愿论坛取得圆满成功!祝各位代表在北京身体健康,生活愉快!

谢谢大家!

塞尔维亚司法部部长
奈拉·库布罗维奇

# 在“一带一路”法治合作国际论坛开幕式上的致辞

（2018年7月2日，中国北京）

女士们、先生们、尊敬的同事们：

我谨代表塞尔维亚共和国政府向大家致意，并感谢能有机会在这个非常重要的会议上发言，我们在“一带一路”倡议范围内，交流各国经验。

2009年，前南斯拉夫，也就是现在的塞尔维亚共和国与中国建立了战略伙伴关系。此后，频繁的高层互访大大加强了两国之间的双边关系。中国国家主席习近平2016年访问塞尔维亚后，两国关系提升到了全面战略伙伴关系的新高度。

塞尔维亚对中国在科索沃和梅托希亚问题上的原则立场表示最深切的感谢，中国主张通过对话解决问题，充分尊重塞尔维亚共和国的主权和领土完整。我们特别赞赏中国在联合国安理会上的支持，强调执行第1244号决议，充分执行《布鲁塞尔条约》，建立塞尔维亚自治省共同体。我想借此机会，再次感谢中方的原则性表态和反对单方面宣布独立的科索沃加入国际组织，如联合国教科文组织、国际刑警组织、世界海关组织等。

我们还记得,中华人民共和国在1999年向南斯拉夫提供了许多急需的人道主义援助,那是我们国家近代史上最悲惨的时刻。

塞尔维亚支持中国国家主席习近平提出的“一带一路”倡议。塞尔维亚共和国总统亚历山大·武契奇出席了首届“一带一路”国际合作高峰论坛,包括“一带一路”领导人圆桌峰会等活动。

中国和中东欧国家之间的合作机制已经成为“一带一路”倡议的重要组成部分,这个机制代表着一个重要的公开讨论机会,各国都乐于参与其中。我记得第三次中国—中东欧国家领导人会晤于2014年12月16日至17日在贝尔格莱德举行。这次领导人会晤的成果是《贝尔格莱德纲要》,它指明了未来的合作方向。在领导人会晤的同时,也举办了一次非常成功的经济和贸易论坛,来自本地区各国的主要公司和国家机构的代表参加了此次论坛。

两国之间的经济合作在各领域都取得了成功。中国是塞尔维亚在亚洲最大的经济合作伙伴和最重要的金融合作伙伴。中国对塞尔维亚的直接投资正在增加。如在电动机领域处于世界领先水平的德昌电机在塞尔维亚建厂,欧洲纤维公司在塞尔维亚建立纱厂,中国嵋塔(Mei Ta)公司在塞尔维亚设厂生产车用机体,还有CTC Zmaj-Belex贸易中心等。

我要特别说一个让我很高兴例子——河钢集团有限公司的斯梅代雷沃钢铁厂,还有许多其他正在进行的项目,如在贝尔格莱德附近的塞尔维亚—中国工业园区,还有筹备中的电动汽车和汽车轮胎工厂等。

中国参与了许多重要的道路和能源基础设施项目的建设。从中国承包和建设的基础设施项目数量以及“中国—中东欧国家”合作机制来看,塞尔维亚在中东欧国家中名列第一。

在能源和采矿方面,一揽子项目Kostolac－B热电厂具有重要意义,它能够振兴现有的能源产地和建设脱硫装置,在多瑙河建设港口和铁路基础设施。项目的主体部分已经完成,目前进展良好。

自2017年塞尔维亚共和国和中华人民共和国互免签证协议生效以来,游客数量显著增加。2017年9月,贝尔格莱德—北京直航航线开通,更加促进了游客数量的增加。我们也很高兴地看到,中国中央电视台正在筹备一部影片,名为《迷人的塞尔维亚》,该片的目的是向观众宣传塞尔维亚在旅游方面的魅力,不管是人文历史还是自然景观,塞尔维亚在中国旅游市场上都颇具吸引力。

在文化、教育、科学和技术领域的合作也在不断增加，已有许多项目成功实施。两国已签订了2017～2020年文化合作项目。2014年中国总理李克强访塞期间签署了关于建立文化中心的协议，这份协议目前正在落实中。北京第二外国语学院塞尔维亚语系于2016年10月成立。经历了10年重建后，贝尔格莱德国家博物馆的首次国际展览将以中国文化为主题。

塞尔维亚需要有良好的信息和通讯技术，需要与本地区各国及世界各国有基础设施联系。这是改善贸易关系的良好基础，我们希望在这方面加强合作。

当然，治理有序的国家和法治是投资和开发项目成功的必要条件，能够为投资者及其雇员提供法律确定性。

符合国际标准的、秩序井然的、发达的法律体系是创造有利经济环境的必要条件，能为公民和法律实体提供无差别的、无不当延误的确定性。认识到这一点，塞尔维亚现行的改革十分重视这方面的工作。塞尔维亚司法机构改革正在如火如荼的进行中，改革以一系列战略性文件为框架和支持，如《国家司法改革战略》和塞尔维亚正式加入欧盟协商进程框架内的《第23章行动计划》。

在改革过程中，人们对提高法律确定性、质量和效率给予了极大的关注，包括2014年引入民法公证制度，2016年塞尔维亚公证学会加入了国际公证联盟，中国公证协会和其他受尊敬的公证机构都是该联盟成员。

此外，过去几年，我们对审判程序进行了重要改革，以便加快审理速度，降低成本，方式之一就是使用现代信息和通信技术以及非诉讼纠纷解决机制。我们认识到了非诉讼纠纷解决机制的重要性，并提倡使用这一机制，特别是调解的方式，因为它往往最适合商业实体的需要，具有灵活性、非正式性、保密性，节约时间和成本，可提供很多不同的解决方案。过去几年，我们非常努力地提升调解文化、调解员和培训机构的资质，也在法院和检察机关的工作中引入了非诉讼纠纷解决机制，以期能够提高效益和效率，优化资源。

由于“一带一路”倡议广泛涉及政府—政府、企业—政府、企业—企业的关系和交易，争端不可避免。然而，我们如何处理这些争端关系重大，能为未来成功合作奠定基础。仲裁作为企业间正式的争端解决工具，有许多好处,如灵活性、保密性和裁决的可执行性。塞尔维亚当然是《纽约公约》的签约国。然而,我们也强烈支持运用调解的方式来解决争端,因为调解的方式更快速、节约、友好而且可以维持双方的关系。在这种意义上,我们认同"一带一路"国际研究院编写的关于非诉讼纠纷解决机制的蓝皮书,蓝皮书既认可了调解的好处,又强调争端双方的文化差异、透明性和尊重缔约方的意图。

毫无疑问,我们应当提倡调解作为首选的争端解决程序,期待着今后我们能有机会讨论以下问题:适当的争端解决机制如何最好地反映各个国家的文化、传统、历史、法律、政治制度特点和企业特点。在法律合作和刑法方面,塞尔维亚和中国都在执行联合国及其机构的一些公约。在民事法律合作方面,1965 年的《关于向国外送达民事或商事司法文书和司法外文书公约》和 1970 年的《关于从国外调取民事或商事证据的公约》都在实施。

塞尔维亚已在司法合作领域向中方提出了四项协议,其审议工作正在进行中。我们认为,这四项协议通过引入可以促进法律地位的双边条约,能够填补现有空白,也能够提升中国公司在塞尔维亚境内开展业务的法律确定性,提升两国公民的地位并保护他们的权利。

我再次感谢能有此机会代表塞尔维亚共和国发言,感谢东道国一如既往的出色组织和热情款待,并祝愿我们所有人都能取得进一步的成功与合作。

谢谢大家。

牙买加司法部部长
德尔罗伊·卓

# 在“一带一路”法治合作国际论坛开幕式上的致辞

（2018年7月2日，中国北京）

致意：
中华人民共和国外交部长王毅阁下，
各外交使团成员，
各领事团成员，
尊敬的女士们、先生们：

早安！

我很荣幸代表牙买加政府参加此次论坛。此次论坛意在为促进“一带一路”倡议的发展而进行高层次讨论。

首先，请允许我赞扬中国外交部和中国法学会，因为此次论坛的举办恰逢其时。此次论坛能够检验中国和许多“一带一路”倡议受益国之间不断发展的伙伴关系。牙买加期待指引参与国可持续发展及人民进步的政策。

虽然牙买加是个小岛国，但是我们在西半球地理位置优越，拥有丰富的自然资源,在艺术、科学、体育方面人才辈出。然而,我们的人口增长持续高于基础设施建设投资,难以支持、提高牙买加人民的生活水平,导致了牙买加严重的社会和经济问题。

但是,和中国之间牢固的关系给予了我们一线希望。我们的关系的确超越了国家大小、发展水平和文化上的差异。在建交数十年后,我们保持着“双赢”的合作关系。

牙买加和中国已经正式建交 46 年。然而今天,让我们齐聚一堂的是习近平主席鉴于世界格局的变化而提出的“一带一路”倡议。这个倡议一方面为中国创造了进一步为世界发展与合作做贡献的机会;另一方面也为牙买加这样的国家创造了进一步发展的机会。数据显示,包括牙买加在内的 80 多个国家参与了这一互惠互利的倡议。

和其他拉丁美洲和加勒比地区国家一样,牙买加也因为“一带一路”倡议和与中国的经济伙伴关系而受益。我们的这种联系就是大家常说的“丝绸之路经济带和 21 世纪海上丝绸之路”。我们赞赏中国政府的这项伟大成就。

世界银行将“一带一路”倡议描述为“跨洲提升地区合作与互联互通的伟大努力。这项倡议致力于加强中国和其他 80 个国家的基础设施、贸易和投资联通,中国和这 80 个国家的 GDP 占全球的 30% 以上”。

牙买加认为,这是相当重要的一项倡议,因为“一带一路”倡议有能力提升相关国家的经济环境。这种转变还会为降低贸易成本、提升跨境贸易和总体经济增长创造机会。

我们期待此次论坛能够全面解决“一带一路”倡议实施过程中的实际问题,因为我们尝试与沿线国家建立更紧密的合作关系,实施以规则为基础的框架,并为“一带一路”倡议提供法律支持。

我们已经认识到,我们需要一些时间来应对经济和政策挑战并看到“一带一路”倡议“开花结果”。除非进行配套改革,否则基础设施投资的回报可能很低,甚至为负。

然而牙买加依旧乐观,因为我们与中国的关系一直都是牢固、充满活力和互惠互利的。事实上,我们持久的关系可以追溯到 150 年前,第一批中国移民登陆牙买加海岸的时候。数万名华裔在牙买加历史中占有一席之地,他们也欣然接受我们的国家格言:“合众为一。”

尽管牙买加与中国有不同的文化和政治制度,但有趣的是,两国在国际关系上有共同之处。因此,我们很高兴成为拉丁美洲和加勒比地区第一批与中国建立双边关系的国家。过往几十年,双边关系给两国都带来了积极成果。两国在贸易、投资和基础设施发展等方面都取得了显著的进步。

作为牙买加的朋友和伙伴,中国通过对牙买加经济增长的贡献不断实现着其对牙买加发展的承诺。在不断变化的当今世界,牙买加十分高兴能有机会参加本次论坛。我们希望借此平台表明牙买加政府和人民对牙中关系永存的坚定承诺。

与上届政府一样,本届牙买加政府坚定不移地支持“一个中国”原则。我们都承诺尊重国家主权及领土完整,这是两国关系的坚实基础。

## 结　语

牙中关系在过去得到良好发展。以“一带一路”倡议和此次论坛即将制定的政策和决定为指导,我们期待两国间的合作逐步发展。我们也期待,进一步的探讨和共同的观点将会推动“一带一路”倡议的发展,使每一个参与国都能取得其所期望的积极成果。

谢谢!

亚洲和平和解理事会主席，
泰国前副总理、前外交部部长、前财政部部长
素拉杰·沙田泰

# 在“一带一路”法治合作国际论坛开幕式上的致辞

（2018年7月2日，中国北京）

中华人民共和国国务委员兼外交部长王毅阁下，
中国法学会会长王乐泉先生，
中国法学会常务副会长陈冀平先生，
各位阁下、尊敬的小组讨论会嘉宾，
尊敬的与会者，女士们、先生们：

我很高兴有机会再次参加中国外交部和中国法学会在北京举办的论坛。

正如我们所充分认识到的，“一带一路”倡议必须有许多不同国家的参与，这些国家有不同的法律要求和条件，这可能妨碍“一带一路”倡议的发展。今后，这一倡议的进展和实施可能需要更多地注意所有参与国之间的法律合作。在这个过程中，我认为“一带一路”倡议不仅要带来法治的概念，而且还必须在新全球主义的国际协调中发挥核心作用，这意味着会有许多国际法律和非法律合作的要求。

我所说的新全球主义是什么意思?

最近反全球化、反贸易自由化和保护主义趋势的抬头意味着我们不能像从前那样拥抱贸易自由化和全球化了。保护主义不断加剧,比如说有英国脱欧,特朗普总统试图重新谈判自由贸易协定、征收前所未有的进口关税、设置壁垒,一些欧盟成员国里反欧盟情绪盛行。虽然我们完全致力于贸易自由化和全球化,但如果我们不能纠正反对全球化的声浪并且使全球化充分惠及各行各业的人,那么这种反全球化的情绪将不会轻易消减。中国和东盟在“一带一路”倡议、《区域全面经济伙伴关系协定》和亚太自由贸易区中发挥着核心作用,它们代表着新型国际开放经济,支持传统意义上的全球化。有了法治,有了真正的国际合作与协调,我们就能创造包容的新型国际开放经济,真正造福于各行各业的人。这就是我所说的“新全球主义”。

在此,我想就国际协调与合作,为“一带一路”倡议与新全球主义的成功提供一些想法。

第一,涉及“一带一路”倡议、《区域全面经济伙伴关系协定》和亚太自由贸易区的新型经济开放,必须保证给所有人带来一样的好处。在新全球主义下,不能有人掉队。社会保障体系赋予个人和社会群体终身学习的能力,去适应和自立,这一点是关键。人们必须准备好应对第四次工业革命,必须准备好参与颠覆性技术的时代并生存下来。通过新全球主义,每个人都有机会从第四次工业革命中获益。社会地位无法剥夺人们从新全球主义中应得的经济和社会利益。

第二,这种新全球主义必须实现联合国可持续发展目标。全部的17个目标都必须成为新全球主义的一部分。虽然“一带一路”倡议为所有参与国的人民带来了就业和收入的增加以及社会福利的改善,但其是否成功必须与其如何实现可持续发展目标挂钩。

第三,法治必须在所有新全球主义倡议的实施中发挥作用。为了确保惠及所有人,“一带一路”倡议必须帮助提升相关国家的法治。其实施必须是透明的,有序地管理预算支出、贷款延期和项目运作。中国在国内打击贪腐、推动良好治理,这些努力应该为“一带一路”倡议在实施中发挥法治的作用提供基础。

第四,由于经济和社会发展面临的一种威胁来源于有组织犯罪、暴力、冲突和脆弱性，亚洲国家必须密切合作，确保跨国有组织犯罪不会随着新全球主义而增长。“一带一路”倡议下的“硬联通”和“软联通”可能被滥用而为跨国有组织犯罪的联通提供便利。挑战存在于所有领导人的政治意愿和我们这样的社会工程师、律师和法律学者的承诺中。我们需要共同努力，看看“一带一路”国家不同的法律体系、司法程序、刑事和民事法律是如何治理有组织犯罪的，从而为打击跨国有组织犯罪、贩毒、人口贩卖、暴行和侵犯人权提供法律保障。

第五，在诸如桥梁、道路、铁路和港口等“硬件”建设完成之前，必须解决“硬联通”中“软件”方面的问题。我的经验是，一个国家的汽车和卡车进入另一个国家时，驾照和车辆牌照方面的规定就能阻碍互联互通。但这个问题可以解决，而且欧盟的做法已经证明了这一点。对跨境司机、汽车和卡车的管制会对开放经济造成不必要的限制。跨境运输安排必须考虑所有利益相关者的商业利益才能实现共赢。缺乏对互联互通的理解，可能会造成一些问题，导致过境时不必要的延误，或对易腐货物等进出口货物造成损害。

第六，边境事务相关人员必须接受足够的培训，以了解便利化和有效控制通关之间的平衡。这些培训必须涵盖出入境官员、边防警察和军事人员、海关人员、产品检验人员、食品和药品管理人员，以及来自农业、公共卫生部门和外交部法律部门的人员。合理的边境安排方案和培训对有效实施“一带一路”倡议非常重要。

以进出口产品中的假冒产品，如药品、消费品、有机食品等为例。这类产品需要有可靠的追溯机制以确保其真实性，在促进人们跨境交通的同时保护消费者作为全球公民的健康和福利，并在互联互通方面增强信心。同样重要的是要加强边境管制，打击跨国有组织犯罪。今天的科技可以在确保通关便利的同时定位和追踪罪犯。今天的科技可以帮助定位和追踪跨境产品。今天的科技可以通过生物数据识别为边境管制提供便利。今天的科技可以确保追踪跨境船只和卡车。当今复杂的现代科技在国际法律合作中越来越重要，越来越能发挥“一带一路”倡议和新全球主义的益处。

因此，“一带一路”参与国的执法官员确实需要在软件和现代互联互通科技方面共同努力，以确保真正实施开放经济，并将其好处渗透到基层经济中。

如果能在适当的法律框架下实施，并且确保法治能为所有人带来真正的经济利益，那么“一带一路”倡议的实施和新兴的新全球主义就能实现利益最大化。在缺乏法治的地方，“一带一路”倡议可以帮助维护法治。在缺乏国际法律合作的地方，“一带一路”倡议能够在尊重各国的执法和法律框架的同时，使不同国家之间的执法和法律框架不成为将新型开放经济的利益惠及全球公民的不必要的障碍。“一带一路”倡议的规模之大不仅将带来这些好处，还将促进参与国之间的国际法律合作并改善互联互通框架。通过这种方式，“一带一路”倡议和新全球主义可以改善全球经济，使我们作为全球公民能够实现全球性和可持续发展。

感谢大家的耐心聆听。

联合国经济和社会事务副秘书长
刘振民

# 在“一带一路”法治合作国际论坛开幕式上的致辞

（2018 年 7 月 2 日，中国北京）

主席先生，
尊敬的与会者，
女士们、先生们：

我很荣幸能够在“一带一路”法治合作国际论坛上发言。我接受过律师培训，在中国成长，来到这里，我感觉很自在。

借此机会，我想与大家分享我对这个话题的一些思考，我将从两个角度出发：一是合作；二是法律框架。我今天的发言既有我作为现任联合国经济和社会事务副秘书长的感悟，也有我早期从事国际法律事务的经验。

女士们、先生们：

当今世界正处于关键时刻。

近几十年来，全世界人类的发展取得了巨大进步。世界上极度贫困人口的比例下降了一半以上。

然而，仍有超过 10% 的人深陷赤贫；国家内部和国家之间的巨大不平等正在造成严重的紧张局势;世界各地的冲突和恐怖主义与日俱增;地球的生态系统正在以惊人的速度退化。

在此,我想引用国务委员王毅最近在金砖国家外长正式会晤时的讲话:“当今世界正面临百年未有之大变局。就挑战而言,存在三个方面的赤字:治理赤字、信任赤字和发展赤字。”

我们确实面临着前所未有的挑战。但是,我们面临的不仅是挑战,也是难得的机遇,包括第四次工业革命。

亲爱的同事们,我们在人类历史上第一次有足够的资源来消除贫困和减少不平等,让地球可持续发展。

我们今天选择的道路将决定我们未来的进程,失之毫厘,谬以千里。正如联合国秘书长所说:“我们必须共进退,因为只有各个国家团结起来,齐心协力,我们才能履行《联合国宪章》的承诺,提升全人类的尊严。”

所以,在这一大背景下,联合国所有成员国在2015年通过了《2030年可持续发展议程》。这一改革性议程是具有普遍价值的。

所以,我们联合国欢迎“一带一路”倡议,因为它是一个全新的国际发展合作包容性平台的典范,展现了构建利益共同体的长远愿景。

亲爱的同事们:

“一带一路”倡议起源于亚洲,但其重要意义却不止于此。

在全球层面,联合国仍然是最具代表性和权威性的政府间平台,它在国际社会进行协调,作出共同决定。

因此,在包含联合国体系在内的一系列国际协议的背景下理解“一带一路”倡议至关重要。

《联合国宪章》,特别是序言及第55条和第56条,为该倡议提供了坚实的法律基础。的确,“一带一路”倡议完全符合《联合国宪章》的宗旨,其目标是促进共同发展与繁荣、和平与合作、开放与包容以及相互理解与信任。

《2030年可持续发展议程》包括17个可持续发展目标和169个具体目标,为“一带一路”倡议提供了广阔的发展空间,也为联合国体系密切参与“一带一路”倡议提供了广阔空间。

再具体一点,“一带一路”倡议的五大优先领域具有内在联系,能够有效推进可持续发展目标的实现。这五大优先领域也叫“五通”,即政策沟通、设施联通、贸易畅通、资金融通、民心相通。

例如，包括基础设施投资在内的互联互通可以在促进生产率和可持续经济增长方面发挥关键作用；基础设施投资也是促进实现性别平等和赋予妇女、女童权力的催化剂。

因此，将“一带一路”倡议的努力与实施、宏伟、包罗万象的《2030 年可持续发展议程》联系起来，将形成更强大的合力来支持国际发展合作。

国际协议也可以通过联合国条约、公约和联大决议来形成。国际协议涉及范围之广，可从《海洋法》和海事公约框架下的议定书，到加强基础设施投资和互联互通、地区和地区间经济合作，正如联大决议所呼吁的，应当加强可持续运输以实现可持续发展目标。

“一带一路”倡议也体现了这些重要原则和安排，遵守它们意味着“一带一路”倡议将会把政策协调和政府间合作作为基本目标。

女士们、先生们：

正如我所说的，“一带一路”倡议起源于该地区。它也应该深深植根于该地区。

随着越来越多的国家和国际机构参与到“一带一路”建设中来，重要的是牢记一点：不同地区和国家的情况不同。例如，“一带一路”沿线国家的法律制度和框架差异很大。我指的是普通法系、大陆法系和伊斯兰法系。

我们应该吸取以往的教训。在这方面，我高度赞扬一些机构一起进行案例研究的努力，它们总结教训，分享经验。这些案例研究将成为“一带一路”参与国家及其企业的实践指南，用以通过法律和制度有效解决新出现的争端和冲突。

我们也应该着眼于现在。“一带一路”倡议将从现有的双边和多边合作机制中受益。

事实上，大多数贸易争端都可以通过现有的世贸组织机制或地区和双边贸易协定来解决。然而，解决投资问题的国际机制大多是双边的。而且，一些参与“一带一路”倡议的国家还没有与中国签订双边协定。

“一带一路”倡议可以创造机会，进一步协调与外国投资待遇和争端解决有关的法律制度，从而加强多边体系，促进《联合国宪章》第 33 条关于争端解决的规定的实施。

而且，我们应该有前瞻性，做好准备应对新出现的问题和挑战，无论是跨境活动、技术标准化、货币安排、商业利益，还是各种合同范本。

在联合国，我们讨论由诸如人工智能、机器人、纳米和生物技术这样的前沿问题带来的挑战时，我一直都谨记要吸取互联网发展的教训：互联网问世已有30多年了，但治理结构或法律框架至今仍未到位！

女士们、先生们：

制定规则框架以及协调推进“一带一路”倡议是至关重要的，但这将是一个循序渐进的过程。在此过程中，我们应考虑一些关键因素。

第一，确保“一带一路”倡议严格按照包括《联合国宪章》在内的国际法原则和规则实施；

第二，把“一带一路”倡议与落实《2030年可持续发展议程》结合起来；

第三，加强“一带一路”倡议与区域合作安排的协同作用，如东盟—中国合作、澜沧江—湄公河合作、上海合作组织、中阿合作论坛、中非合作论坛等；

第四，帮助“一带一路”沿线国家制定国家战略，这将对促进投资和防范投资风险至关重要；

第五，加强企业问责框架；应该鼓励企业遵守关于环境和社会义务的规则，因为这些因素可能影响它们的长期利益；在这方面，相关指导原则已经到位，例如联合国全球契约的原则、《联合国工商企业与人权指导原则》和联合国尽责投资原则；

第六，促进投资者与东道国之间及各国之间的争端解决进程。

女士们、先生们：

当今时代，这一领域的事业是前所未有的。“一带一路”倡议作为未来的全球治理新模式，应与国际社会共同努力，确保建立一个强有力的机制来解决不同发展水平国家共同关心的问题，实现合作共赢。

我期待听到各位的见解。

预祝此次论坛圆满成功！

谢谢大家。

亚洲基础设施投资银行行长
金立群

# 在“一带一路”法治合作国际论坛开幕式上的致辞：规则与协调

（2018 年 7 月 2 日，中国北京）

尊敬的国务委员兼外交部长王毅阁下，
刘振民副秘书长，
各位嘉宾，女士们、先生们：

早上好！

很高兴应邀出席主题为“规则与协调”的“一带一路”法治合作国际论坛。

借此机会，我代表亚投行，感谢中国政府、有关国家和国际组织以及在座的各位同仁，对亚投行筹建和运营发展给予的大力支持。

我们高兴地看到，习近平主席提出的“一带一路”倡议从理念到行动，发展成为实实在在的国际合作，取得了令人瞩目的成就。与此同时，各方对“一带一路”政策、规则和标准的关注和讨论日益增多，其中也包括一些误解，甚至偏见。因此，今天会议研讨的意义格外重要，有助于大家对“一带一路”倡议有更加全面和正确的理解。

亚投行倡议提出后，得到了很多国家的热烈响应和支持，但也有一些怀疑和疑虑。其中包括，中国倡议成立亚投行是什么目的？中国是否有能力牵头组建一个国际多边开发银行？亚投行是否能够按高标准运作？亚投行与“一带一路”倡议是什么关系？

中国有一句谚语——事实胜于雄辩。亚投行在筹建和两年半的运营发展过程中体现出开放、合作和包容的精神，不断迈出稳健而扎实的步伐，赢得国际社会的广泛认可和赞誉。

6月25日至26日，亚投行理事会第三届年会在印度孟买成功举行，来自世界各地的3000多名代表出席了这一盛会。各方普遍认为，亚投行在治理结构、业务政策、保障和采购政策等方面都体现出国际性、规范性、高标准，是一个21世纪新型多边开发银行，充分展示了中国政府对国际社会的庄严承诺。目前，亚投行成员已由57个创始成员发展到来自世界各大洲的87个成员。项目投资不断快速上升，已批准项目投资50多亿美元，带动300多亿美元各类公共和私营资本投入基础设施领域。国际三大信用评级机构先后给予银行3A最高信用评级，巴塞尔银行监管委员会给予亚投行“零风险”权重。

亚投行和“一带一路”倡议都源于中国，但也属于世界。它们都是开放包容的合作平台，是在全球化不断深入发展的形势下，中国倡议国际社会共同应对全球化挑战的建设性举动。多边组织可在“一带一路”建设中发挥重要作用，在规则体系、项目融资、能力建设、环境与社会政策、债务可持续、争端解决等方面，为“一带一路”参与方开展合作提供更好的支撑和保障。亚投行积极支持“一带一路”倡议，目前所有投资项目均在“一带一路”沿线国家和地区。

2017年5月，亚投行及世界银行等6家多边开发银行，与中国政府共同签署了《关于加强“一带一路”倡议下相关领域合作的谅解备忘录》，目前亚投行正同中国财政部、世界银行、欧洲复兴开发银行等签署各方落实多边开发银行融资合作中心事宜，加快推进中心在“一带一路”沿线国家的信息交换、项目对接、能力建设等方面的工作。亚投行还为该中心提供办公场地等便利。

我相信，只要各方秉持习近平主席倡导的“共商、共建、共享”原则，做好政策沟通、设施联通、贸易畅通、资金融通、民心相通，一定能将“一带一路”建成和平之路、繁荣之路、开放之路、创新之路和文明之路，为沿线国家和地区的人民带来切实福祉。

最后，我预祝本次大会取得圆满成功！

谢谢大家。

英国政府“一带一路”金融与专业服务特使
范智廉

## 在“一带一路”法治合作国际论坛开幕式上的致辞

（2018年7月2日，中国北京）

王毅阁下，中国法学会会长王乐泉阁下，
女士们、先生们：

十分荣幸在今日上午与诸位一起探讨，并感谢中国外交部和中国法学会召开这次论坛。

正如英国财政大臣在上周访问北京时所言：“一带一路”带来的革命性的商业机遇可应对人口、环境和气候变化带来的挑战，并加强整个欧亚、东非及其他地区的经济增长、互联互通和经济繁荣。

但“一带一路”同时也带来了复杂的法律与金融挑战。此次论坛的成功召开表明，东道国、国际机构和业界的精诚合作是应对这些挑战的最佳途径。

我十分高兴，通过今天的议题可以更加深刻地理解和洞察其他与会者提出的有关“一带一路”的“规则与协调”“制度互联互通”以及通过遵守标准赢得国际认可等内容的建议。这将会促进“一带一路”的能力建设。

建立标准制定的框架将有助于推进"一带一路"风险管理、治理和法律框架,这对其成功至关重要,且有助于确保项目具备商业可行性与可信性,并符合大部分国际资产所有者及管理者的要求。

在此过程中,机构资本与专业知识在此过程中可得到大规模运用。正如习近平主席所言,这一点非常必要。

通过满足乃至超越国际投资者的合约预期,被释放出来的融资能力将使"一带一路"倡议仅在亚洲一地就能填补每年约 1.7 万亿美元的基础设施投资缺口。

## 确定性与规模化

项目的商业可行性与经济可行性至关重要,但是不足以确保"一带一路"满足其规模化目标——规模化目标的达成还需要债权人与投资者的信赖,而信赖的基础是发生预期和非预期事件时相关结果的明确性。最为重要的是合同各方明确知晓:合同是公平、透明和稳健的。好的项目在出现问题时必须有妥善的争端解决程序,而且裁决作出后可得到执行和维护。

对于"一带一路"这样涉及多个管辖权的倡议(包括新兴和前沿管辖权,以及营商环境和服务水平发展不足的经济体),明确性与法律确定性对于大规模释放国际资本至关重要。

这涉及减轻以往计划中棘手的运营、对手方和建设方面的风险,以及营造舒适的合作环境,预先考虑在任何最坏情况下通过仲裁、调解或司法程序解决问题的必要步骤。

要实现这一愿景,还需要利用最大规模的储蓄和投资信贷池,这意味着"一带一路"倡议在最初设计时就需要吸引国际方面的支持。

## 英国法律

"一带一路"项目的签约方、管辖权、投资者及融资人来自全球各地,"一带一路"项目的跨国合作程度日渐提高,这就需要拟定一个被广泛认可且明确灵活的合同框架。

此类需求可通过多种途径满足,具体取决于签约方与项目融资人的身份和经验。争端解决同样如此,从境内和境外仲裁(包括在伦敦)到更为传统的争端处理方式——诉讼。

对于最为复杂的第三方项目，涉及跨国参与者、融资人及投资者，或者将诉诸法院视为首选方案的项目而言，我们认为一个受到广泛认可和尊重的解决方案，可用于“一带一路”的能力建设，现在也确实是这么做的。

人们常说英语是商务语言，其实真正的商务语言是英国法律。

对于“一带一路”这种必定涉及多方融资的项目而言，建立在先例及可预见性基础上的体系可以更好地处理此类复杂的项目。

英国是一个普通法系国家，英国法律可以灵活应对不断变化的商业领域所提出的挑战，这也是英国法律能引领金融技术、数字分类技术和人工智能发展的原因。

与其他法规相比，英国法律体系相对不偏向于诉讼和处罚，允许判决通货可以为任何一种货币，从而更好地满足“一带一路”的需求与多样性。

因独立于政治之外，且在信贷回收过程中能保护借方免受法律变化的影响，这使英国法律在国际上久负盛名。英国的司法机构具备丰富的处理涉外事务的经验，在审理案件的过程中仅关注每个案件的内在因素，而不受国籍、政治、宗教或种族因素影响。

我们能在这些经验中学到什么呢？

坚守国际认可的标准、原则和最佳实践，合同法的灵活性，“一带一路”法律环境的可预见性与稳定性，上述各种因素相结合将使企业和投资者对其承诺及风险更加有信心，使他们有勇气开拓新市场，并支持海外“一带一路”投资决策。

## 建立“一带一路”资产类别

总体来讲，这些特性也使打造全球认可的“一带一路”资产类别真正成为可能。

在各方的共同努力下通过“一带一路”项目定义，共同创建国际认可的“一带一路”融资与债券标准，确保合同的明确性和争端解决程序的保护性，可以为满足全球养老基金、主权基金和保险基金的广泛需求提供最佳的制度框架。

通过这种方式，我们将打造“一带一路”融资能力，并加速创建必要的创新融资和风险管理工具，以此满足承包商和投资者们的多元化需求。我们的最终目标是确保“一带一路”成为全球稳健、高质量、高流动性、标准化资产类别的代名词。而从更为广泛的角度上来讲，是通过共享繁荣对全球化的收益加以认可。

## 结　论

我相信这是一个很好的机会。通过综合利用中国与第三方国家的“一带一路”专业知识，通过基于英国的国际金融与专业服务团体逐步构建国际化的全球融资能力，我们可以帮助“一带一路”倡议实现其经济和商业目标。

我们应该召开相关会议并加快实现这一愿景所需的合作，这是我们的当务之急。

最近几年，在打造21世纪全球资本市场的准备工作方面没有其他国家比英国和中国付出的更多，我本人深受鼓舞！

我们在金融科技、绿色金融和人民币国际化等领域的合作为全球各地的企业、储户和投资者带来了切实的利益。

如上所述，共同努力实现“一带一路”倡议的经济和商业目标，这又为加强跨境贸易与法治合作，促进国际公私合作模式的开展以及推动经济繁荣与可持续发展提供了新的机会。我们应当抓住这一机遇。

谢谢！

# 议题一：
# “一带一路”理念与国际法治

论坛共同主席、中国法学会常务副会长
陈冀平

# 将“一带一路”建设成为法治合作之路

## ——在“一带一路”法治合作国际论坛上的主旨发言

（2018 年 7 月 2 日，中国北京）

尊敬的各位嘉宾，各位代表，
女士们、先生们、朋友们：

大家好！

很高兴同大家相聚在“一带一路”倡议发源地北京，共同参加“一带一路”法治合作国际论坛，一起描绘“一带一路”法治合作宏伟蓝图。

自从 2013 年中国国家主席习近平先生向世界发出“一带一路”倡议以来，中国法学会作为中国法学界、法律界的人民团体、群众团体和学术团体，一直把“一带一路”作为开展对外交流最主要的主题，致力于推动“一带一路”构想在法律合作平台和机制建设、法学人文交流、法治经验分享、法律政策沟通等方面的有益工作。我本人也有幸参与了“一带一路”从理念到行动的过程，见证了“一带一路”从愿景到实施的发展，感受到了“一带一路”未来的广阔空间和广袤舞台。仅从 2016 年 12 月至今，我就参加了以“一带一路”为主题的第三届金砖国家法律论坛、第二届中国—南亚法律论坛、2017年中国—东盟法律论坛。每一次真诚热烈、充满睿智的交流探讨，都让我启发良多、受益匪浅，使我对法治合作在“一带一路”建设中不可或缺的意义有了更深刻、更全面的认识。借此机会，我就“一带一路”建设的法治合作发表几点理解和建议，与大家分享。

法治是社会治理和全球治理最可靠、最有效的方式，是人类社会数千年来孜孜不倦的追求目标。“一带一路”作为不同国家之间建立经济发展、政治互信、文化交流、社会治理合作机制的综合载体，法治的基础性、保障性作用毋庸置疑。中国在推进“一带一路”过程中，注重将法治建设与“一带一路”建设紧密结合，以法治引领、保障“一带一路”建设，以“一带一路”建设促进法治发展。可以说，伴随5年的“一带一路”建设，法治共识日益加深，法治保障日益加强，法治地位日益彰显。

为进一步发挥法治对“一带一路”建设的规范、保障、引领、促进作用，将“一带一路”建设成为法治合作之路，可以着力推动和加强以下五个方面的良性互动：

**第一，法治互信与政治互信的良性互动**

政治互信是不同国家和地区之间友好合作的基础。经济合作以政治上的相互认可和信任为基本前提。“一带一路”合作不仅是企业之间的合作，也是政府之间的合作，更离不开政治互信。“一带一路”沿线国家有着不同的政治传统、政治发展道路和政治制度，政治互信需要有一个循序渐进的过程。在此背景下，运用法治思维和法治方式深化合作、化解政治风险，可以务实有效地促进政治互信。政治互信天然地包含法治互信，没有脱离以法治互信为支撑的政治互信。法治是不同国家各种政治元素中的最大公约数。不同国家尽管具体法律制度不尽相同，但法治理念和法治精神、法律原则中有许多共同的要素，比如，法律面前人人平等、宪法法律至上、权力监督制约、信守契约等。只要各国弘扬法治精神，恪守法治原则，营造良好法治环境，就能促成法治互信，进而促进政治互信。政治互信反过来又会进一步促进法治互信。当然，追求法治互信，绝不是追求无差异化的法治。恰恰相反，我们要求同存异，充分尊重法治差异。“治世不一道，君子和而不同。”我们来自不同的法系，有着不同的法律传统、法治文化，呈现出来的法治面相也会有着诸多不同，要在理解并且尊重各国法治现状和治理方式的前提下，兼顾各方立场，在开放包容中寻求更广泛、更深刻的法治共识。

**第二，国内法治与国际法治的良性互动**

国际合作需要良好的国际法治环境和强有力的国际法治保障。无法治则无合作，国际合作更是如此。国际法治是“一带一路”建设的应有之义、必循之路；“一带一路”建设为国际法治的发展提供了新机遇、新动力。“一带一路”倡议秉承“共商、共建、共享”原则和“利益共同体、责任共同体、命运共同体”的理念，强调打造开放、包容、均衡、普惠的区域经济合作架构，不凌驾于人，不封闭排他，不强买强卖，必然能在发展地区经济、促进贸易自由化、恪守国际法、遵守双边及多边条约的基础上，走出一条崭新的国际法治合作之路，推动全球法治的成长与完善。同时，国际法治以国内法治为基础，是国内法治在国际合作领域的延伸。没有脱离国内法治而存在的国际法治。这就需要“一带一路”参与国家厉行法治，不断深化法治实践，为“一带一路”合作提供更优质的法治环境，让本国人民享受更多的法治红利，同时也让世界分享更多法治成果。5 年来，中国坚持把法治保障放在“一带一路”保障体系的突出位置，始终恪守《联合国宪章》宗旨原则和国际法，遵守 WTO 规则和协议，践行双边或多边条约或协定，并出台了关于投资、金融、税收等多领域涉及投资和贸易自由化、便利化的法律政策。历史和实践表明，无论是发达国家，还是发展中国家，只要善于将本国法治与国外法治有机结合，必将实现国内法治与国际法治的良性互动，也必将推动法治的共同进步。

**第三，经贸合作与法治合作的良性互动**

今年是中国改革开放 40 周年。40 年来，中国经济社会发生了翻天覆地的变化，取得了举世瞩目的成就。其中一条很重要的经验，就是始终坚持以经济建设为中心不动摇，坚持改革与法治互相驱动。“一带一路”是一条合作共赢、共谋发展之路。在“五通”中，设施联通、贸易畅通、资金融通都属于经济领域的合作。但经贸合作不能单兵作战，需要法治先行、法治铺路。中国有句俗话，叫“要想富，先修路”。在“一带一路”建设中，“要想富”，必须首先，至少是铺好法治合作之路，做到“一带一路”延伸到哪里，法治合作之路就铺到那里。因此,“一带一路”既是繁荣之路,也必然是法治之路。两条路相辅相成,缺一不可。法治发展与经贸合作呈正相关系,法治越发达,经贸合作越发展。一国内部如此,不同国家之间更是如此。只有不断完善合作国家之间的贸易规则、投资规则、交通和基础设施规则、争端解决机制,才能为经贸合作提供充分的交易规则和法制保障。同时,经贸合作也必定倒逼贸易和投资规则的不断创新和完善。当然,“一带一路”是全方位的合作,除了经济领域,还涉及社会、文化、教育、安全等领域。与此相应,法治合作也必然是全方位的。

**第四,实体法治与程序法治的良性互动**

实现良法善治,实体法治与程序法治两者不可偏废。“一带一路”建设需要一套完备的规则体系,既包括实体法规则,也包括程序法属性的冲突法和争端解决规则。当前,在建设“一带一路”实体法治方面,一是要坚定维护以《联合国宪章》宗旨和原则为核心的国际秩序和国际体系,遵守现有的国际规则包括国际商事公约、商事示范规则、国际商业惯例。二是可以在一定区域内协调和整合各国的商法规范,建立统一化的商事规则,由此稳定商业预期、降低交易成本。三是协调各国国内法相关立法规则,比如,放宽企业市场准入条件,按照国民待遇原则设定标准等,尽可能消除或减少各方法律规则体系间的矛盾和不协调现象,以促进不同国家企业之间的公平竞争。四是及时清理各国法律规范,修改或废止那些违背国际经贸合作精神、不符合市场经济原则的法律规范。在推进实体法治建设的同时,注重程序正义、程序正当价值,大力推进程序法治建设。针对各国共同适用的统一实体法有限、缺乏统一的冲突法规则、产品和服务适用的技术标准和规则不统一等问题,建立健全法律冲突协调机制,构建灵活多样的法律冲突解决模式,统一技术标准体系。针对“一带一路”合作过程可能出现的矛盾纠纷,要建立健全公正高效的争端解决机制,各国积极考虑仲裁、调解及其他可替代性纠纷解决手段在本国的运用,研究制定适用于各区域的多元化争端解决机制规则,设立多方政府认可、各国法律人士广泛参与的“一带一路”仲裁中心和调解中心。

**第五,法律实务合作与法学交流合作的良性互动**

“一带一路”法治合作是一项庞大而长期的系统工程,需要各方参与,在不同层次开展交流合作。从参与主体上，需要国际组织、相关国家的政府机构、企业、科研机构、社会组织和其他社会力量参与，也需要法学法律组织和包括立法者、法官、检察官、律师、仲裁员、法学研究人员在内的广大法学法律工作者参与。本次论坛由中国外交部与中国法学会共同主办，也体现了多方参与、政府机构与社会组织、法律实务部门与法学机构合作的特点。只有各方积极参与，才能汇聚起磅礴力量，推动“一带一路”巨轮扬帆起航、行稳致远。各国立法机构要加强合作，对现有的国内法律制度进行相应的修改和调整，提供给外资更加公平合理的投资环境。今年 4 月，习近平主席在博鳌亚洲论坛 2018 年年会开幕式上的主旨演讲中宣布，中国将创造更有吸引力的投资环境，加强同国际经贸规则对接，增强透明度，强化产权保护，坚持依法办事，鼓励竞争、反对垄断。各国司法机关要充分发挥司法和仲裁在纠纷解决中的作用，确保不同国家的企业在司法或者仲裁面前都能得到公平对待。企业是“一带一路”法治合作的最大需求者，是法治建设的直接受益者，最了解自己的法律需要，最清楚希望得到哪些法律帮助以及何种方式的帮助，应当成为法治合作中的重要主体。因此，鼓励、吸引、组织企业参与法治合作非常重要。各国法学科研机构要以问题为导向、以实践为基础，进一步推动法治经验、法学理论交流，加强涉外法治人才建设和法治信息共享机制建设，为各国的政策制定、经贸投资、法治发展、交流合作提供充分的法理支撑和人才支持。

女士们、先生们、朋友们！

“一带一路”建设功在当下，利在千秋。国际法治建设日拱一卒，功不唐捐。让我们携起手来，用法理智慧和法治合作，推动“一带一路”建设和人类命运共同体的构建，创造更加美好的明天！

谢谢。

中华人民共和国司法部副部长
赵大程

## 在"一带一路"法治合作国际论坛上的发言

（2018 年 7 月 2 日，中国北京）

各位嘉宾，
女士们、先生们、朋友们：

大家上午好！

很高兴参加由中国外交部和中国法学会共同主办的"一带一路"法治合作国际论坛。我谨代表中华人民共和国司法部，对论坛的顺利召开表示热烈祝贺！

2013 年秋天，习近平主席提出共建丝绸之路经济带和 21 世纪海上丝绸之路，即"一带一路"倡议。"一带一路"倡议遵循《联合国宪章》的宗旨和原则，在和平共处五项原则基础上处理各国利益和发展关系，坚持"共商、共建、共享"原则，顺应世界多极化、经济全球化、社会信息化、文化多样化与各国和平合作、开放包容、互学互鉴、互利共赢的时代潮流，为解决世界发展难题与挑战贡献出中国智慧。

5 年来，中国积极推动"一带一路"倡议从理念转化为行动，从愿景转变为现实：一是保证参与各方的独立自主。沿线各国无论大小、强弱、贫富，都是“一带一路”的平等参与者。二是促进沿线国家的文化交流。传承和弘扬丝绸之路的友好合作精神，广泛开展文化交流、学术往来、人员互通等活动，为深化双边和多边合作夯实民意基础。三是确立公平互利的交易机制。促进区域内要素有序自由流动、资金高效配置、市场深度融合，形成互补互惠良好局面。四是积极营造开放共享的营商环境。提高贸易投资自由化、便利化水平，增进沿线国家经济交流、人员交往和理解互信，共建区域利益共同体和命运共同体。

2018 年 6 月，中国国家主席习近平宣布将设立“中国—上海合作组织法律服务委员会”，为经贸合作提供法律支持。这将为深化上海合作组织成员国及“一带一路”相关国家间法律服务领域合作提供重要平台，中国司法部愿为此继续作出更大努力。

放眼未来，共建“一带一路”法治合作有广阔空间和美好前景。在此，我提五个方面的建议，供与会来宾讨论：

一是加强法律制度交流互鉴，推动法治领域人文合作。“一带一路”沿线各国历史文化、宗教信仰、政治制度多元多样，法律制度差异巨大，加强法律制度的相互学习、研究和交流、借鉴，极为必要。希望各国政府部门大力支持、资助法律交流合作项目，加强重要法律信息交换和分享，共同建立国别基本法律信息便捷查询平台，举办大型法治论坛，加大互派研修人员和青年学生力度，鼓励法律专业人员广泛开展专业领域研讨交流，扩大学术往来，增强沿线国家企业、机构和往来人员对相关国家法律制度的了解，促进人文交流合作，强化“一带一路”国际合作良好基础。

二是加强双边、多边规则构建，筑牢国际合作法治基石。规则蕴含法治理念、体现法治精神。构建好、运用好双边、多边规则，是“一带一路”国际合作顺畅有序开展的基础和保障。建议“一带一路”沿线国家政府部门秉持“共商、共建、共享”原则，加快商签和全面升级沿线国家之间的双边、多边投资保护协定，加强投资促进和权益保护力度，促进贸易便利化，打造新的更加公平、互利、共赢的规则体系，共同为经济全球化做出创造性贡献。

三是构建公平高效的争议解决机制，促进和深化国际法治合作。如何公平高效解决争议争端，是“一带一路”国际合作中的重要问题。合作各方既要预设规则、防范风险，又要构建科学合理的争议解决机制。建议有关国家根据实际需求，逐步建立解决“一带一路”沿线国家贸易投资纠纷的区域性国际法律机制。构建多元化纠纷解决机制，降低争议解决成本，提高争议解决效率。建立完善国际司法协助机制，推动沿线国家承认和执行国际商事仲裁裁决，推进沿线国家国际执法司法合作，为“一带一路”国际合作营造公正、高效、透明的法治化营商环境。

四是发挥律师等法律服务专业优势，为国际合作提供高质量法律服务。律师、仲裁员、公证员、调解员等法律服务专业人员，是“一带一路”国际合作重要参与者。国际经贸合作、跨国投资经营往往涉及较多复杂法律问题，防范经营风险、化解矛盾纠纷贯穿国际投资商贸全程。希望律师等法律服务专业人员，积极作为，充分运用出具法律意见、调解、仲裁、代理诉讼等手段，提供“一站式”“全方位”法律服务，防范风险，化解争议争端，有效维护沿线国家企业、公民的合法权益。希望有关各国律师界加强交流，广泛合作，扩大法律服务供给，提高法律服务质量，为“一带一路”国际合作贡献更多的法律智慧和法律产品、法律服务。

五是加强“一带一路”沿线国家司法部务实合作，凝聚国际法治合作力量。沿线国家政府合作是“一带一路”国际合作的基础，各国司法部的务实合作是政府合作的重要方面。中国司法部承担着行政立法、执法协调、刑罚执行、法律事务管理、法律服务、普法宣传、司法协助等职责，在促进政策沟通、设施联通、贸易畅通、资金融通、民心相通方面具有重要推动和保障作用。中国司法部希望与“一带一路”沿线国家司法部进一步加强法律交流和务实合作，为“一带一路”建设提供坚实的法治保障和法律服务。

最后，预祝“一带一路”法治合作国际论坛取得圆满成功！

谢谢大家！

国际发展法组织总干事
艾琳·汗

# 在“一带一路”法治合作国际论坛上的发言

（2018年7月2日，中国北京）

各位阁下，

尊敬的各位代表，

女士们、先生们：

我很荣幸参加“一带一路”法治合作国际论坛，我要感谢中国外交部和中国法学会邀请国际发展法组织参加此次论坛。

作为唯一专门致力于促进法治和发展的政府间组织，我们认为此次论坛的召开非常及时并受到广泛关注。

中国在1989年就加入了国际发展法组织，我们一直对我们与中国的伙伴关系感到骄傲。我们与中国的联系甚至可以追溯到更早的时候。国际发展法组织在罗马总部以外举办的第一个活动，就是于1986年在北京培训中国的法律专家。

我们以尊重所有法律制度、促进地方所有权和制定具体解决方案等核心价值观为指导，在世界各国努力加强法律和司法能力，提供技术法律支持，推进法律和政策改革，以支持和平、正义、可持续发展和经济机遇。

“一带一路”倡议有望改善几十亿人的生活。通过其项目和资源,“一带一路”倡议也可以为联合国《2030年可持续发展议程》做出重要贡献。这两项国际倡议是相辅相成的。两者共同的理念都植根于联合国的宗旨和原则,并致力于国际和平与发展。《2030年可持续发展议程》将法治列为可持续发展的目标之一。

当前,以规则为基础的国际商贸治理体系正在遭受一些经济大国的保护主义和单边行动的冲击。我们认为,国际法治原则是保障多边主义、促进国际合作的关键所在,以推动贸易、投资和可持续发展、消除贫困、支持包容与和平的社会。“一带一路”倡议既能加强国际法治,又能从中受益。

国际法治建立于《联合国宪章》的宗旨和原则、普遍适用的规则和各国平等民主参与规则制定的原则之上。这是国际和平与合作的重要支柱。

国际法治对经济增长和可持续发展至关重要,因为它为拥有不同法律制度和传统的国家提供了合作的共同法律框架。国际法治通过协调规则、推动合作,能够促进经济合作,获得共赢。

我要举个例子来说明,“一带一路”倡议的一个重点就是促进和加快中国和参与国之间的贸易。联合国亚太经社理事会和伊斯兰开发银行联合开展的一项研究发现,从中国向吉尔吉斯斯坦出口纺织品通常需要35天,整个过程涉及20多个有关部门的20多道手续。

《贸易便利化协定》于2017年生效,并得到中国、吉尔吉斯斯坦和其他134个世界贸易组织成员国的批准。该协定将通过提供一套可执行的规则来帮助解决这一问题,这些规则将加快国内货物的运输、放行和清关手续。世界贸易组织估计,它可以在全球范围内平均降低14%的贸易成本,而最贫穷的国家受益最多。

中国在《贸易便利化协定》谈判中发挥了重要作用,是第一批批准该协定的世界贸易组织成员国之一。中国还将出资100万美元,帮助发展中国家和最不发达国家落实该协定。

这仅仅是其中一个例子,说明国际法治如何促进多赢结果,促进“一带一路”倡议优先目标的达成,改善参与国的法律和监管制度,增进互信并促进整个地区的可持续发展。

让“一带一路”倡议的标准与项目融资与现有国际标准并轨,将有助于进一步提高合作伙伴之间的信任和信心,鼓励新的力量踊跃参与,包括合作伙伴国家、投资者和私人企业。这些标准涵盖采购、可持续融资、透明度和报告、社会和环境责任等领域。许多利益攸关方已在上述领域签署了协议。

“一带一路”倡议合作伙伴在遵守国际规则的同时，继续加强了基于规则的多边合作的重要性。

作为一个支持各国政府加强制度建设和改革法律的组织，我要强调一下国际法治制度和国家法治制度之间的重要关系，以及“一带一路”倡议如何加强这两者之间的联系。

要想在各国政府、企业和社区之间建立相互合作的信心，可预测的、稳定的国家法律环境至关重要。这些主体需要确信，有公平、明确的机制来解决争端，有适当的规则和标准来管理业务，其投资、实物财产和知识产权能获得一定程度的保护。

世界银行营商环境指数显示，一国的法律体系与其经济竞争力之间存在直接关联。

“一带一路”沿线国家具有不同的文化、语言和法律传统，其政治和经济发展也处于不同阶段。它们的法律需求千差万别，其法律和司法能力也各不相同。

一些国家的法律框架不适合大型国际投资和发展项目，这可能阻碍这些国家充分实现“一带一路”倡议的益处。

争端解决领域存在潜在问题。许多参与国既没有足够的制度知识，也没有能力或资源来裁决或仲裁复杂的争端。

许多“一带一路”倡议的合作伙伴已经优先考虑改善其经济和商业法律框架，为投资创造更有利的环境。

“一带一路”倡议可以支持一些法律体系薄弱的参与国，以国家自主、结合国情的方式加强其能力和机制，这将会是“一带一路”倡议对国际法治做出的重要贡献。

作为一个专门从事法律能力发展和体制建设的国际组织，国际发展法组织准备在这些努力中发挥作用。30 多年来，国际发展法组织一直在支持各国加强能力建设，进行急需的体制、法律和监管改革，审查和引入非诉讼纠纷解决机制。从肯尼亚到吉尔吉斯斯坦，从蒙古到马里，国际发展法组织一直在帮助各个国家。

“一带一路”倡议既要从国际法治中受益，又要为国际法治做贡献，这个过程中另一重要的方式是通过在法律和相关政策问题上的对话和学习，促进“一带一路”倡议合作伙伴——这一大而多样化的群体之间的协调。

加强政府、企业和其他利益攸关方之间的政策对话，有助于发展共识，解决问题。

通过这种对话，“一带一路”倡议可以帮助发展更公平的多边合作模式，使发展中国家的声音更加突出，并努力为贸易、投资和知识产权以及应对气候变化制定更公平的规则。

国际发展法组织与各国和国际法律界有着悠久的合作历史，与各机构自上而下合作，与私有部门、民间社会和社区自下而上合作，增进知识，搭建桥梁，寻找互惠互利的解决方案。例如，我们为中亚地区司法合作做出了贡献，并支持了东非首席法官论坛的召开。我们还协助蒙古建立了非诉讼纠纷解决机制。

我们愿贡献我们的专业知识、凝聚力，帮助组织多利益攸关方的磋商和会议，加强法律合作的政策对话，促进“一带一路”倡议不同合作伙伴之间更多的理解和参与。

最后，我想强调的是，国际法治原则和“一带一路”倡议“共商、共建、共享”的三大“黄金原则”，可以大大提高“一带一路”倡议合作伙伴之间的公平待遇、透明度和相互责任，为国际合作创造富有活力的新框架。

国际发展法组织时刻准备支持“一带一路”法治合作国际论坛，并为我们与中国和其他参与国长期而富有成果的伙伴关系书写新的篇章。

谢谢！

俄罗斯联邦外交部条法司司长
叶夫根尼·扎盖诺夫

## “一带一路”倡议和国际法治

（2018 年 7 月 2 日，中国北京）

首先，我想要真诚地感谢中国同事的热情招待，感谢他们提供机会让我们参与此次重要讨论，共商“一带一路”倡议的实施和国际法治。

“一带一路”倡议是最大的国际基础设施和投资项目之一，涵盖了 80 多个国家，世界上 65% 的人口和全球 3/4 的能源资源。更广泛地说，这一倡议不仅有助于全球经济体系和跨国物流链的发展，加强地区互联互通和刺激贸易增长，还能提高人民生活水平，促进就业和教育，促进知识和经验的国际交流。

像“一带一路”倡议这样的大型项目，需要广泛和创新的方式来应对现有的经济、政治、行政、科技、物流，当然还有法律挑战。

为了实现这一宏伟目标，“一带一路”倡议需要相关国家之间可持续的政治和贸易关系，以及充分的、与时俱进的法律框架，涵盖投资保护和贸易便利化、海关合作、避免双重征税等领域。

像“一带一路”倡议这样的综合性国际项目绝不能忽视其参与国中已经或正在进行的经济一体化进程。因此，我们认为，建立和运行一个强有力的、现代的、有效的国际法律框架，不仅能促进“一带一路”倡议的实施，也能增进它与该地区其他经济形式的相互联系。

从欧亚全面伙伴关系的角度来看，“一带一路”倡议具有特别重要的意义，它能促进欧亚大陆经济互联互通。俄罗斯联邦总统弗拉基米尔·普京先生在去年5月于北京召开的“一带一路”高峰论坛上表示，“通过叠加所有一体化安排的潜力，如欧亚经济联盟、‘一带一路’倡议、上海合作组织和东南亚国家联盟，我们可以为建立更大的欧亚伙伴关系打下基础”。此外，这种伙伴关系不仅是进一步经济一体化的一种途径，而且也应该是一个平台，服务于尤以国际法治为基础的整个大洲的和平与繁荣。

在这方面，我想专门提一下俄罗斯联邦和中华人民共和国于2016年6月在北京签署的《关于促进国际法的声明》，两国均强调双方致力于促进国际法，尤其是《联合国宪章》和《1970年〈友好关系宣言〉》所反映的国际法原则。这些原则仍然是“构建以合作共赢为核心的公正合理的国际关系、打造人类命运共同体、建立平等和不可分割的安全与经济合作共同空间的基石”。

俄罗斯目前拥有出色的法律基础来与中国进行贸易和经济合作。2006年中俄双边投资协定与一系列经济、贸易和产业等特定领域的政府间、部门间协定，为潜在的“一带一路”项目提供了有效的监管。我们愿在欧亚经济联盟与中国更广泛互动的背景下，继续为发展这一法律框架而努力。

因此，2018年5月17日，欧亚经济联盟及其成员国与中华人民共和国在阿斯塔纳签署了经济贸易合作协定。该协定是迈向更广泛欧亚伙伴关系的重要一步。双方明确承认“亚太和欧亚经济一体化的重要性，以及欧亚经济联盟和‘一带一路’倡议对接的重要性，而‘一带一路’倡议是在本地区建立牢固、稳定经贸关系的手段”。我们希望，该协定能够成为工业、农业、能源、金融、知识产权、电子商务、通信等领域合作的有效工具，旨在促进贸易便利化，提高国家及超国家层面的监管透明度和可预见性。我认为这是欧亚经济联盟和“一带一路”倡议实际对接的一个很好的例子。

我们致力于进一步发展同中国的战略关系和经济合作。在这方面，我们将继续推动制定欧亚经济联盟与中国关于海关信息交换的协议草案，该协议不仅能协助海关当局简化通关程序，最重要的是也能为商业经营者提供便利。2018 年 6 月,俄罗斯经济发展部和中国商务部在上海合作组织成员国元首理事会会议期间签署了《关于完成欧亚经济伙伴关系协定联合可行性研究的联合声明》。

"一带一路"倡议是大规模、多层次的倡议,涉及众多经济和社会领域,这其中显然有许多需要考虑的国际公法和国际私法的特定问题。其中,我想简单谈谈以下几点。

1. 投资保护。我们知道,我们的中国同事已经在这方面做了出色的研究,分析"一带一路"参与国中现有的国际公法以及国家立法层面的投资保护机制。对这些文件的全面回顾是评估和减少企业投资或参与"一带一路"项目所存在的潜在风险的有效手段。全面回顾也可以帮助我们在适当的时间以适当的方式更新此类文件。我们还有一项重要任务,就是让投资者更加了解相关投资协定给予他们的保护。

2. 交通基础设施的发展和新物流路线的开辟提出了一项重要任务——减少技术性壁垒,包括在标准、技术规范和合格评定程序方面进行合作。

3. 可适用的法律。"一带一路"各参与国的法律制度存在较大差异。来自不同国家的私营企业若在他们成千上万的,且有时相互联系的"一带一路"合同中,适用各自的国内法,那肯定不仅给立约人和律师带来挑战,还会给各国政府及法院带来挑战。

4. 需要为各国政府和订立合同的公司提供有效且高效的争端解决机制。尤其是有人会提到,当前有的讨论是关于改善国际仲裁机制和程序的需求及可行办法,其中也包括投资者与国家间的仲裁。

最近,中国决定成立关于提供"一带一路"相关诉讼、仲裁或调解服务的专门法院,也将为"一带一路"倡议提供新的纠纷解决工具。

这些是涉及"一带一路"不同项目的国家和公司可能需要特别关注的一些法律问题,也可能在本论坛和未来关于"一带一路"倡议法律问题的专家会议框架内讨论。

最后,我要再次感谢中国东道主邀请我们参加此次论坛,我期待接下来的讨论能引人入胜、硕果累累。

中华人民共和国外交部条法司司长
徐　宏

# 大力加强"一带一路"法治合作

（2018 年 7 月 2 日，中国北京）

女士们、先生们、朋友们：

大家好！

刚才几位嘉宾作了非常精彩的发言，我深受启发。下面我想谈一谈对"共商、共建、共享"理念的看法，并重点从实践层面阐述如何以该理念为指导开展"一带一路"法治合作。

60 多年前，中国与周边国家一道，创造性提出和平共处五项原则。该原则已成为中国独立自主和平外交政策的基石，同时也被国际社会广泛认同和遵循，成为指导国与国关系的基本准则和国际法基本原则。"一带一路"倡议自提出以来，始终秉持"共商、共建、共享"的核心理念，呼吁各方追求共同利益，承担共同责任，加强合作，实现共享。"共商、共建、共享"理念与和平共处五项原则一脉相承，同时又顺应时代发展潮流，强调共享惠益，是对该原则的继承和发展。"共商、共建、共享"理念体现了中国的国际治理观，必将对维护世界和平，促进共同发展，构建人类命运共同体发挥重要作用。"共商、共建、共享"理念进一步强化国际关系民主化，促进国际关系的法治化,为新时代国际法的发展增添了新动力。

女士们、先生们:

法治合作是"一带一路"国际合作的一个重要领域,为其提供重要支撑和保障。随着"一带一路"建设的深入推进,法治合作的重要性不断提升。我们要以"共商、共建、共享"理念为指导,大力加强"一带一路"法治合作。

(一)完善条约保障体系。条约和合作文件是"一带一路"建设的规则指引。我们要秉持共商精神,根据实际情况和需要,谈判缔结投资、贸易、税收、金融、知识产权等领域的条约和合作文件,细织密织"一带一路"国际合作条约法律网络,进一步促进政策沟通、设施联通、贸易畅通、资金融通和民心相通,同时推动相关国际规则向着更加公正、合理、透明、有效的方向发展。

(二)开展多元化法律交流。交流是开展"一带一路"法治合作的基础。我们要充分利用现有法律合作平台和磋商交流机制,并根据实际需要搭建新平台、新机制,加强"一带一路"参与方政府、国际组织、社会团体、学术界等各层面的法律交流对话,分享良好做法和最新实践,加强能力建设,解决实际法律问题,将"一带一路"打造为法治合作与互鉴之路。

今天国务委员兼外交部长王毅在开幕式上宣布,中国将出资实施"'一带一路'法治合作研修项目",支持"一带一路"参与方开展法律交流和能力建设。外交部条法司将会同有关部门落实好该项目,举办面向"一带一路"参与方政府、实务界和学术界的培训、研讨会等多种活动。欢迎各方就此提出意见和建议。

(三)大力推进司法执法合作。随着"一带一路"沿线国家人员和经贸往来更加频繁,民商事纠纷和违法犯罪活动会相应增多。如不妥善处理,将会损及"一带一路"建设的经贸环境。我们要加强"一带一路"参与方司法执法合作,加快商签民商事、刑事司法协助和引渡等司法合作类条约,为全面有效开展司法合作夯实法律基础,保护好当事人利益。

(四)加强相关法律问题研究。"一带一路"建设涉及的法律问题很多,需要我们群策群力,加强系统性、前瞻性和务实性问题研究。如开展"一带一路"国际合作建章立制方面的研究,包括制度架构、法律基础等。加强国别、重点领域和具体项目法律研究,为开展合作提供明确的法律指引。我们还要研究建立符合"一带一路"实际需要的争端解决机制和机构,包括有学者提出的建立以条约为基础的国际机构，妥善预防和解决相关争端，营造稳定、公平、透明的法治化营商环境。

各位同事，外交部条法司处于中国法律外交实践的一线，我们愿与各界加强交流合作，共同为推进“一带一路”建设贡献力量。

谢谢大家！

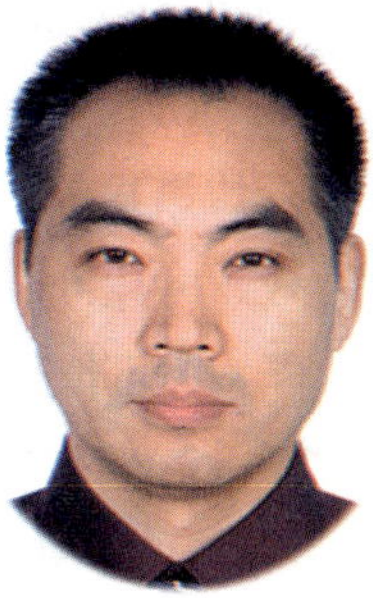

中华人民共和国国家发展和改革委员会西部司副司长、
推进“一带一路”建设工作领导小组办公室综合组
副组长
翟东升

# 在“一带一路”法治合作国际论坛上的发言

（2018 年 7 月 2 日，中国北京）

女士们、先生们：

上午好。很高兴参加“一带一路”法治合作国际论坛。下面我结合自己的工作实践谈一些认识和体会。

中国共产党十八大以来，中国适应国内外形势深刻变化，统筹国内外两个大局，提出了共建“一带一路”倡议，使之成为扩大对外开放的重大举措。中国共产党十九大对共建“一带一路”做出了新部署，上升为构建人类命运共同体的重要实践平台，把“共商、共建、共享”合作原则上升为中国的全球治理观，说明中国矢志不渝地推进共建“一带一路”的坚定决心。

2013 年以来的这 5 年，共建“一带一路”取得了良好成效，可以概括为五句话。

一是国际社会积极响应。共建“一带一路”的“朋友圈”越来越大。下一步，我们要持续提升国际合作水平，欢迎更多发达国家、大型跨国公司、国际金融机构参与进来，共同做大“一带一路”这块“蛋糕”。

二是中国国内政策保障机制基本成型。生态环保、海关、税务、标准、海外风险防控等领域，都出台了专项规划政策。目前，货物和人员的通关效率大为提高，对外投资双重征税等问题得到解决，海外安全保障得到加强。下一步，我们要狠抓贯彻落实，使这些政策规划落地生根，不断完善政策机制。

三是贸易投资规模不断扩大。中国与沿线国家货物贸易5年累计超过5万亿美元，对外直接投资超过700亿美元，对外承包工程水平明显提高，增速都高于全国总体水平。据不完全统计，中国企业在“一带一路”相关国家建设产业园区75个，累计投资270多亿美元，吸引入区企业近3500家，为东道国创造了近21万个就业岗位，上缴税费22亿美元以上。中欧班列累计开行数量近9000列，到达欧洲14个国家42个城市，现在平均每天开行100多列。一些来自日、韩的工业品海运到中国上岸，经铁路直达欧洲，一些来自中亚国家的农产品则反向运到东南亚等国。下一步，要持续提高贸易投资便利化水平，加快建立区域和国别互惠制度，提升班列市场化水平。

四是实施了一批重大项目。中巴经济走廊，一批铁路、港口、电站、园区、产业等项目相继开工建设。这些项目建设，提升了所在国经济社会发展和民众的生活水平，改善了发展条件。最近巴基斯坦德尔贝拉水电站首台机组发电，年发电可达38亿度，满足200万户家庭用电，将极大缓解该地区电力紧缺状况。下一步，要保障已开工项目按期保质完工，推进新项目，同时更加注重防控可能出现的各类风险。

五是助推中国全方位开放格局加快形成。中国西部地区借助“一带一路”建设，开放步伐明显提速，正在由开放的末梢变为前沿，中部地区正在成为沿海、沿边开放的通道，东部地区正在形成国际合作新优势。下一步，我们要充分发挥国家制度优势，把“一带一路”建设与其他国家战略更加紧密地协同推进，下一道功夫，出多个成果。

要强调的是，共建“一带一路”是开放、包容、互惠互利的。就共建的地域而言，以亚欧非大陆为重点，欢迎所有国家参与，不分远近；就共建的内容而言，是全方位的，以基础设施互联互通和经贸投资为重点，还包括金融、人文、旅游、防灾减灾等合作；就经贸投资合作而言，要坚持市场化运作为主，以企业为主体，遵守国际通行规则做法，履行社会责任。中国不仅要积极对外投资、做强出口贸易，还要积极引进外资，做大进口贸易，使引进外资与对外投资、货物出口与进口均衡发展。

共建“一带一路”倡议提出以来，国际社会给予高度关注，出现了不少评论和解读。这是好事，有利于加深理解、加强合作！也有一些国外朋友对“一带一路”的解读是过度的、片面的，涂上了神秘化、阴谋化的色彩。还有个别机构和人士认为，中国在推进“一带一路”建设中项目运作不透明、不注重环保和劳工权益、不遵守国际规则，甚至使一些国家陷入所谓的债务陷阱等。针对这些误解误判，我们都能给予客观公正的解释。我也认为，我们要在工作实践中虚心借鉴国外好的做法，持续改进工作方法，更好适应新形势、新需求，使国际社会像欢迎中国的改革开放一样欢迎共建“一带一路”倡议。

坚持全面依法治国是中国特色社会主义建设的基本方略之一。中国首倡并推进共建“一带一路”，也必定把法治作为重要基本方略。共建“一带一路”会遇到多种风险挑战，中国要与共建国家共同采取措施，强化安全保障，法治应该是最基本、也是最根本的保障。因此，在共建“一带一路”工作实践中，我们要更加密切地开展司法、执法、立法、法律专业服务等领域的国际交流合作，织密筑牢法治保障网络，保障“一带一路”建设更多地造福各国、行稳致远。今天举办的法治合作国际论坛就是一个良好的交流合作平台。

最后，预祝论坛圆满成功，各位朋友都有丰富的收获。

谢谢！

# 议题二：
# “一带一路”规则体系与条约法律保障

世界贸易组织上诉机构前大法官
张月姣

## 在“一带一路”法治合作国际论坛上的发言

（2018年7月2日，中国北京）

主席先生，
女士们、先生们：

我很高兴出席在钓鱼台国宾馆召开的“一带一路”国际法律合作重要会议。

习近平主席倡导的“一带一路”倡议启动已经有5年。现在我们很高兴看到早期收获。80多个国家签署了合作协议，加入了“一带一路”倡议，体现了参与国的政治意愿。该倡议已被纳入参与国的国内发展计划。“一带一路”决策的民主化进程表明了参与国对“一带一路”的主人翁精神，这种“一带一路”是基于当地需求驱动的。“一带一路”项目的成功表明了中国对建立人类命运共同体的贡献，受到国际社会的高度赞赏。联合国、国际货币基金组织、世界银行和其他多边组织都支持“一带一路”项目，这些项目可以促进人员流动和货物流动，将多种文化联系起来，促进邻国之间的贸易。与此同时，“一带一路”计划可以帮助贫穷国家和偏远地区减少贫困，为沿线国家创造就业机会，提高生活水平。“一带一路”倡议是一项对所有参与国都有利的公益事业。

现在我想集中讨论“一带一路”倡议的一些法律问题：

1.“一带一路”的概念符合国际公法。“一带一路”的精神和原则是“共商、共建、共享、共建人类命运共同体”。“一带一路”的原则反映了“相互尊重、平等互利、和平与发展”的国际法原则。

当今世界，政治多元化、经济全球化、国家间相互依存日益加剧，世界和平与发展、全球经济治理和整个人类面临挑战，国际法比以往任何时候都更加重要。我们必须遵守国际法规则，通过协商和其他和平手段解决争端。与《国际法院规约》第 38 条第 1 款规定的国际法渊源一样，国际公法主要涵盖国际条约和习惯国际法。国际法的基本原则包括主权平等、相互尊重主权和领土完整、互不侵犯、互不干涉内政、平等互利、和平共处、禁止使用武力威胁。我认为，“一带一路”倡议及其法律框架，例如，有 80 多个国家签署的“一带一路”合作协议，体现了“一带一路”参与国的政治意愿。他们将遵循国际承诺，促进和平与发展。

目前世界上有超过 3000 份双边投资保护协议，其中“一带一路”国家签署的双边协议可以更好地保护投资者。《联合国国际货物销售合同公约》可以适用于“一带一路”国家缔结的合同。该公约还可适用于“一带一路”沿线国家的公司之间签订的货物销售合同。

2.“一带一路”与世界贸易组织涵盖的协议和自由贸易协定（FTA）之间应保持一致。“一带一路”沿线的大部分经济体都是世界贸易组织的成员。因此，最惠国待遇和国民待遇适用于“一带一路”国家。“一带一路”参与国签订的自由贸易协定符合关贸总协定/世界贸易组织第 24 条的规定。“一带一路”倡议的主要目标是世界贸易组织框架下的贸易便利化。

3. 将“一带一路”倡议纳入国家经济发展议程非常重要，这样可以加强参与国的主人翁意识和参与意识。应考虑当地需求和区域协调以及经济和效率。

4. 在项目决策前应该做好法律、经济、技术问题、原材料供应、水电成本、市场、维护等方面的初步可行性研究，以降低风险。

5. 共同建设方面，实现项目的运作和实施、采购，避免双重征税，免除融资设备的进口关税。

6. 人力资源开发方面，加强对项目的工作人员和管理人员的培训和能力建设。

7. 争议解决方式包括协商、调解、仲裁、诉讼。考虑争端解决的因素包括公平、正义、适用法律、降低成本、便利、语言、财产和证据保全以及裁决的执行。为服务“一带一路”倡议,中国宣布在西安和深圳成立国际商事法庭,结合调解、仲裁、司法诉讼和财产保全职能。法庭采取一审终审制。

接下来的工作,我们可以考虑编制跨境破产规则、创建区域国际投资规则、知识产权保护、技术转让等。

我相信,各国律师、法学家和法律专业人士的合作将进一步促进“一带一路”倡议的成功,支持以规则为基础的多边主义,反对贸易单边主义和贸易保护主义。

祝会议取得圆满成功。

谢谢。

印度尼西亚外交部条法总司秘书长
苏莱曼·萨里夫

# “一带一路”倡议:法治合作

(2018 年 7 月 2 日,中国北京)

## 一、原则、利益和背景

感谢组委会邀请印度尼西亚参加这一论坛,分享我们对于“一带一路”倡议法治合作的看法。

印度尼西亚对“一带一路”倡议表示欢迎,我们相信这一倡议会强化中印之间的经济关系,尤其是因为印度尼西亚密切关注基础设施发展,互联互通和海洋支点。中国也是印度尼西亚的战略伙伴之一。

我知道,“一带一路”倡议实际上反映出中国对世界发展与合作做出的贡献。这一倡议展示出连接古丝绸之路沿线国家的愿景。历史上,印度尼西亚也正是沿线国家之一。

因此,“一带一路”倡议若想不仅停留在理念阶段,或是只反映出中国利益,就应在推广中与希望加入倡议的相关各方展开广泛的交流。该倡议应基于共同利益与包容性的原则,也应尊重各参与国的主权和共同利益。

对印度尼西亚而言,我们强调,“一带一路”倡议应当支持印度尼西亚的“全球海洋支点”愿景,并与之协作。也就是,如何使“一带一路”倡议与

“全球海洋支点”的理念协同合作。

印度尼西亚的“全球海洋支点”战略有五大支柱,分别是:(1)重建印度尼西亚海洋文化;(2)提高印度尼西亚海洋资源管理水平;(3)发展印度尼西亚海洋基础设施和互联互通;(4)强化印度尼西亚海洋外交;(5)加强印度尼西亚海上防卫力量。

仔细思考“一带一路”倡议和“全球海洋支点”的基本理念,就会发现两者的共通之处是发展基础设施和互联互通。而这正是印度尼西亚在“一带一路”倡议中的共同利益。

从基础设施、互联互通发展获得更多投资并据此拓宽外国市场的经济动力可能正是印度尼西亚在“一带一路”倡议中的主要利益。而“全球海洋支点”的其他几个支柱也可以学习“一带一路”倡议中包含的相应机制。

### 二、支持“一带一路”倡议的法治合作(规则、条约和法律)

综上所述,在法治合作的背景下,未来“一带一路”倡议会建立起“一带一路”沿线国家的法律关系。应注意到,“一带一路”沿线国家实行的法律制度有所不同,包括普通法系(新加坡、马来西亚),民法系(印度尼西亚),大陆法系(中亚)以及伊斯兰法系(中东)。可通过相关条约或规则(例如,特惠贸易协定/内地与香港特别行政区关于建立更紧密经贸关系的安排/自由贸易协定)来加强经济领域的合作。

但因为这一理念提出不久,还需要许多国家相信他们有共同的利益和归属感。要想通过法律条文的方式推广“一带一路”倡议,就要找到沿线国家都能欣然接受的一种方式。

比如,未来,“一带一路”倡议可以通过自由贸易协定或是全面经济伙伴协定这样的经济类条约,建立起一个合作区块或经济共同体。但是应该充分考虑各个沿线国家的接受程度。

为了确保各国家能广泛接受,“一带一路”倡议内的法治发展合作可以基于当前协定的内容,或是利用沿线国家间已有的协定。换句话说,我们可以利用双边、多边合作机制加速沿线国家经济一体化、支持贸易增长。

当前中国—东盟自贸区和区域全面经济伙伴关系协定就可被视作“一带一路”倡议中的经济条约过渡到合作区块的基石。刚成立不久的亚洲基础设施投资银行为支持“一带一路”倡议的合作区块打下基础,也是支持沿线国家实施自由贸易协定的开端。

在投资领域,东盟全面投资协议也是一个很好的示范。

若沿线国家接受程度、发展程度或是法律制度差异较大,使条约难以成为沿线国家合作的法律基础,“一带一路”倡议也可以先制定非强制性的规则作为指导,以提升沿线国家间的关系,促进合作。可采用循序渐进的方式,使沿线国家在“一带一路”倡议中发挥主人翁精神。

最后,合作的进程取决于各国的政策如何界定本国在“一带一路”倡议中的参与度。

欧洲政策研究中心(布鲁塞尔)欧盟外交政策负责人、阿姆斯特丹大学欧盟对外关系法和治理教授
史蒂夫·布罗克曼斯

## 从欧盟法律视角看“一带一路”倡议

(2018年7月2日,中国北京)

国务委员兼外交部长王毅阁下,
尊敬的中国法学会会长王乐泉先生,
女士们、先生们:

感谢有机会从欧盟法角度分享我对“一带一路”倡议的个人观点。我来自一个独立的、无党派的智库,因此能够比欧盟及其成员国的官员更自由地发言。

即使欧盟的全球影响力相对来说可能在减弱,但它仍然是世界上最大的经济集团和监管组织。

欧盟对中国特别是“一带一路”倡议没有制定统一的政策,关于这一点,有很多讨论。虽然成员国之间存在分歧,但这些分歧被认为是由中国自己引起的,例如,通过“16 +1”优惠形式发展与中东欧国家的关系。

在我看来,欧盟应该礼貌但坚定地陈述其合作条件,请允许我简要说明一下这些条件。

1. 根据欧盟竞争法、国家援助和公共采购规则,欧盟对外国直接投资进行审查。《欧盟并购规则》的重点是审查并购案件在相关市场的经济影响，以确保欧盟内部市场的公平和真实竞争。欧盟委员会与成员国的反垄断机构共同执行《欧盟并购规则》，它们主要根据并购案所涉及的营业额进行分工。从俄罗斯天然气工业股份公司到谷歌，委员会没有回避对最强大公司的调查，两家公司被指涉嫌滥用其市场主导地位，罚款可能高达数十亿欧元。世界最大单一市场的经济影响力以及欧盟委员会强硬的反垄断控制，使得欧盟成为反垄断领域的全球规则制定者。

但是，欧盟竞争法存在两个主要缺陷：它不考虑被审查的交易的资金来源；并且没有基于安全理由对外国直接投资进行系统和集中审查。

2. 这引出了我的第二个观点：当前有一种不同机制组成的混合机制，以国家安全为由，对外国直接投资进行审查。大多数成员国是从宽泛的战略层面而不是从国防层面审查外国直接投资。但是，普遍采用的方法是个案审查，而自动审查大多与某项商业行为的许可证有关，如武器生产。

在没有欧盟机构控制的情况下，成员国不能单方面决定公共安全的范围。欧盟法律设置了限制。根据欧洲法院的判例法，只有出现对社会根本利益造成“真实和足够严重的威胁”时，成员国才可以使用公共安全例外原则。这种违背欧盟资本自由流动原则的做法不能仅因为经济目的而启用，投资者必须有诉诸法院以改变政府决定的机会。欧盟法院已经认识到石油、电信和电力等战略部门在这方面具有弱势，但却很大程度上限制了成员国的自由裁量权。

涉及私人投资以及国家策划的收购要约引发了对来自中国的不公平竞争的担忧，而这也加剧了欧盟公司的长期忧虑，一直以来他们都缺乏进入中国市场的对等机会。这种不对称的情况以及成员国和欧盟在竞争法层面的监管差异，已经在欧盟及其成员国之间引发了一场争论，争论内容涉及是否需要对在欧盟范围内建立新的外国直接投资审查机制进行立法，这也是我想提出的第三点。

3. 2017 年 9 月关于进入欧盟的外国直接投资的条例草案公布，这份草案与欧盟委员会主席容克的国情咨文演讲不谋而合。它阐释了“安全”或“公共秩序”相关的一系列理由，以及成员国有权考虑外国投资者是否由第三国政府控制，包括通过大量资金进行控制。该提案还为外国投资者提供了一些基本保护，包括对第三国的非歧视原则，透明度和司法审查原则——尽管根据成员国的法律制度，司法审查程度会明显不同。

至关重要的是，该条例草案赋予了欧盟委员会权力，对事关"欧盟利益"的投资进行审查并发表观点，尽管该草案未能允许委员会实际阻止此类投资。事关"欧盟利益"的项目或计划涉及的投资包括高额欧盟基金相关的投资，或欧盟立法涵盖的、与关键基础设施、关键技术或关键信息相关的投资。例如，研究计划、能源计划或伽利略卫星计划。在这种情况下，对于那些计划投资或已在合理时间内完成投资的成员国，委员会提出一份意见。然后，成员国必须"最大限度地考虑委员会的意见，如不遵守该意见须向委员会进行解释"。因此，拟设立的制度主要依靠成员国之间的同伴压力。

该条例草案必须得到成员国和欧洲议会的批准，这意味着它在2018年年底或2019年之前不可能生效。

## 总　结

最后，中国决策者喜欢将"一带一路"倡议称为"双赢合作"。然而，这种说法与欧盟的认知之间存在明显不同。欧洲政界人士和监管机构正意识到，需要加强欧盟的法律和监督机制，以防外国投资者收购其主要公司。这不仅是保护主义的问题，而是要创造一个公平的竞争环境，希望将"一带一路"倡议变成法国总统埃马纽埃尔·马克龙所说的经济增长的"双向道路"。为了"一带一路"倡议的成功和彼此的经济利益，建议中国决策者能够考虑欧洲的关切，并以与欧盟法律保持一致方式采取行动。

国际民航组织法律局局长
黄解放

# 铺垫空天丝路，完善法律保障

（2018年7月2日，中国北京）

国际民航组织是负责制定国际民航法律、标准和政策的联合国专门机构。中国国家主席习近平“一带一路”的重大倡议，得到包括民航组织在内的国际社会的广泛响应。“一带一路”的核心内容是促进基础设施建设和互联互通，对接各国政策和发展战略，深化务实合作，促进协调联动发展，实现共同繁荣。因此，“一带一路”的构想与民航组织的宗旨，特别是“不让任何国家掉队”的举措，是高度一致的。我们的共同任务就是要建立和维护世界人民互联互通的蓝天纽带，构筑和拓展空天丝绸之路。“空天”，既包括航空器飞行的空气空间，也涵盖航天器和人造卫星等空间物体运行的外层空间。

航空加速了国际交往，促使世界变成地球村。“要致富，先修路”。修一公里的公路，可以连接两个村庄，修一公里的跑道，可以通往全世界。基于航空的国际性，其便利由各国共享，灾难由各国同摊，挑战也应由各国共同应对。“马航370”事件，中国百余名同胞遇难，说明各国利益是关联的。一方空难，多方受损。国家，不论大小贫富强弱，不论其社会制度和意识形态有何差异，都期望其民用航空的安全得到保障。民航，凝聚了人类共同利益，形成了关系密切的命运共同体。

安全是航空的重中之重。航空除了要应付诸如恶劣气候，机械故障等自然风险，还要应付恐怖主义等人为的破坏。只有完善法律体系，才能为空天丝绸之路保驾护航。民航组织在这方面起到了引领作用，在联合国系统 19 部反恐怖主义公约中，有 8 部是在民航组织框架下制订的，其中《北京公约》和《北京议定书》两部法律文书，也凝聚了中国的特殊贡献。这两部法律文书的全名是《制止与国际民用航空有关的非法行为的公约》和《制止非法劫持航空器公约的补充议定书》。这些条约规定，利用民用航空器作为武器、利用危险物质攻击民用航空器或者其他目标的行为属犯罪。非法运输生物武器、化学武器和核武器或特定相关材料的行为应受到处罚。犯罪的策划者和组织者同样会遭到制裁。威胁民用航空将会承担刑事责任。同时，为防止对民航的网络攻击，《北京公约》规定，“空中航行设施”包括航空器航行所必需的信号、数据、信息或系统。攻击这些设施构成犯罪。

在“巴塞罗那电车案”中，国际法院提出了“对一切的义务”(obligations *erga omnes*)的概念。该义务是指国家对整个国际社会的义务。维护民航安全应构成此项义务。

随着科技的发展，如亚轨道飞行的成功，航空器和航天器会出现某种融合，新型“空天”飞行器将翱翔于空气空间和外层空间。浩瀚的外层空间所蕴藏的丰富矿产，为人类补充地球资源提供了灿烂的前景。人类冲出地球，获取外空资源将势所必然。空天丝绸之路也会突破空气空间，延伸到外层空间。同时应该看到，开采外空资源的技术尚未完全成熟，争夺资源的法律纷争却已开始。是走圈地先占、零和游戏的老路，还是开拓合理开发，合作共赢的新路，这对“一带一路”国家及其国际法律工作者是前所未有的机遇和挑战，任重道远，困难不可低估。但是，中华民族既有“先天下之忧而忧，后天下之乐而乐”的华夏文化底蕴，又有共产党人“太平世界，环球同此凉热”的博大胸怀，一定能与其他“一带一路”国家建成空天丝绸之路，实现互利共赢。

非洲统一商法组织常任秘书长
多罗泰·柯西·索萨

## 在“一带一路”法治合作国际论坛上的发言

（2018年7月2日，中国北京）

女士们、先生们：

首先，我代表非洲统一商法组织，向中国法学会邀请我们参与这一国际盛会表示真挚的感谢。这一邀请证明，我们两个组织在多个经济法合理化项目之间有着深入合作。

在这一庄严的场合，我不是要详细阐述本次论坛的主题，而是探讨这一特殊项目中引人思考的基本原理和理念，同时我们对各个成员国的社会经济发展满怀期待和信心。

女士们、先生们：

非洲统一商法组织建立于1993年10月17日，是一个法律和司法一体化组织，迄今为止，拥有来自中非、西非和印度洋的17个成员国，而“一带一路”倡议，则是中华人民共和国主席习近平阁下在2013年提出的，这一倡议得到了全世界80多个国家和国际组织的支持。显而易见，“一带一路”倡议负有国际使命，而非洲统一商法组织负有地区使命，两个组织设立的原因有相似之处，虽然他们的工作范围有所不同，但是他们的目标、任务和宗旨有相似之处。

非洲统一商法组织初创的宗旨，是要解决非洲国家所遇到的经济难题。非洲国家面临诸多挑战，例如，全球化、经济衰退、投资水平急剧下降，以及投资者对于法律和司法的不安全感。为这些问题找到合适的解决方法是非常困难的。立法方面的应对之策是建立起协调、简单、现代和适合的商事法，同时建立各项机制，从而在需要保证经济活动的法律安全的情况下，确保商事法能被较好地执行。

报告显示，全球化面临挑战，各国社会经济发展面临经济障碍，这两大因素推动了“一带一路”倡议的形成。知情观察家表示，“一带一路”倡议大约覆盖了世界贸易的1/4，涉及63%的世界人口。古代丝绸之路曾以15世纪的不受国界限制的商队为标志。“一带一路”倡议的宗旨是，人类商业联系的扩展为人与人之间的关系带来重大而积极的变化，专家们认为，在这一点上“一带一路”倡议与古代丝绸之路有相似之处，就像非洲统一商法组织和“一带一路”倡议在经济、法律和司法领域所带来的变化一样。

“一带一路”倡议是一项宏伟的社会经济计划，它应得到沿线国家法律规则的支持，因为法律是一国调整经济的杠杆，一个国家经济的健康发展，离不开法律规范的支持。

“一带一路”倡议也意识到了这个要求。因此，在该倡议的号召下，相关国家和国际组织已经签订了30多个框架协定以及40多项共建“一带一路”的协定，这些协定内容涵盖互联互通、产能、投资、经济、贸易、金融、科技、社会、人员合作和社会福利。还签订了多项宣言，如《上海合作组织成员国元首乌法宣言》。2016年11月17日，190多个联合国成员国一致通过了一项决议，赞赏了包括“一带一路”倡议在内的多个经济合作倡议，呼吁国际社会为“一带一路”倡议的建设提供一个安全有利的环境。

联合国安理会也于2017年3月17日一致通过了第2344号决议，呼吁国际社会在“一带一路”的框架下强化地区经济合作。

我们应当注意到，这些协定经常是与联合国发展计划署、亚洲及太平洋经济社会委员会以及世界卫生组织，或中国—蒙古—俄罗斯经济走廊建设备忘录以及中国—哈萨克斯坦、中国—白俄罗斯合作文件共建的。

各非洲国家，主要是我所代表的非洲统一商法组织的成员国，必须积极参与“一带一路”框架下的国际合作，以强化富有成效的同中国的合作，活跃的贸易是这种合作的重要方式。越来越多的中国公司在非洲投资，他们在非洲也发挥着越来越重要的作用，便能充分证明这一点。

历史学家证明，非洲曾是丝绸之路的一部分，因此，保护这一历史成就的重要性不言而喻。

“一带一路”倡议应当致力于为各国合作制定出清晰的法律规则，并且指明各方的权利和义务。我们还应当整合各种分散的协定，以保证“一带一路”倡议的法律确定性，促进经济活动，推动经济发展并鼓励投资。

法治必须是“一带一路”倡议之本。唯有如此，各国才能全面参与经济活动的健康发展。

女士们、先生们：

如我们所见，非洲统一商法组织和“一带一路”倡议都在不断努力改善国际区域贸易的框架。虽然这两个组织有着共同的关切，但非洲统一商法组织在提出技术性解决方案方面领先一步。

第一，“一带一路”倡议签订了各种协定，但这些都是软法备忘录，而非洲统一商法组织的文件可以直接在各成员国内执行，如果与成员国的国内法相矛盾，可优先于国内法，而不受制定时间的影响。

因此，我们通过统一的立法技术实现了更彻底的法律一体化。通过这种方式，非洲统一商法组织所有的成员国可以适用同一部法律。

第二，非洲统一商法组织内的法律一体化，也得到了完全独创的司法一体化的补充。商业纠纷的司法解决通过撤销原判和终审的方式实现，这一工作由非洲统一商法组织司法和仲裁共同法院而非各国的最高法院进行。作为本地区的最高法院，司法和仲裁共同法院拥有独立于各成员国的司法管辖权，它确保了法律条文解释与执行的统一，这样，非洲统一商法组织内部的立法统一就与司法审判统一完美结合。无论如何，“一带一路”倡议和非洲统一商法组织在工作范围上有相似之处，因此，我们两者在克服模式差异的基础上应当进行更广泛的制度合作。“一带一路”倡议的法律基础还处在起步阶段，亟待建设。因此，非洲统一商法组织愿意向“一带一路”倡议分享经验和法律专业知识。

谢谢大家！

亚洲基础设施投资银行总法律顾问
杰拉德·桑德斯

# 亚洲基础设施投资银行和“一带一路”倡议:互补与对比

(2018年7月2日,中国北京)

尊敬的各位来宾:

今天,我们相聚在中国,这里既是古丝绸之路的起点,也是“一带一路”倡议的诞生地。中国一直是世界历史上最外向型的国家之一。中国的经济改革,包括在20世纪70年代后期推出的改革开放政策,为其提供了一个国际贸易和投资蓬勃发展的环境。

最近的“一带一路”倡议虽由中国提出,但在海外却越来越受欢迎。中国政府还提出了另一项倡议——亚洲基础设施投资银行(以下简称亚投行),我在那里工作了快两年,今天非常荣幸有机会能够谈谈这两者之间的差异,以及在差异的基础上如何进行互补,促进相关地区的持续、稳定增长。

## “一带一路”融资和亚投行的补充作用

一谈到“一带一路”倡议,就不可避免地要考虑其中的诸多项目如何获得资金支持。亚投行于2016年1月16日开始运营,它诞生之时,“一带一路”倡议的理念正方兴未艾。虽然亚投行能够也的确为亚洲的基础设施项目提供资金,但我们的工作却不止于此。而且,亚投行的治理也意味着,我们的投资政策并不一定是为了推动“一带一路”倡议的发展。与“一带一路”目标的一致性并不是亚投行评估投资提议的考量标准。

因此,亚投行可为“一带一路”倡议覆盖地区以内及以外的工程都提供资金。同时,我们提供的融资除了用于基础设施以外,还用于亚投行章程中所称的“其他生产部门”。要理解两者的差异和潜在的互补之处,就需要简要研究亚投行成员的会员资格、地理分布和使命等事项。

## 会员资格、地理分布、获得融资的条件

在亚投行中,会员资格、地理分布、获得融资的条件,这三者之间的相互关系是错综复杂的。虽然亚投行会员资格向所有世界银行和亚洲开发银行成员开放,但在亚投行宪章中,我们认为,在一般情况下,亚投行会优先为亚洲成员国的项目提供资金。在亚投行章程中,我们采用了联合国对亚洲的定义,也就是包括亚洲和大洋洲两个地理区域。在宪章中,俄罗斯被认定为域内会员。

但是,亚投行获得了明文授权,既可以进行域内投资,也可以对域外成员国、与地区经济发展相关的国际和地区实体进行投资。如遇特殊情况,在理事会批准下,亚投行甚至可以为非成员国的项目提供资金,而无论这些国家是否位于亚洲,但前提是,这一融资符合亚投行的宗旨,并且符合亚投行会员的利益。

## 宗旨的共性

地理上的重合势必会带来共同的使命。因此,亚投行已在宪章第一条明确表述了其宗旨。亚投行的使命是要“促进亚洲经济可持续发展,创造财富并改善基础设施互联互通”。要实现这一点,就要“投资基础设施和其他生产部门”,利用好 1000 亿美元的法定资本。亚投行还要“推进区域合作和伙伴关系,应对发展挑战”,这就需要“与其他多边和双边发展机构紧密合作”。在这方面,虽然亚投行已具备运营能力,但是许多项目还是与世界银行集团、亚洲发展银行和欧洲复兴开发银行共同出资的。现在,我们与所有主要的多边开发银行都签订了谅解备忘录。未来,我们会与它们一

起为“一带一路”沿线国家和其他地区的项目提供资金支持。

考虑到我们共同或有所重合的目标，在我看来，“一带一路”倡议和亚投行的最终目的是通过资助项目来改善人民的生活水平，大家可以这么理解，并且最好认同这一点。基础设施的发展是实现这一目标的方式之一，而非目标本身。发展交通项目的目的是让商人能高效地将商品运往市场，方便农村地区的孩子上学。更多、更好的能源应该能促进工厂的发展，并减轻工人、农民和在家劳动的人的负担。学校、医院、社区交汇的地方须配置照明、取暖以及空调设施。城镇化和清洁水源必须为更加幸福快乐、安全和健康的未来带来希望。互联网更加快捷、触手可得，它必须带动知识和经验的传播，就像旅行者、商人和朝圣者传播古代丝绸之路商队的理念一样。理念的传播，无论是转瞬即逝的理念，或是法律理念本身，都跟现代的理念一样——要拥抱市场。

若贸易、投资和企业家精神得到国家的机制性支持，将非常有利于促进经济的增长、包容性的扩大以及个体和集体潜力的实现。当然，项目选址、设计和执行会存在一定的风险，也会使一些人受到负面的影响，尤其是那些使大多数人受益的大型项目。因此，项目东道国和金融家必须采取强有力的社会和环境保障措施以保证受到影响的群体得到公平的对待。

今年是亚投行运行的第三个年头，迄今为止，董事会已批准了 27 个项目，投资共计 51.9 亿美元，大部分已批准的项目都在交通和能源领域，它们有一个共同点，即高标准的环境设计。虽然亚投行未来的投资地域方向非常灵活，但事实是，目前这些项目大多数依旧位于“一带一路”沿线国家。这说明，尽管两者之间还没有任何正式的法律或制度联系，亚投行的投资在大多数时候都有助于实现“一带一路”倡议的目标。当亚投行出资的项目恰好位于“一带一路”走廊的时候，亚投行和“一带一路”倡议的目标就是相通的，它们都是为了改善亚洲地区人民的生活水平。

武汉大学环境法研究所教授、悉尼大学名誉教授
本·博尔*

# 绿色“一带一路”:环境法的挑战

(2018 年 7 月 2 日,中国北京)

## 1. 简介

本文重点关注制定相关政策和法律,确保充分解决环境问题,从而保障中国公共部门实体、国有企业和私营部门实体在“一带一路”倡议下的海外投资活动。

本文指出,许多国家现已加入“一带一路”倡议,中国在这些国家的投资和开发活动的规模和强度将不可避免地对这些国家的环境产生重大影响,特别是将实施重大基础设施项目的国家。本文主要探讨中国法律政策为中国企业设立的环保标准是否同样适用于“一带一路”倡议签署国在该倡议下的所有投资项目和开发活动,以及中国的标准如何实施等问题。如果项目东道国的环境标准水平低于中国,则这一点就显得尤为重要。

---

* 本·博尔(Ben Boer),中国武汉大学环境法研究所“千人计划”特聘教授及悉尼大学名誉教授。本文研究已成为2015 年教育部批准的“生态文明与国际环境法”项目(16JJD820012 号)的组成部分;本文是在武汉大学环境法研究所的指导下创作完成的。感谢 Pei Yilin 和 Wang Xinxin 提供的研究帮助以及 Alexander Zahar 教授发表的意见。

环境标准问题还涉及中国执行其与东道国共同签署的多项多边环境协议的国际承诺。其中最为重要的协议包括1992年的《生物多样性公约》《联合国气候变化框架公约》及2015年的《巴黎气候变化协定》。中国承诺实施可持续发展目标时,也必须考虑各项标准。① 另外,在“一带一路”东道国内实施适当的环境标准还与中国生态文明理念相关,此理念已成为中国关于环境和自然资源法律②和政策的一个基本点。

正如本文所指出的一样,已公开的中国环保政策和法律政策指导意见已令人印象深刻。然而,有人指出,还需要更加关注具有法律强制力的环境标准,以使这些标准在投资所在国能切实执行。另一个问题是,哪些政策应当纳入自由贸易协定、投资条约及关于综合基础设施和工业发展项目的合同文本中。举例来说,从中国出发,向亚洲各地辐射,延伸至欧洲以及非洲部分地区,已形成了“一带一路”沿线六大经济走廊(见图1)。所涉及的每个国家在基础设施规划、环境影响评价、污染及生物多样性保护等方面都有不同的环境保护法和不断变化的法律标准。那么,我们是否应该尝试将这些法律标准统一起来,用更普遍的方法来推动“一带一路”发展呢?③

**图1　一带一路:横跨亚洲、欧洲和非洲的六大经济走廊**

资料来源:“一带一路”倡议。④

---

① 习近平在联合国大会的讲话,“携手构建合作共赢新伙伴同心打造人类命运共同体”,纽约,2015年9月28日,载 https://gadebate. un. org/sites/default/files/gastatements/70/70_ZH_en. pdf。

② 参见2015年中国《环境保护法》。

③ 例如,《联合国环境法发展和定期审查方案》(蒙特维的亚方案)的目标之一是“在条件允许的前提下,提倡用统一方法来制定和实施环境法和鼓励相关机构协作”,载 https://www. unenvironment. org/explore-topics/environmental-rights-and-governance/what-we-do/strengtheningins-titutions。

④ 香港贸易发展委员会研究,载 http://china-trade-research. hktdc. com/business-news/article/The-Belt-and-Road-Initiative/The-Belt-and-Road-Initiative/obor/en/1/1X000000/1X0A36B7. htm;后文将简单评述中巴经济走廊这一实例。

### 2. 环境法的原则和理念

本文认为,在制定“一带一路”政策和拟定关于投资和开发项目的各种政府条约或中方与东道国私营部门实体订立合同时,应坚持采用环境法的基本原则。

应考虑的环境法原则和理念既包括历史悠久的原则和理念,也包括最近才出现的原则和理念。之前的原则和理念包括:

(1)履行尽职调查义务的必要性。

(2)所有开发项目环境影响评估的准备和发布。

(3)影响当地社区等利益相关者的环境信息的可获得性。

(4)决策透明性,包括参与机制公开性,以及在环境问题上个人和社区诉诸司法的权利。

新出现的这些原则基本都与“环境法治”这个新理念相关。环境法治关系到全世界所有的开发活动。基于这个理念,人们认为环境法机制应当对所有的重大工业或基础设施项目予以关注。虽然这些机制主要在国内层面上发挥作用,但通常也以国际和地区自然和文化环境保护文件中建立的原则和理念为基础。

“环境法治”这个理念首先是通过联合国环境规划署(以下简称联合国环境署)提出的。⑤ 随后,世界自然保护联盟《关于环境法治的世界宣言》明确了它的定义:

“环境法治”是将生态可持续发展原则纳入程序性和实体性权利及义务的法律框架。加强环境法治对于保育、保护和恢复环境的整体性至关重要。没有环境法治,环境治理以及权利和义务的履行可能是武断的、主观的和不可预测的。⑥

---

⑤ 联合国环境署,“环境法治”,载 https://www.unenvironment.org/explore-topics/environmental-governance/what-we-do/strengthening-institutions/promoting-1;同见第27/9号《关于促进环境可持续性的司法公正、治理和法律的决定》。

⑥ International Union for the Conservation of Nature (IUCN) World Declaration on the Environmental Rule of Law;中文:世界自然保护联盟(IUCN)关于环境法治的世界宣言,载 https://www.iucn.org/sites/dev/files/content/documents/chinese_world_declarationon_the_environental_rule_of_law_final.pdf;英文:https://www.iucn.org/sites/dev/files/content/documents/english_world_declaration_on_the_environmental_rule_of_law_final.pdf; https://www.iucn.org/commissions/world-commission-environmental-law/our-work/environmental-rule-law-1。

世界自然保护联盟《关于环境法治的世界宣言》提出了13条环境法治原则。据世界自然保护联盟所述,这些原则是宣言的中心部分,其目的是通过环境发展,推动和实现生态正义。原则清单并不完全详尽。我们承认可能还有其他环境法原则,其中有许多已得到广泛认可并已确立下来的,包括知情权、参与环境决策和诉诸司法等程序性原则。虽然宣言重点强调实体性原则,但某些原则既具有实体性,又具有程序性。⑦ 这些原则分别是:

(1)保护自然的义务;

(2)对自然的权利和自然的权利;

(3)对环境的权利;

(4)生态可持续性和弹性;

(5)存疑时自然优先;

(6)财产的生态功能;

(7)代内公平;

(8)代际公平;

(9)性别平等;

(10)少数民族和弱势群体的参与;

(11)原住民和部落人民的权利;

(12)不退步;

(13)逐步发展。

这些原则当中,有些已在某些国际文件当中和某些国家得到广泛认可,例如,代内公平、代际公平、性别平等、少数民族和弱势群体的参与以及原住民和部落人民的权利。虽然新出现的原则还没有被广泛接受,但有些已被许多国家列入国家宪法和(或)被法院采纳,包括保护自然的义务、对自然的权利和自然的权利、对环境的权利、⑧生态可持续性和弹性、存疑时自然优先、财产的生态功能、不退步和逐步发展。

未来,这些原则当中有许多将通过被纳入国际环境文件和各国环境法

---

⑦ 见上文注释⑥。

⑧ 关于“对环境的权利”的讨论,见本·博尔(Ben Boer)《环境原则和对高品质环境的权利》,L. Kramer与E. Orlando(合编)环境法原则,Edward Elgar,2017年。

或被法院采纳的方式而为越来越多的人所知。[9] 在制定关于“一带一路”投资决策和基础设施方案的行为规范和指导意见的过程中,有些原则可能会变得越来越重要。

### 3. 中国的政策文件和指导意见

自2013年提出“一带一路”倡议以来,中国政府及私营部门组织制定了许多政策文件和指导意见,明确列出了解决中国企业海外投资环保问题的策略。[10] 本文附件列举了一些此类文件。上文提及的若干理念和原则已包含在中国私营部门实体(包括银行和金融机构)和中国政府机构关于海外投资环境与社会风险管理的各种指导意见当中。[11] 但最好能够找到一种更加统一的标准。

综上所述,各种指导意见涵盖了环境风险的识别和防范,引导企业积极履行环境保护“社会责任”,树立中国企业良好的对外形象,支持东道国的可持续发展。这些指导意见还要求尊重东道国人民的宗教信仰、文化传统和民族习俗。指导意见还督促企业秉承“环境友好、资源节约的理念,发展低碳和绿色经济,实施可持续发展战略,实现自身盈利与环境保护‘双赢’”。[12] 在当前背景下更重要的是,指导意见提出,企业应当“了解和遵守东道国与环境法律保护相关的法律法规”。[13]

参与对外投资的中国企业还有义务将环境保护纳入企业发展战略和生产经营计划,建立相应的环境保护规章制度,还要对员工进行关于东道国环境保护法律法规方面的培训。

---

⑨ 有几条原则已经是这样了;例如,“存疑时自然优先”这一原则已被列入巴利斯坦法律;枫叶水泥厂诉环保局一案,拉合尔高等法院,巴基斯坦W. P. 第115949/2017号,2018年。此案将“存疑时自然优先”及相关预防原则作为其做出关于水泥厂决定的基础:引用世界自然保护联盟(IUCN)《关于环境法治的世界宣言》的第5条原则:“在有疑问的情况下,法院、行政机构和其他决策者面对的所有问题都应以一种最有利于保护和维护环境的方式解决,优先考虑环境损害最小替代方案。当行动对环境的潜在不利影响与由此产生的利益不相称或超过该利益时,就不应采取行动。”

⑩ 商务部与环境保护部,2013年2月18日,《对外投资合作环境保护指南》,载http://www.ghub.org/cfc_en/? p =9225。

⑪ 例如,《中国对外投资环境风险管理倡议》,由中国金融学会绿色金融专业委员会与中国银行业协会联合编制,2017年9月。

⑫ 2013年商务部、环境保护部关于印发《对外投资合作环境保护指南》的通知,载http://www.zhb.gov.cn/gkml/hbb/gwy/201302/t20130228_248632.htm。

⑬ 对外投资合作环境保护指南,见上文注释⑩。

另外,2017 年,生态环境部表示有意“将生态文明和绿色发展理念融入‘一带一路’建设,夯实生态环保合作基础,形成生态环保合作良好格局”。[14]然而,接下来的问题是:什么是“夯实生态环保合作基础”? 这仅仅意味着更强有力的政策,还是需要具有法律约束力的规定? 另一个问题是:如何定义生态文明,以及如何将其运用于“一带一路”建设当中。

另外,《关于进一步引导和规范境外投资方向指导意见的通知》[15]的“四、限制开展的境外投资”规定限制境内企业开展与国家“和平发展外交方针、互利共赢开放战略以及宏观调控政策”不符的境外投资。另一条规定,禁止“不符合投资目的国环保、能耗、安全标准的境外投资”。这似乎是唯一明确禁止不符合东道国环保标准的投资的规定。虽然这些指导意见很重要,但是他们可能无法得到严格执行。换言之,这些指导意见并不具有法律强制力:如果投资者和企业不遵守这些指导意见,也未明确规定法律制裁或惩罚措施。

多家中国金融机构已联合发布《中国对外投资环境风险管理倡议》[16],认为:

> 通过在对外投资过程中强化环境风险管理、遵循责任投资原则,中国金融机构和企业能够大幅加快实现可持续发展的关键目标,例如,推动“一带一路”的“绿色发展”,推动落实《2030 年可持续发展议程》、气候变化《巴黎协定》和七部委《关于构建绿色金融体系的指导意见》。[17]

**4. 将采用的法律标准**

还需要进一步澄清的问题就是将采用的针对环境影响评估、规划和管理的法律标准。各种指导意见已明确指出,将适用东道国的法律标准。但是,考虑到生态文明理念和中国对于环境事务的领导力,又出现了下列问

---

⑭ 生态环境部:“一带一路”生态环境保护合作规划,2017 年 5 月,第 2 条,第 3 款,载 http://english. sepa. gov. cn/Resources/Policies/policies/Frameworkp1/201706/t20170628_416869. shtml。

⑮ 《关于进一步引导和规范境外投资方向指导意见的通知》(国办发〔2017〕第 74 号),2017 年 8 月 4 日。

⑯ 《中国对外投资环境风险管理倡议》。

⑰ 见注释⑯,第 1 页。

题:与东道国的法律相比,如果中国法律包含更加严格的环境保护标准,那么在东道国从事经营活动的中国实体是否必须遵守更加严格的中国法律规定？法律上他们不是必须这样做。或者说,如果东道国的环境标准更加严格,那么这些标准的适用是否优先于中国标准？

上文提到的《环境风险管理倡议》⑱表示:“参与对外投资的金融机构和企业应充分了解项目所在国的环境法律法规、标准和相关的环境风险。”另外,鼓励对外投资的金融机构和企业“了解项目所属行业的环境法规和标准,以及该行业环境风险的主要类别和防范与应对方法”,并“充分了解中国、项目所在国以及国际通行的环境标准并尽可能采用其中的最高标准”。⑲ 这里的问题在于“尽可能”是什么意思。这意味着是站在经济角度来考虑,还是需要考虑其他因素？

关于项目所属的行业,文件要求这些实体要深入开展项目环境尽职调查,高度重视采矿、火电、基建、钢铁、水泥、建材、化工、纺织印染等项目可能带来的环境影响。另外,还应利用环境风险分析工具,充分识别和评估所投资项目对大气、水体、土壤和森林等环境要素的潜在影响,并有效管理这些风险。⑳

2017 年 12 月国家发展和改革委员会发布的《民营企业境外投资经营行为规范》㉑第 27 条要求,在东道国开发新项目前,要开展环境影响评估。第 28 条要求,中国民营企业境外建设和运营的项目,要依照东道国环保法律法规的规定,申请环境许可。对于暂时没有环保法律的国家,可参考国际组织或多边机构的环保标准。重点是要知道参考哪些国际组织或多边机构的环保标准,因此,我们需要更加详细地介绍哪些国际组织或多边机构的环保标准可以作为参考。

另外,对于环保标准,第 28 条要求采取有利于东道国或地区生态发展的环保措施,但并未指明由谁来决定措施是否对生态发展有利或在当前情况下必须采用什么样的标准。目前,这些规定都非常模糊,亟待大力加强。

---

⑱ 见注释⑯。

⑲ 见注释⑯,第 1 页。

⑳ 见注释⑯,第 1 页。

㉑ 国家发展和改革委员会:《民营企业境外投资经营行为规范》(改革和海外投资〔2017〕2050 号),载 http://www.ndrc.gov.cn/gzdt/201712/t20171218_870751.html。文件 PDF 版本:http://www.ndrc.gov.cn/gzdt/201712/W020171218502402164940.pdf,2017 年 12 月 6 日。

第28条可以针对东道国的环境保护、气候变化影响、自然保护、文化环境保护及社区环境权利等方面规定更加明确的尽职调查义务。这些环境法机制将促进中国的生态文明理念融入“一带一路”倡议,还可与中国和“一带一路”东道国实现2030年可持续发展目标相配合。

另一个问题涉及行为规范和指导意见的法律适用。这些行为规范和指导意见是否应当转变成法律规范并适用于“一带一路”倡议下在其他国家进行投资和经营的中国企业?虽然上文提及的《民营企业境外投资经营行为规范》具有法规性质,但是为了同时保障中国投资者和监管机构以及东道国政府和决策者的利益,应该更加清楚地表明这一性质。从事环保业务的一名中国律师曾说过:“一个负责任的大国应当在一定程度上监管其企业的海外商业活动,中国不应回避这一责任。这是一个很高的标准。”㉒如果这些指导意见变成了具体的中国法律规定,那么环境影响评估、污染控制标准、环境信息获取等已适用于中国国内企业的环保机制就可名正言顺地适用于在东道国开展经营的中国企业,这将是中国政府批准海外投资的一个条件。

另一个问题在于,就中国企业在东道国开展海外投资和开发活动而言,中国政府与东道国政府订立的条约中包含的环保规定的严格程度。这里有一个很重要的问题,即对实施相关标准的监测、报告和核查,㉓以及可采取哪些措施来执行这些标准。当许多发展中国家以经济发展为主要任务,而将环境保护放在次要位置之时,这一点尤为重要。

### 5.关于绿色“一带一路”国际合作

在国际合作方面,值得注意的是,联合国开发计划署和联合国环境署(联合国环境规划署)都在积极响应“一带一路”倡议。

2016年,联合国开发计划署与中国政府签署了《“一带一路”倡议谅解备忘录》,之后,双方签署了后续的行动计划。㉔ 此外,多个中国政府机构还

---

㉒ “中国亟需监管投资”,采访张兢兢,中外对话,2017年12月1日,载https://www.chinadialogue.net/article/show/single/en/10258-China-needs-urgent-oversight-of-investments。

㉓ 监测、报告和核查是一个完整的过程,可运用于温室气体排放等;见欧盟排放交易体系(EU ETS)排放的监测、报告和核查;载https://ec.europa.eu/clima/policies/ets/monitoring_en。

㉔ 联合国开发计划署“一带一路”倡议,载http://www.cn.undp.org/content/china/en/home/belt-and-road.html。

与联合国开发计划署一道编制了《中国企业海外可持续发展报告2017》㉕，以“助力‘一带一路’地区实现2030年可持续发展议程”。该报告对于理解“一带一路”倡议与联合国《2030年可持续发展议程》之间的预期关系至关重要。㉖ 该报告在序言中阐明了其基本原理：“《中国企业海外可持续发展报告2017》以助力‘一带一路’地区实现2030议程为主题，探讨中国企业在此过程中所扮演的至关重要的角色，重点研究将其业务发展与2030议程相结合所创造的经济、社会和环境价值。”㉗该报告的“环境保护”部分包括在环境法的背景下对中国海外投资项目环境影响的重要考察：

> 当前，国际生态环境保护领域表现出两个非常明显的趋势。一方面，世界各国包括“一带一路”沿线国家的环保法规及标准都日趋严格，违法处罚也日趋加重。另一方面，世界各国包括“一带一路”沿线国家的政府、环保组织及社会公众对环境影响更加关切，他们的环保诉求也日益提高。目前，中国企业“走出去”的部分投资属于对环境和生态有较大影响的行业，尤其是能源和资源类领域，而“一带一路”沿线部分国家生态环境系统脆弱、环境承受力低下。在这种情况下，中国企业海外投资项目的环境影响不仅在很大程度上决定了投资项目本身的可行性和经济性，而且投资项目因环境问题而引发的连锁反应会屡屡超越企业能够掌控的范围，成为影响国内政治和国际关系的事件。
>
> 此外，环境保护标准也已经成为对外投资企业的融资挑战之一。现在，各类多边开发银行和商业银行在对项目融资开展尽职调查时，项目的环境影响是重要的评估指标。这也要求中国企业在海外投资时更加注重清洁生产与低碳方式。㉘

---

㉕ 该报告由中国商务部国际贸易经济合作研究院、商务部、国有资产监督管理委员会研究中心与联合国开发计划署联合编制。参见《中国企业海外可持续发展报告2017》第36页，“环境保护”一节，载 http://www. cn. undp. org/content/china/en/home/library/south-south-cooperation/2017-report-on-the-sustainable-development-of-chinese-enterprise. html。

㉖ 联合国：变革我们的世界：2030年可持续发展议程，载 https://sustainabledevelopment. un. org/post2015/transformingourworld。

㉗ 《中国企业海外可持续发展报告2017》，注释㉕，第3页。

㉘ 报告，注释㉕，第3.1.4节“环境保护”，第36页。

在其“行动指引”一节中,该报告列出了中国跨国企业在投资和经营管理实践中的八项准则。这些准则旨在反映丝绸之路精神和2030议程的理念。各项准则分别记录了与之相关的可持续发展目标,涵盖以下主题:守法合规、尊重差异、公平诚信、开放透明、包容发展、尊重人权、绿色环保、经济可行。其中几项对于促进“一带一路”倡议中的“绿色发展”至关重要。

联合国环境署也通过提出绿色“一带一路”战略来呼应中国政府。㉙ 联合国环境署在“一带一路”倡议下做出的努力覆盖了三大洲和大约65个国家的大片陆地和海洋。并指出,这些国家占全球陆地面积的40%左右,温室气体排放量占30%,国内生产总值占30%,全球人口的60%。联合国环境署认为,“一带一路”倡议的成果将:

> ……对地球和人类发展产生深远的影响。任何大规模的开发都将带来重大的环境挑战。如果“一带一路”投资使某些国家陷入不可持续的基础设施、技术和资源开采上,那么,其后果除了带来直接的生态影响外,还将产生长期的负面影响,并可能严重削弱各国实现2030年可持续发展议程的能力。在所有的“一带一路”投资中,必须注意确保各项决策建立在良好的认知和科学基础上,并确保社会和环境保护措施到位,以使实际的利益相关者均参与到项目中,并公平分享利益。

该战略包括关于加强国家法律框架的具体规定,“以确保社会和环境保护措施的有效性,以及参与过程的最佳做法和利益相关方的有效参与。这也将意味着支持‘一带一路’国家制定环境影响评估程序以及包容和透明的利益相关方协商程序”。㉚

### 6. 关于绿色“一带一路”的国家合作

在中国国家层面,由生态环境部于2017年发布的《“一带一路”生态环

---

㉙ 联合国环境署关于绿色“一带一路”战略,载 https://wedocs.unep.org/bitstream/handle/20.500.11822/25178/UN%20Environment%20Belt%20and%20Road%20Strategy%20final.pdf?sequence=38&isAllowed=y;另请参见联合国环境署执行董事 Erik Solheim 关于绿色“一带一路”,载 https://www.unenvironment.org/news-and-stories/press-release/green-belt-and-road。

㉚ 请参见注释㉙,第4~5页。

境保护合作规划》[31]着重强调了生态文明的概念和加强政策协调的重要性。该规划主张通过双边和多边合作机制分享生态文明和绿色发展的概念和实践。这些措施旨在“深化生态文明和绿色发展理念、法律法规、政策、标准、技术等领域的对话和交流”。同时,还旨在“促进双边、多边、次区域和区域的生态环境保护战略和行动计划的联合发展”。该规划还提出建立生态环境保护合作平台。这标志着中国“将强化区域生态环保交流,扩大与相关国际组织和机构的合作,倡议成立‘一带一路’绿色发展国际联盟,建设政府、企业、智库、社会组织和公众共同参与的多元合作平台”。

这些关于生态文明的规定与近年来修订的中国环境法相一致。因此,将生态文明的概念推广到中国企业在“一带一路”东道国的活动中具有深远的意义。重点是如何以最好的方式实现这一目标。

合作规划包括使企业在环境治理中发挥重要作用的规定。该规定涵盖由生态环境部、外交部、国家发展和改革委员会与商务部发布的一系列指导方针。正如之前众多方针一样,它提出,“要求企业严格遵守当地的环境法规和标准”。

生态环境部在《关于推进绿色“一带一路”建设的指导意见》[32]中指出:

> 为推进绿色“一带一路”建设,应将资源节约和环境友好原则融入国际产能和装备制造合作全过程,促进企业遵守相关环保法律法规和标准,促进绿色技术和产业发展,提高我国参与全球环境治理的能力。

该计划还包括遵守风险防范相关法律和法规的相关义务:“推动企业遵守国际经贸规则和东道国生态环保法律法规、政策和标准,高度重视当地民众的生态环保诉求,加强企业信用制度建设,防范生态环境风险,保障生态环境安全。”[33]

它还指出,2018 年年初,国家发展与改革委员会公布了《企业境外投资管理办法》的规定。其中第 4 条鼓励投资机构“创新海外投资方式,坚持管理诚

---

㉛ 《“一带一路”生态环境保护合作规划》,上文注释⑭。

㉜ 生态环境部,“一带一路”板块,《关于推进绿色“一带一路”建设的指导意见》,载 https://eng. yidaiyilu. gov. cn/zchj/qwfb/12479. htm。

㉝ 《关于推进绿色“一带一路”建设的指导意见》,注释㉜,第 2 页,“基本原则”中。

信原则,避免不公平竞争行为,保障员工的合法权益,尊重当地的公序良俗,履行必要的社会责任,注重生态环境保护,树立中国投资者的良好形象”。[34]

上述各项规定和倡议为跨国法律机制的发展奠定了良好的基础,既包括具体的项目协议,也包括中国实体和东道国实体的环境保护义务的一般文件。

## 7. 贸易和投资协议中的环境保护条款

本节简要讨论世界范围内的双边和多边贸易与投资协议中涉及环境问题的条款类型。随着“一带一路”倡议的规模和重要性的不断扩大,此类文件也将变得日趋重要。

自由贸易协定中最著名的环境条款之一是《1993 年北美自由贸易协定》的附属协议,即由加拿大、墨西哥和美国签署的《北美环境合作协定》。[35]该协定的目标之一便是加强发展和完善环境法律、法规、程序和政策方面的合作。[36]

目前,欧盟法律要求所有的贸易政策均需促进可持续发展,包括社会公正、尊重人权、高劳工标准和高环境标准。[37] 欧盟的贸易政策促进了一系列多边环境协定的实施,包括 1973 年《濒危野生动植物物种国际贸易公约》、1992 年《联合国气候变化框架公约》、2015 年《巴黎协定》、1992 年《生物多样性公约》、《蒙特利尔协定书》、《斯德哥尔摩公约》、关于在国际贸易中危险化学品和农药的《鹿特丹公约》,以及关于危险废弃物转移和处置的《巴塞尔公约》。此外,欧盟还制定了许多其他政策和战略,以处理与贸易相关的环境和自然资源方面的问题。

环境法问题在双边协议中通过多种方法进行处理。例如,2015 年签订的《中澳自由贸易协定》[38]包括关于采取或执行保护人类、动物、植物生命或健康所必需的措施,以及在协议与法律法规不一致时遵守法律和法规的条

---

[34] 中华人民共和国国家发展和改革委员会令第 11 号,公布《企业境外投资管理办法》,自 2018 年 3 月 1 日起施行。

[35] CEC. org/about-us/NAAEC.

[36] 第 1 (d)条:北美环境合作协定。

[37] 欧盟贸易政策和可持续发展,载 http://ec. europa. eu/trade/policy/policy-making/sustainable-development/index_en. htm。

[38] 《中澳自由贸易协定》第 9.8 条第 1 款和第 2 款,澳大利亚政府外交和贸易部,载 http://dfat. gov. au/trade/agreements/in-force/chafta/official-documents/Pages/official-documents. aspx。

款。其中专门列出一段说明此类措施的含义:"各方理解第1(a)款所述措施包括保护人类、动物或植物生命或健康的环境措施,第1(d)款所述措施包括与保护有生命或无生命的可耗尽的自然资源有关的环境措施。"

另外,《韩国—澳大利亚自由贸易协定》[39]对环境法的应用和执行有更具体的规定,要求"任何一方都不能通过持续或反复的行为或不作为,来影响双方之间的贸易或投资的方式,而不执行其环境法律、法规和政策",以及"双方确认,不得通过弱化或减少环境法律、法规和政策所要求的保护措施来鼓励贸易或投资"。

2017年,中国政府与新西兰政府签订了一份在"一带一路"倡议下的特殊协议——《中国—新西兰安排备忘录》,[40]其中包括环境问题的条款:

> 通过与"一带一路"沿线国家互通互鉴,利用双方政府间及私营部门的比较优势,实现商品、技术、资金、人员的交流和融合,推动各国经济、社会、环境与文化协调发展和共同进步,促进不同文明之间的对话与融合。[41]

尽管这份备忘录很简短,但它提出"基于上述合作领域,双方将在本安排备忘录生效后的18个月内尽快形成具体的双边合作规划"。[42] 考虑到新西兰强有力的环境和自然资源保护法律,[43]预计该详细的工作计划将包含关于环境保护的严格规定。

### 8. 结论和进一步研究

本文简述了"一带一路"倡议背景下的环境法在国际、地区和国家层面所面临的挑战。随着投资计划、基础设施项目和其他开发活动的不断增加,"一带一路"倡议得到越来越多的国家的热烈响应,因此,急需建立一套

---

㊴ 摘自《韩国—澳大利亚自由贸易协定》第18条,载 http://dfat.gov.au/trade/agreements/in-force/kafta/Pages/korea-australia-fta.aspx。

㊵ 2017年3月27日签订《中华人民共和国政府和新西兰政府关于加强"一带一路"倡议合作的安排备忘录》。中国和澳大利亚也签订了此类备忘录,但目前还没有相关的详细资料。

㊶ 请参见注释㊵,序言第三段。

㊷ 请参见注释㊵,第3条第(5)款。

㊸ 请参见新西兰《1991年资源管理法》。

完整的环境法以应对国际、地区和国家层面的各种状况。本文指出,中国相关部委和其他政府单位已经针对绿色“一带一路”倡议制定了一系列深入人心的行为准则、合作计划和其他举措。但是,上述文件几乎都不具有法律约束力。

显而易见,“一带一路”倡议的计划和项目在规模和范围上将各不相同。部分项目在目前或将来由国有企业和私营企业在东道国直接开展投资,而另外一部分则涉及往东道国派遣中国工人以及运送机器设备。因此,他们在遵守中国的环境法和(或)东道主国家的环境法方面的能力也大不相同。毕竟,并不是所有与“一带一路”倡议相关的投资或项目都采用相同的方式。为了确保“一带一路”倡议符合绿色发展的理念,本文建议,根据中国的指导方针和本文所述其他文件展开进一步研究,旨在调查并推荐适当的、可执行的环境法律机制,并将其纳入与“一带一路”倡议相关的条约、协议和开发协议中。

习近平总书记在中国共产党第十九次全国代表大会上的讲话中指出:“全党全国贯彻绿色发展理念的自觉性和主动性显著增强,忽视生态环境保护的状况明显改变”,且“生态文明制度体系加快形成”。[44]

重点在于,既然该讲话适用于整个中国,那么肯定也适用于中国在“一带一路”东道国所开展的全部活动,包括国有企业和私营企业的投资以及项目。为了确保“一带一路”东道国的绿色投资和绿色发展,必须采用最高的环境标准,而这些标准的依据既有中国的环保法律,也有东道国的环保法律。这才是绿色“一带一路”的真正意义和精神。

---

㊹ 习近平2017年10月18日在中国共产党第十九次全国代表大会上的讲话(《中国日报》2018年5月19日)。

**附件:关于"一带一路"倡议环保方面的中国法律、指南和政策**

| 发布日期 | 文件名称 | 涉及环保规定的条款 | 发布单位 | 法律性质 |
|---|---|---|---|---|
| 2017 年 12 月 26 日发布,2018 年 3 月 1 日起生效 | 《企业境外投资管理办法》[45] | 第四十一条:倡导投资主体创新境外投资方式、坚持诚信经营原则、避免不正当竞争行为、保障员工合法权益、尊重当地公序良俗、履行必要的社会责任、注重生态环境保护、树立中国投资者的良好形象 | 国家发展和改革委员会 | 条例/具有法律约束力;但是义务较为模糊,无法在法律上强制执行 |
| 2017 年 12 月 6 日 | 《民营企业境外投资经营行为规范》[46] | 第二十八条:申请环保许可。对于暂时没有环保法律的国家或地区,可参考国际组织或多边机构的环保标准 | 国家发展改革委、商务部、人民银行、外交部、全国工商联五部门联合发布 | 规范性文件(非官方法规,但属于立法性文件;似乎具有法律效力) |

---

[45] 国家发展和改革委员会网:http://www.ndrc.gov.cn/zcfb/zcfbl/201712/t20171226_871560.html。文件 PDF 版本:http://www.ndrc.gov.cn/zcfb/zcfbl/201712/W020171226340410103048.pdf。

[46] 国家发展和改革委员会网:http://www.ndrc.gov.cn/gzdt/201712/t20171218_870751.html。文件 PDF 版本:http://www.ndrc.gov.cn/gzdt/201712/W020171218502402164940.pdf。

续表

| 发布日期 | 文件名称 | 涉及环保规定的条款 | 发布单位 | 法律性质 |
| --- | --- | --- | --- | --- |
| 2017 年 8 月 4 日 | 《关于进一步引导和规范境外投资方向的指导意见》㊼ | 该指导意见将投资领域划分为三类：1）鼓励开展的境外投资（第三条）；2）限制或不建议开展的境外投资（第四条）；3）禁止开展的境外投资。<br>其中第四条第四款是不建议或限制使用不符合投资目的国环保、能耗和安全标准的落后生产设备开展境外投资 | 国家发展改革委、商务部、人民银行、外交部 | 指导方针/不具有约束力 |
| 2017 年 6 月 12 日 | 《国有企业境外投资财务管理办法》㊽ | 针对企业会计制度 | 财政部 | 规范性文件（非官方法规，但属于立法性文件；似乎具有法律效力） |
| 2017 年 5 月 8 日 | 《关于推进绿色“一带一路”建设的指导意见》㊾ | 突出生态文明和绿色发展理念，注重生态环保与社会、经济发展相融合，积极与沿线国家或地区相关战略、规划开展对接等 | — | 指导方针/不具有约束力 |

㊼ 中央人民政府网：http://www.gov.cn/zhengce/content/2017-08/18/content_5218665.htm。

㊽ 财政部网：http://zcgls.mof.gov.cn/zhengwuxinxi/zhengcefabu/201708/t20170802_2664341.html。

㊾ 中国一带一路网：https://eng.yidaiyilu.gov.cn/zchj/qwfb/12479.htm。

续表

| 发布日期 | 文件名称 | 涉及环保规定的条款 | 发布单位 | 法律性质 |
|---|---|---|---|---|
| 2017年5月15日 | 《“一带一路”生态环境保护合作规划》[50] | 搭建生态环保合作平台;通过企业、非政府组织、基础设施、贸易、供应链、金融等不同方式推动生态环保建设 | 环境保护部(现在的生态环境部) | 政府政策/指导方针 |
| 2017年4月24日 | 《关于推进绿色“一带一路”建设的指导意见》[51] | 全文均与环境保护有关,但主要针对政府行为与政策 | 环境保护部、外交部、国家发展改革委、商务部联合发布 | 指导方针/政府政策,不具有约束力 |
| 2013年2月18日 | 《对外投资合作环境保护指南》[52] | 关于环境保护,针对“走出去”的企业 | 环境保护部和商务部联合发布 | 指导方针/不具有约束力 |

[50] 中华人民共和国生态环境部网:http://www. mee. gov. cn/gkml/hbb/bwj/201705/t20170516_414102. htm。
[51] 中华人民共和国生态环境部网:http://www. zhb. gov. cn/gkml/hbb/bwj/201705/t20170505_413602. htm。
[52] 中华人民共和国生态环境部网:http://www. zhb. gov. cn/gkml/hbb/gwy/201302/t20130228_248632. htm。

## 其他链接

中国一带一路网(中文官网):https://www.yidaiyilu.gov.cn/index.htm 英文网站:https://eng.yidaiyilu.gov.cn/。

中国一带一路网/权威发布(英文):https://eng.yidaiyilu.gov.cn/info/iList.jsp?cat_id=10059。

绿色“一带一路”,中华人民共和国生态环境部/绿色“一带一路”版块(中文和英文翻译版):http://gjs.mep.gov.cn/lsydyl/。

国家开发银行法律事务局副局长
孟　刚

# “一带一路”金融创新的法治思维

（2018 年 7 月 2 日，中国北京）

尊敬的各位领导、各位嘉宾，女士们、先生们：

大家下午好！5 年来，“一带一路”建设取得了令人瞩目的成绩，“朋友圈”越来越大，合作项目越来越多。2018 年是“一带一路”精耕细作的一年，也是国家开发银行加快落实“一带一路”国际合作高峰论坛成果的重要一年。今天，我很荣幸参加外交部与中国法学会联合举办的本次论坛，和各国朋友分享国家开发银行高质量服务“一带一路”建设、防控金融法律风险的做法，并就“一带一路”金融创新中的法治思维谈几点认识。

作为中国最大的开发性金融机构和对外投融资合作银行，国家开发银行大力支持“一带一路”建设。截至 2018 年一季度，国家开发银行资产总额 15.55 万亿元人民币，不良贷款率连续 52 个季度控制在 1% 以内，在“一带一路”沿线国家的贷款余额合计 1101 亿美元，覆盖 46 个国家，累计支持基础设施等项目 600 多个。在“一带一路”建设中，各国深化发展战略对接，应当充分发挥规则和法治在凝聚共识、平衡利益、支持发展等方面的基础性作用，建立稳定、可持续、风险可控的制度性金融创新保障体系。接下来,我将从四个维度进一步详述这个观点。

一是在国际合作层面,深化法治互信与法治合作,发挥各类主体的积极参与作用,推动完善区域治理规则。“一带一路”倡议以“共商、共建、共享”为原则,顺应了世界多极化、经济全球化的潮流。完善平等互利的全球治理体系,既要充分利用好现有的合作机制,又要进一步探索新的合作框架及合作规则。宏观角度来看,《G20 全球投资指导原则》于 2016 年正式公布,为凝聚各方共识、探索全球多边投资新规则奠定了良好基础。中观角度来看,“一带一路”沿线国家正在积极推进签署自贸区协定,为全球贸易投资自由化和便利化提供制度性准则。微观角度来看,亚投行、金砖银行、国家开发银行、丝路基金等金融机构创新推动建立更加符合“一带一路”沿线国家国情、能够被广泛接受的议事规则和决策机制,为重大项目提供金融支持。近年来,国家开发银行发起设立了上合组织银联体、中国—东盟国家银联体和金砖国家银联体等合作机制,并与“一带一路”沿线 21 个国家的 50 多家金融机构开展授信合作,与成员行在双边、多边框架下,深化务实合作,促进资金融通。

二是在国别风险管理层面,重视各国法律传统和法律文化的差异,加强国别法律环境的前瞻研究和动态管理。“一带一路”给全球经济复苏带来新的机遇,但沿线国家多元化特征显著,不同法系交汇融合。既有高度发达的现代法律体系,也有宗教法与世俗法并存的双轨法律体系;既有依靠判例的英美法系,也有以制定法为主的大陆法系。东道国整体法律环境对“一带一路”合作有着至关重要的影响。近年来,国家开发银行着眼于长远发展,扎根业务实践,稳步推进国别法律风险管理。首先,加强对国别法律环境的前瞻性研究。2016 年,国家开发银行出版《“一带一路”国别法律风险报告》,逐一介绍沿线国家的投融资法律制度,为防范国别法律风险提供全面指引,发挥了高端智库的重要作用。其次,开创国别法律风险内部评级体系,结合定量与定性评价,将评级结果纳入国际业务贷款定价机制,合理引导资金流向。目前,国家开发银行内部法律风险评级已经覆盖“一带一路”沿线所有国家。最后,不断深化国别法律风险的识别和预警机制,动态跟踪全球重点法律变化,按月发布国别法律信息动态,按年度更新国别法律情况报告,为国际业务提供法律保障。

三是在项目管理层面,平衡发展与风险,创新融资机制和融资模式,完善全方位的法律风险管控体系。法治是深化金融创新、防控金融风险的基石。国家开发银行坚持业务发展与风险防控并重，建立全流程法律支持保障体系，为“一带一路”建设保驾护航。首先，将法治思维由事后风险化解向事前风险预防延伸，细化“一带一路”项目的法律尽职调查要求。在开发评审阶段，落实对项目主体、项目审批、担保措施、交易结构、法律适用、争议解决等重大问题的深入调研和审慎论证，提前识别和锁定贷款风险。其次，加强“一带一路”投融资机制创新，分类施策，着力解决铁路、公路、港口、机场等准公益性基础设施项目的融资困难，在法律框架内形成风险可控的境外投融资模式。最后，借鉴国际惯例和市场规则的最新成果，强化以合同为中心的风险管理机制。国家开发银行建立了国际业务合同文本管理体系，覆盖多个业务品种、多个法域、多种文本类型，确保项目开发评审与合同条款的充分衔接。此外，在贷后管理阶段，提前排查潜在风险，按照“一国一策”“一企一策”的原则，细化法律追索预案，综合运用诉讼、仲裁、破产、债务重组等市场化、法治化手段化解风险。

四是在公司治理层面，建立符合“一带一路”投融资特点的规章制度和内部管理体系，提高全面依法治行水平。国家开发银行从优化治理体系和治理能力入手，向法治建设要核心竞争力。成立国际业务准事业部。结合沿线各国资源禀赋、区域特点和融资需求，深化授信准入、贷款定价、风险容忍度等方面的差异化授权，助力“一带一路”业务稳健发展。秉承用制度管根本、管长远的发展理念，建立健全覆盖经营管理各条线和内控监督各环节的规章制度体系。加强科学化、精细化管理，提高信贷合同等重点法律风险管理的电子化、数据化水平，通过量化考核指标，将各项管理要求落实到国际业务实际操作中。

当前，“一带一路”倡议已经进入全面实施阶段，各领域合作不断向纵深发展。国家开发银行将继续全方位服务“一带一路”建设，坚持市场化、法治化原则，多措并举、精准发力，充分发挥综合金融服务优势，加大金融创新力度，强化风险管控能力，为“一带一路”区域经济强劲、包容、可持续增长贡献自己的力量。

# 议题三：

# “一带一路”与国际争端解决

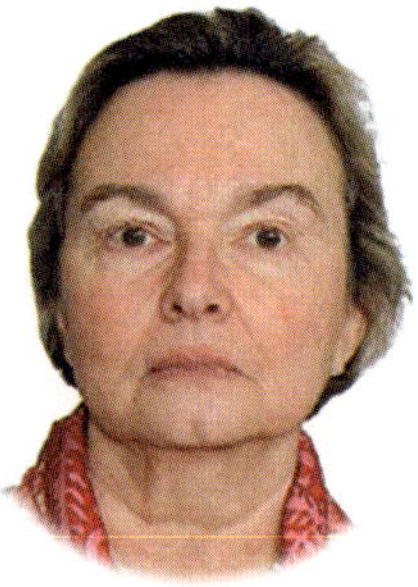

联合国国际贸易法委员会秘书长
安娜·乔宾·布莱特

# 联合国国际贸易法委员会关于争端解决的条款在“一带一路”倡议中的应用

(2018 年 7 月 3 日,中国北京)

各位阁下,女士们、先生们,各位代表:

非常荣幸能参加“一带一路”法治合作国际论坛,并与大家探讨“一带一路”与国际争端解决。

“一带一路”是这个时代最高瞻远瞩的经济和地缘政治倡议之一,它给经济和政治领域带来的深远影响,在全世界都广受重视,得到了广泛且深入的分析。在座有很多专家,我就不班门弄斧了。联合国国际贸易法委员会作为联合国的立法机构之一,致力于促进国际贸易法的协调发展,借今天论坛的议题,我们想谈一谈公众不甚了解的话题:“一带一路”背景下的法的作用和法治。

今天下午,我们主要讨论“一带一路”中的争端解决机制,但我想先在更大的背景下介绍一下这个议题。

“一带一路”的目标是将 80 多个不同法律体系和法律文化的国家联系起来,并同时保护好这种法律的丰富性和多样性。既然不可能在整个“一带一路”倡议下套用一个统一的法律框架，我们就应该努力协调贸易和投资相关的法律。

统一的国际法律文书能促进具有共通性的国际合同及其执行的便利化，而运用这些统一法律文书将有利于保证“一带一路”下的国际交易的法律确定性。

我所在的联合国国际贸易法委员会（以下简称国际贸易法委员会）的主要任务是促进国际贸易法律的协调发展和现代化，以消除投资和贸易壁垒，创造良好的营商环境。上周，第51届国际贸易法委员会会议在纽约召开，会上我们决定着手拟定关于船舶司法拍卖的国际公约，发展关于仓单的法律框架，探索为几何级增长的数字经济提供在线法律工具的途径。

女士们、先生们：

国际贸易法律的协调发展、消除贸易和投资壁垒以及创造良好的营商环境是“一带一路”倡议和国际贸易法委员会的共同目标。

在联合国成员国、政府间国际组织和非政府组织的共同参与下，国际贸易法委员会制定了不少国际法律标准。在过去的50年中，国际贸易法委员会制定的法律文书弥合了大陆法系、普通法系和伊斯兰法系之间的分歧，我们也将继续弥合各国在国际贸易法各领域的分歧。

在跨国销售合同、破产法、担保交易、支付系统、电子商务、电子经济、货物运输、政府采购、公私合营（PPP）、中小企业成立与运营相关的法律问题及争端解决等方面，我们取得了丰硕的成果。

今天下午的争端解决议题，是国际贸易法委员会工作计划中的长期项目。这方面的第一个国际公约是1958年《承认及执行外国仲裁裁决公约》，也叫《纽约公约》，那时候国际贸易法委员会都还没有成立。之后，我们制定了一系列具有里程碑意义的国际法律文件，这些都是从事国际业务的律师们所耳熟能详的，比如，1976年《国际贸易法委员会仲裁规则》、1980年《国际贸易法委员会调解规则》、2006年修订的1985年《国际商事仲裁示范法》、2002年《国际商事调解示范法》。

国际商事仲裁也在蓬勃发展。1985年《国际商事仲裁示范法》颁布时，只有43个国家设有受理涉外案件的仲裁机构，它们之中多数是欧洲和北美国家。30多年后的今天，至少有125个国家设有常设仲裁机构，它们分布于全球各大洲。依据《国际商事仲裁示范法》制定的法律成了“质量的保证章”,也是国际仲裁机构吸引力提高的重要原因。

最近,国际贸易法委员会的工作不再局限于商事仲裁。《投资者与国家间基于条约的仲裁透明度规则》于 2014 年通过,《联合国投资者与国家间基于条约的仲裁透明度公约》(以下简称《毛里求斯透明度公约》)于 2017 年 10 月 18 日生效。国际贸易法委员会在《毛里求斯透明度公约》细致与高效的工作赢得了各成员国的赞许。他们认为,国际贸易法委员会是进行更广泛领域和更深入对话的合适平台,探讨的内容是:对当前的投资者与国家间争端解决体系进行改革的可行性和必要性,这也是国际贸易法委员会第三工作组当前的工作内容。这是各国政府引领的基于协商一致的进程,他们要求国际贸易法委员会秘书处一定要倾听各方声音,包括法律实务界、产业界、学术界和民间团体的意见,同时要确保工作过程透明开放。

各位阁下,女士们、先生们:

下面我将和大家分享一些国际贸易法委员会在争端解决领域的最新动态。

上周,国际贸易法委员会起草完成了一部通过调解所产生的国际和解协议的公约草案(以下简称新公约),这是一部很有意思和具有创新性的新文书。在这里我与大家分享一些这方面的想法。

制定《国际贸易法委员会调解规则》和《国际商事调解示范法》之后,越来越多的商业纠纷通过调解得以解决。越来越多的国家制定了关于调解的法律。比如在 2008 年,欧盟发布了关于调解的指令(directive),要求成员国制定国内法,以鼓励通过调解手段解决欧盟内的跨境争端。① 调解机构越来越多,也培养了更多调解员。我们相信在未来几年,对调解的使用将会越来越多,因为各公司都希望有低成本且快速的争端解决方法。

但是,和解协议在执行上存在困难,这也限制了调解在解决涉外纠纷中的作用。国际贸易法委员会在起草《国际商事调解示范法》时,各成员国之间有一个共识,就是“应当要让和解协议的执行变得简易而迅速”。② 因此,《国际商事调解示范法》置入一条关于执行的原则性条款,规定和解协

---

① Directive 2008/52/EC of the European Parliament and of the Council of 21 May 2008 on Certain Aspects of Mediation in Civil and Commercial Matters, 2008 O. J. (L 136) 3.

② Guide to Enactment of the Model Law on Conciliation, para. 88.

议必须是可执行的，但没有具体规定执行的方式，交由各国在立法时自行规定。③

新公约为各方提供了一个切实有效的机制，使当事人可以通过法院，申请执行其与其他当事人通过调解方式达成的和解协议。

根据该公约第 3 条的规定，各缔约国须按其程序及本公约所设定的条件执行和解协议，且一方当事人可以援引和解协议，以证明有关争端已经通过该和解协议得到解决。

公约第 4 条是“对依赖于和解协议的要求”，该条规定需要由各方当事人签署该和解协议，并提供能证明“该和解协议产生于调解”的证据。

和《纽约公约》类似，新公约第 5 条列明了主管机关可以拒绝提供救济的情形。该条列举的范围比《纽约公约》第 5 条的规定要宽泛，但保留了同等程度的灵活性，并且同等程度尊重执行机关所属国的主权，允许他们因为公共政策的原因拒绝提供救济。

新公约赋予了调解和仲裁同等地位。考虑到国际仲裁的成本不断升高，新公约能为解决商事争端提供另外一种途径，这种途径不仅更高效，还能保护各方的商业关系不在非必要的情况下中断。新公约也使来自不同文化和法律传统的当事人可以采取对抗性较弱的方式来解决争端，并给予其所选择的调解方式完全的效力。今后，新公约将促进越来越多的国际性争端通过调解所产生的和解协议来解决，因为此种和解协议与《纽约公约》中的仲裁裁决具有同等的执行力。

我个人相信，在促进“一带一路”沿线国家的商事争端得到有效解决方面上，新公约将会发挥重要作用。我们一定会不遗余力地促进新公约的广泛应用，我也相信，“一带一路”法治合作国际论坛会为我们的努力提供支持。

谢谢大家。

③ Article 14 of the Model Law on Conciliation (Enforceability of settlement agreement) reads as follows: “If the parties conclude an agreement settling a dispute, that settlement agreement is binding and enforceable ... [*the enacting State may insert a description of the method of enforcing settlement agreements or refer to provisions governing such enforcement*].”

中华人民共和国最高人民法院审判委员会委员、民事审判第四庭庭长
张勇健

# 构建公正高效便利的"一带一路"国际商事争端解决机制:中国的实践与创新

(2018 年 7 月 3 日,中国北京)

尊敬的主持人,女士们、先生们,

大家下午好!

感谢主办方外交部和中国法学会的邀请和精心组织。很荣幸参加"一带一路"法治合作国际论坛,并就"一带一路"与国际争端解决议题做专题发言。我借此机会,简要介绍中国在争端解决领域的最新实践与创新做法。

2018 年 1 月,习近平总书记主持召开中央全面深化改革领导小组会议,审议通过了《关于建立"一带一路"国际商事争端解决机制和机构的意见》(以下简称《意见》)。《意见》提出,研究借鉴现行国际争端解决机制的有益做法,设立符合"一带一路"建设参与国国情特点并被广泛接受的国际商事争端解决新机制和机构,公正、高效、便利解决"一带一路"建设过程中产生的跨境商事纠纷。具体包括三项内容:一是最高人民法院设立国际商事法庭;二是最高人民法院牵头组建国际商事专家委员会;三是推动建立诉讼与调解、仲裁有效衔接的多元化纠纷解决机制，形成便利、快捷、低成本的“一站式”争端解决中心。

中国正在设立的国际商事争端解决机制具有如下特点：

一是专业性。在经济全球化大潮中，各国为了应对国际商事纠纷解决需求，纷纷建立国际商事法庭。例如，阿联酋于2004年设立迪拜国际金融中心法院，新加坡于2015年设立新加坡国际商事法庭，哈萨克斯坦、荷兰等国也相继通过立法设立国际商事法庭。《意见》决定在广东深圳设立第一国际商事法庭、在陕西西安设立第二国际商事法庭，是中国在国际商事纠纷解决领域改革创新的重大举措，彰显了中国营造法治化营商环境、加强“一带一路”法治保障、增进国际法治合作的立场和决心。最高人民法院刚刚出台了司法解释，明确国际商事法庭的受案范围、程序规则、审理机制以及支持多元化纠纷解决机制的举措。为保障国际商事法庭的专业性和公信力，我们设定了严格的法官选任条件，要求法官具有丰富的审判工作经验，熟悉国际商事案件所涉国际条约、国际惯例以及国际贸易投资实务，具备中英文双语种工作的能力。第一批国际商事法庭法官将从最高人民法院现任法官中择优选任。国际商事法庭作为最高人民法院的常设审判机构，将充分发挥专业化争端解决优势，更好地应对共建“一带一路”新形势下的国际商事纠纷。

二是自治性。《意见》设立的国际商事争端解决机制坚持尊重当事人意思自治原则，具体体现在两个方面：一是尊重当事人协议选择纠纷解决方式的权利。国际商事法庭受理的国际商事案件部分将来源于当事人自愿签订的选择法院管辖协议。国际商事法庭处理纠纷与调解、仲裁相衔接，当事人可以选择其认为合适的方式解决纠纷。二是尊重当事人协议选择适用法律的权利。当事人可以自愿协议选择其熟悉的本国法或第三国法律，从而有效增强纠纷解决的可预见性。国际商事法庭受理平等商事主体之间在贸易、投资等领域产生的争议，拓宽了当事人选择争端解决的途径，并不改变现行国际争端解决机制，而是对现行国际争端解决机制的有益补充。

三是多元性。中国最高人民法院一直致力于支持包括仲裁、调解在内的多元化纠纷解决机制的发展和完善。在国际商事仲裁方面，中国法院长期以来，根据《民事诉讼法》《仲裁法》等法律及有关司法解释的规定，妥善处理了大量仲裁司法审查案件，恪守《纽约公约》，依法及时承认和执行外国仲裁裁决，积累了丰富经验。最高人民法院组建国际商事专家委员会，并选定符合条件的国际商事调解机构、仲裁机构与国际商事法庭共同构建国际商事纠纷多元解决机制。在这个机制内，国际商事法庭依法对国际商事仲裁机构提供财产保全、证据保全等程序支持，并在便利、快捷司法审查的基础上积极执行仲裁裁决；国际商事法庭还将充分发挥国际商事专家委员会成员、国际商事调解机构在国际商事调解中的作用，依法审查国际商事调解协议，通过调解书或判决书的形式赋予强制执行力，从而形成调解、仲裁、诉讼有效衔接，便利、快捷、低成本的“一站式”争端解决中心。

四是国际性和包容性。《意见》保持开放包容心态，首倡国际商事专家委员会制度，倡导“一带一路”不同参与国家和地区的法律专家在域外法查明以及争议解决中各施所长，充分发挥优势和潜力，寻求争议解决的最佳方案。最高人民法院将邀请精通国际法并熟练掌握本国法、具有丰富实务经验和较高国际声誉的中外法律专家组成国际商事专家委员会。专家委员会成员可就人民法院审理案件所涉域外法查明等专门性法律问题提供咨询意见，并赋予当事人选择专家委员会成员进行调解的权利，使国际商事争端解决机制凸显国际化特征，体现“共商、共建、共享”精神。我们还将建立“一带一路”建设参与国法律人才库，汇聚优质争端解决资源，并引导法学专家加强对国际商事争端解决有关问题的研究，形成高质量的研究成果。

五是便利性。近年来，中国最高人民法院努力将信息化成果应用于审判执行和司法管理各个领域，取得显著成效。截至2016年年底，全国3520个法院、9238个人民法庭和39个海事派出法庭全部接入法院专网。2014年，中国最高人民法院建成大数据管理和服务平台，各级人民法院普遍建成诉讼服务中心、网上诉讼服务平台等，形成“互联网+诉讼服务”的智慧法院体系。我们将协同有关部门尽快建立健全国际条约、国际惯例、“一带一路”建设参与国法律数据库及外国法查明中心，加强对涉“一带一路”建设案件的信息化管理和大数据分析，为法官提供智能服务，确保法律适用正确、裁判尺度统一。我们还将充分利用智慧法院建设成果，设立国际商事法庭专门网站、电子诉讼服务平台等，支持通过网络方式立案、缴费、阅卷、证据交换等全方位诉讼职能服务，提升国际商事法庭审判能力的现代化水平，为诉讼参与人提供诉讼便利。

女士们、先生们：

构建公正高效便利的国际商事争端解决新机制，对于保障“一带一路”建设，营造稳定、公平、透明、可预期的法治化营商环境，促进中国与各国更深层次的司法合作，意义重大，影响深远。我真诚希望并欢迎各位专家学者提出宝贵建议，共同推动经济全球化朝着更加开放、包容、普惠、平衡、共赢的方向发展。

谢谢大家！

香港特别行政区政府律政司司长
郑若骅

## 在"一带一路"法治合作国际论坛上的发言

(2018 年 7 月 3 日,中国北京)

各位阁下,女士们、先生们:

我很荣幸能在此与大家分享"一带一路"倡议下的争端解决相关事宜,这是十分重要的,香港慎重考虑了这些事情。

首先,我想要感谢主办方外交部和中国法学会,感谢邀请我来此演讲,也很感谢主办方同意中国香港特别行政区律政司成为协办单位之一。很高兴能参与这一非常重要的倡议,关注"一带一路"倡议下的法律合作。我也很高兴能够参加首届论坛,希望今后继续举办这样的论坛。

刚刚听了张法官(最高人民法院民四庭庭长张勇健法官)向大家讲解中国国际商事法庭的成立,我想请大家考虑一下可持续争端解决中心的基本要素。这个中心是用来解决"一带一路"倡议的争端。这里的"可持续"指的是"一带一路"倡议项目的实施将符合国际法治标准,具有透明性,提供公平、高效和公正的争端解决结果。

在分析这个问题时,我想分两步进行。先通过观察"一带一路"倡议的主要特点,然后由此得出建立争端解决机制和中心可能所需的主要特性。

首先,让我们来看看“一带一路”倡议的宗旨。今天上午和下午,我们已经从各位尊敬的发言嘉宾那里听到了很多关于倡议主要内容和宗旨的讲话。我在此不做赘述,只简单总结一下,我们要记住一些发言嘉宾强调的“三共”“五通”。合作与分享是“一带一路”倡议的主题。虽然中国是发起国,但“一带一路”倡议的益处是由所有参与国及其人民共享的。

民心相通尤为重要,因其标志着单纯经济投资和我们所讨论的“一带一路”项目理念的不同。正如联合国秘书长安东尼奥·古特雷斯在2017年于北京举办的“一带一路”论坛上所说,“一带一路”倡议与《2030年议程》的首要目标之一是可持续发展理念。他说,“一带一路”倡议重视全球公众利益、打造合作共赢局面,创造了机遇。我想要说的是,这种机遇存在于各国、投资者和“一带一路”参与国的人民之间。

我们要关注的第二个问题是如何描述“一带一路”倡议。它仅仅是国家政策吗?还是地区性的,抑或是国际性的?我个人认为,它是国际性的,但对参与国来说具有独一无二的特点。因此,在“一带一路”倡议中,有一个非常重要的国家和区域独特因素。正如素拉杰·沙田泰博士今天早上所说,这是一个新全球主义。如联合国副秘书长刘振民先生所言,它超越了双边协议、多边协议和后来的诸边协议。在某种程度上,“一带一路”倡议为那些未能参与制定和发展国际法原则的国家提供了一个非常好的机会,使其能够参与国际法的进一步发展,促进全世界的和谐与和平。

明白了“一带一路”倡议的这些特性和特点后,我想要继续探讨可持续争端解决中心的一些重要基础,以及合适的争端解决机制。在这样做的过程中,我们必须牢记,争端有不同的类型——企业—企业、企业—政府、政府—政府之间的争端,因此涉及了各种不同类型的实体。争端的规模也有不同,因此要采用合适的解决机制,我们要牢记这一点。

如果试着用一句话概括这一想法,我认为是:在信誉和对文化多样性敏感的基础上,通过协作建立“一带一路”倡议争端可持续解决中心。因此,我接下来要说三个词:协作、信誉和文化。

先来说协作。协作很重要,这很容易理解,因为协作允许投资国、东道国和投资者自身作为“一带一路”项目的当事方,彼此协作并参与项目,并能参与争端解决中心的建设。所以,中心应该是一个新设立的机构,还是改造现有的机构,答案都是相对直接的。要设立一个机构,项目中的所有参与者都必须参与其中。

下一个问题是如何协作——它应该是一个以条约为基础的机构，还是仅仅只是另一个非政府组织，就像在许多其他地方建立的非政府组织一样？有很多事情需要考虑，但要记住的是，政府间的争端可能最好由以条约为基础的争端解决中心来解决。

第二个基本要素是信誉。提到信誉，我们必须牢记，任何机构或争端解决地都需要很长的时间建立信誉和信任。

提到信誉，我想提出两个观点。一个是中立，另一个是争端解决地是否是自由开放的市场。

先说中立。中立仅仅是寻求另一个争端解决场所或第三方争端解决地吗？我认为不是。如果要分析中立性，实际上又要归结为三件事。第一，第三方中立，即仲裁庭或调解员中立。第二，规则中立——在相关争端解决地的法律要中立。第三，负责监督程序本身可信度的监管机构要中立。中立的要素是这三个，而不是争端解决场所在哪个国家、在哪个地理位置。

信誉的第二个要素是自由开放的市场。要想人们能信任某个争端解决地，我们便不能低估人员、资本、商品和信息自由流动的重要性，最近，我们经常在英国脱欧问题上听到对这四种自由的谈论。

我想与大家分享的第三个基本要素是文化。不仅是社会文化，还有法律文化。很重要的一点是，我们要记住大陆法系和普通法系的区别。一个争端解决机构要能掌握和理解这两种法律体系，这一本质和能力是极其重要的。中国是一个大陆法系国家，在“一国两制”下，香港特区实行普通法制度，拥有终审权。

争端解决机制的创新也源于不同的社会文化。在处理争端时，亚洲文化在本质上更和谐，而西方文化更具对抗性。如何将两种文化融合在一起，设计出特别有用的争端解决机制，将是一个非常值得考虑的问题。

在这里，我们需要注意调解。香港已成功实施调解制度，并大力宣传投资调解，以便在香港与内地签订的《内地与香港关于建立更紧密经贸关系的安排》投资协议下出现纠纷时，采用和实施调解。今年，香港还开始了投资调解方面的培训。

非常感谢大家。

美国国际法学会前会长、新加坡国立大学国际法研究中心主任
露西·里德

# 加强投资者—国家争端解决

（2018 年 7 月 3 日，中国北京）

## 一、介绍

毫无疑问，“一带一路”倡议会增加投资者—国家争端，这种争端一定是非常麻烦和难解决的。中国已采取措施来预测和管理此类争端的解决。

因为资金、时间和机会流失等原因，大家越来越担心投资者—国家仲裁的成本增加问题。大多数投资争端案件的解决都需要花费数年时间。据报道，尤科斯诉俄罗斯仲裁案的仲裁申请人花费了超过 6000 万美元的行政和法律费用。

根据苏珊·弗兰克教授的实证研究，此类投资争端案件的平均索赔额为 6 亿美元，平均裁决赔偿额为 1600 万美元，平均律师费为 1000 万美元。用弗兰克教授在 2016 年美国国际法学会年会上的话说：“这样做划算吗？不划算。”

早就该进行改革了，但需要注意的是，在投资者与东道国政府关系破裂或索赔原因涉嫌欺诈的争端中，高额诉讼费用可能无法避免。在这种情况下，唯一现实的争端解决方案可能是依据投资法或协定进行强制性仲裁了。

我们不能认为,或者至少不应该认为在投资者—国家争端中,结果从一开始就可以完全或部分地预测到。由谁来预测呢?由(1)在该领域有扎实经验和(2)有常识的政府和私人律师来预测。

以我超过 35 年的个人经历来看,在起诉到底的索赔案中,至少有 30%能够预测到基本结果。纠纷的解决率还是很低的。

关于投资者—国家争端曾经有相关报道,但是具体细节或动机仍未有详细数据披露。国际投资争端解决中心报告称,截至 2013 年,该中心仲裁程序中有 37%已经结案或"以其他方式终止"。但是,如果大家检查统计数据,在这 37%的案件中,只能确定 16%得到了实际的解决,也就是基于双方一致同意的条件达成了仲裁裁决。

这不仅引起了人们对公共和私人资源浪费的担忧,也引起了对投资者—国家仲裁能否促进国际正义的关注。如果索赔的结果是可以合理预测的,那么这样的结果其实也应该是能够通过直接谈判或第三方协助下的调解或和解来达到。

这些对于我们在亚洲从业的人来说都不是新鲜事,当然在中国也不是新鲜事了——但"一带一路"倡议将涉及许多来自其他体系的投资者和国家。与这次会议有关的是,西方世界越发呼吁更多地通过调解来解决投资者—国家争端。

正如与会的各位理解的那样,国家和私人商业实体都是不同的事务。国家在解决争端时面临着独有的障碍。挑战就在于,在解决过程中,需要区分合理的障碍和不合理的障碍。

解决问题的一个出发点是,通过研究来确认或否定关于这些障碍的假设。详情请参见我所在的国际法研究中心所做的研究结果。

## 二、国际法研究中心(CIL)关于投资者—国家争端解决障碍的调查

我们向近 100 名经验丰富的投资者—国家争端案件仲裁员、私人律师、学者和机构代表发送了一份详细的调查问卷。回复率高达 50%。

在调查中,我们(1)要求参与者对可能导致投资者—国家争端解决障碍的几个因素进行排序;(2)在一个开放式问题中,要求调查对象给出造成低解决率的三个最重要的原因。

今天我将重点介绍一些关键性的调查结果。完整报告和调查可在国

际法研究中心网站上找到。

## 三、国际法研究中心调查结果

第一,与大家的常识一致,70%的受访者认为与投资者相比,国家在投资索赔案件中更不愿意和解,而国家始终是仲裁案件的被申请人。

第二,国家不愿意和解的主要原因是内心恐惧。恐惧有不同的类型。在所有问题中,无论是排序问题还是开放式问题,受访者认为最重要的障碍都是政府希望避免或转移与外国投资者达成和解决定的责任。受访者将这一首要的政治因素与其他恐惧联系起来:

其中包括:(1)担心由于建议与外国投资者就赔偿金额达成和解而面临怀疑甚至起诉;(2)担心在备受瞩目的案件中受到国内舆论批评;(3)担心因为创下可能促使其他投资者提出预先赔偿的先例后,自己需要承担责任。

担心因为达成和解而负上责任的行为主要有两种:(1)官员们想把问题留给他们的继任者;(2)由于索赔案总有一些诉讼风险,他们希望把任何损失、特别是赔偿的责任交由仲裁庭决定。根据我的个人经验,即使和解金额可能远远低于国家可能被仲裁机构裁决赔偿的金额,情况也是如此。

第三,妨碍和解的另一个重要因素是,害怕投资者与国家之间的关系破裂;受访者提到了“不信任”和“敌意”。另一个重要因素是,其中一方不切实际的期望以及对争端最终结果预判不准确。

第四,调查还证实了妨碍达成和解的结构性障碍。在大多数国家,涉及国际法的部门包含各部委、机构、立法机关和地方当局,并由司法和行政部门负责监督。一项和解方案如想通过各级行政机构的审查,特别是当该和解方案可能会导致政府向外国投资者支付赔偿的时候,审查程序是需要耗费大量时间、精力和政治资本的。即使在极少数能达成共识的情况下,最终政府也可能在预算上面临很大的障碍。在许多国家,政府支付强制性仲裁裁决的赔偿金比支付自愿达成和解的赔偿金更容易获得批准。

## 四、克服障碍:可能的解决方案

如果当事人、律师以及调解员已经意识到并且确信解决投资者—国家争端存在特殊障碍,我们如何克服这些障碍来提高案件的解决率呢?

第一,我们知道,在一国中央政府中设立专门部门或委员会来预测、避免、管理和解决投资争端这一方式被证明是成功的。秘鲁就是这么做的，目前该国所承担的赔偿金额和辩护费用都大大降低了。在我所在的中心，有一个专门小组与亚太国家合作，为政府制定争端解决指导手册。我正在与国际调解协会的一个委员会以及能源宪章秘书处合作，为有相同要求的各国制定一份示范协议书。

第二，培训很重要。各国都有很多调解专家，但他们之中很少有人有真正的国际和跨文化调解经验。现在迫切需要一份训练有素且可靠的投资者—国家争端调解员名单。联合国国际贸易法委员会秘书长安娜·乔宾·布莱特和我正在与国际投资争端解决中心合作进行投资者—国家争端调解员培训有关工作。

第三，尽管政府和外部律师无法平息官员对承担责任的恐惧，但我们可以在解决其他障碍方面做得更多。在涉及法律问题的情况下，律师可以在帮助修复当事人之间的关系方面发挥关键作用，并且肯定会对诉讼风险进行明确和坦率的评估。他们的优势还包括在谈判和和解过程中有丰富的经验、冷静、耐心、沟通技巧、中立性以及良好的培训。律师需要告知当事人想知道的内容，如果当事人是政府官员，律师还应当告诉他们他们所害怕听到的内容。

第四，在留意谈判和调解机会方面，现有的仲裁机构和仲裁员可以做得更多，在中国就是这样。另外，值得一提的是，新加坡对国际争端解决进行了财政、立法和司法方面的支持，而且新加坡有很多著名的机构：新加坡新国际商业法庭，以及新加坡国际仲裁中心、新加坡国际调解中心和它们所提供的开创性的新加坡国际仲裁中心——新加坡国际调解中心的“仲裁—调解—仲裁”模式。在本次大会上需要着重一提的是，中国一直是新加坡国际仲裁中心的五大外国客户之一（2017 年是第二大客户）。2017 年新加坡国家仲裁中心受理的案例中，超过 70% 的当事人来自中国和“一带一路”国家。

## 五、结论

“一带一路”倡议涉及前所未有的国际基础设施投资规模。出现一些建设、合同和其他纠纷是不可避免的，这就需要我们在建设中立、创新和高效的投资者—国家争端解决机制方面做出更多努力。

印度律师协会候任主席
普利桑特·库玛

# 重塑与重构新兴世界的争端解决框架

（2018 年 7 月 3 日，中国北京）

“一带一路”倡议所构想的规模，从各个方面都需要极高的效率和成本收益水平。从这一目标来看，当前的争端解决机构和做法都是完全不适宜的，甚至会起反作用。新兴经济体和“一带一路”倡议承担不起沿用当前机制解决争端而导致的时间和金钱上的浪费。

直到不久前，现有机构行使的管辖还对全球经济发展做着巨大贡献，如今却不然了。这就催生了一个以争端为中心的行业，争端解决过程中有明显的寻租行为。解决 100 万美元纠纷的平均成本大约是 30 万美元，高达总案值的 30%。新兴经济体和“一带一路”倡议需要迅速、有效和低成本的纠纷解决方式，从而能够不影响倡议的建设和这些国家的经济发展。

将争端解决过程视为一棵摇钱树，会明显降低解决效率，并使争端进一步恶化。更迅速和廉价的争端解决方式，与当前从业者为满足一己之利的做法相悖，靠争端盈利这一做法屡见不鲜。显而易见，像其他行业一样，他们的利益主要来自扩大市场和利润最大化。

专家们有满足一己私利的倾向，他们以一种能扩大市场并更有利可图的方式来提供服务。这一倾向在国际投资条约争端领域越来越明显。从业者越来越倾向于引用模糊的一般原则,称它们是该领域“普遍接受”的原则。没有证据能证明这样的“普遍性”,但是这一原则却被用来扩大仲裁庭的管辖权,作出条约文本规定之外的裁决结果。这完全是满足一己之利的行为,因为争端解决行业越来越倾向于作出对提起仲裁的一方有利的裁决,他们认为这样解决争端,行业就会不断发展壮大。这就像是依靠“宾果游戏”而发家的赌场,我们都知道在赌场中,赢者少、输者多,而在纠纷解决这个领域里,输者大部分是新兴经济体。

因此,我们完全有必要对争端解决领域进行重构,使其与当今的全球经济现状和新兴经济体的需求相适应。

为此我们要打破几个谬见,还要知道为什么它们是无用的。

第一,认为这一高度专业的技能只能由某些专业人士来完成,因为商事纠纷解决服务是非常专业的,而这些专业人士拥有相似的背景而且互相偏袒。我们要明白,替代性纠纷解决机制创立的初衷就是要告别复杂的诉讼程序。

第二,认为商事纠纷解决机制的本质是对立和斗争,纠纷各方都穷尽所有的资源来相互对抗。对于新兴经济体来说,这些资源对于他们的经济福祉至关重要,而不止关乎于一方输赢。

第三,认为合同所用的英文晦涩难懂,术语来自1000年前的古老英语,还夹杂着拉丁文术语。使用这样的语言不会降低合同双方在书面理解方面的精确度,却使双方的意图在落到书面以后反而变得模糊了。这必然会导致此类合同只能由极力推崇使用这种晦涩英文的群体来进行解释和应用。

理论上这三个因素都将导致限制性商业行为的滥用,因为这几个因素都是单纯为了使少数人垄断这项专业技能而人为设置的障碍。

接下来我们要谈谈应对方式。

1. 支持在新兴经济体中设立可靠且有声誉的非营利机构并提高它们的水平,在相互合作的环境中汇集仲裁员和专家资源。

2. 以简单易懂的英语建立一个标准合同格式资料库,鼓励用词言简意赅。如果必须使用复杂的法律术语时,应在括号中用通俗易懂的英文说明其含义。

3. 建立合作机构网络，充分利用其基础设施，尽量使合同当事人能就近获得纠纷解决服务以降低成本。

4. 发展、落实“一带一路”能力建设项目，为各国培养纠纷解决方面的专家。

5. 在案件事实复杂且需要专家证据的领域，建立专家库和数据库。

6. 利用科技降低成本，提高效率，降低差旅和住宿成本。

7. 充分动员“一带一路”沿线国家的律师协会和法学会进行能力建设；并建立、强化相关的机构。

8. 发展、鼓励商事调解。在单独的调解公约生效前，调解协议在执行方面的效力可等同于《纽约公约》中仲裁裁决的效力。这一做法已经在国际商事法庭的概念中出现了。

9. 为中小企业建立起切实可行的解决机制以满足他们的需求。

10. “一带一路”倡议各机构应为当事人提供仲裁前服务，鼓励、帮助他们自愿达成和解。

由新兴国家组成的金砖国家法律论坛已在积极发展落实这一模式。我们会共同努力，积极发展合力，每个金砖国家、其他“一带一路”国家以及拥有共同目标的组织。例如，亚非法律协商组织和位于吉隆坡的亚洲国际仲裁中心，都应当不懈努力。

否则，最终受益的可能就是那些靠争端盈利的人，而不是真正能为促进“一带一路”倡议各方利益而提供服务的人。

华东政法大学“一带一路”与法律外交研究院秘书长
张　皎

# 构建以条约为基础的综合性争端解决机构的建议

（2018 年 7 月 3 日，中国北京）

尊敬的各位来宾，

女士们、先生们：

下午好！非常荣幸能在此与大家分享我对“一带一路”争端解决机制的一些想法。在如此富有创新精神的论坛上，我想在此提出一个较为大胆的设想：构建以条约为基础的“一带一路”综合性争端解决机构。“以条约为基础”，即该机构的创建是以“一带一路”沿线国家协商与谈判的条约为基础的；“综合性”意味着该机构的管辖权不仅限于特定领域的争议；“机构”则表明争端解决的程序不一定必须是司法或仲裁。

在讨论“一带一路”争端解决机制时，不知大家是否与我有同感，我们对合同争议的探讨远多于基于条约而产生的争议；对私主体之间争议的关注远多于对私人与国家间以及国家间的争端。也就是说，当前的讨论在很大程度上忽视了涉国家争议的解决。那么，在“一带一路”框架下，是否有必要构建涉国家争端解决机制？又或者说，当前的国际争端解决机制是否足以解决“一带一路”建设中涉国家争议？

争端解决机制有国内和国际两级。国内司法体系的完善固然有利于“一带一路”争议的解决。然而，当东道国国内司法体系无法提供充分的司法救济，或者如果争议是国家间的，那么，就需要国际层面的争端解决机制。国际商事仲裁在解决国际商事争议中发挥着至关重要的作用。但是，国内司法体系和国际商事仲裁都不是解决涉国家争议的最佳方案。在处理涉国家争议案件中，需要充分使用条约解释方法，需要全面考虑主权国家公共政策，需要尊重与维护国际合作体系。这一些与解决商事争议存在本质上的差异。

那么，现有国际争端解决机制，例如，世界贸易组织争端解决机构或者国际投资争端解决中心是否可以充分有效地解决“一带一路”建设过程中可能产生的相关争议？当前，我们有多样化的国际争端解决机制用以解决不同领域的国际争端。① 但是，目前的国际争端解决体系是碎片化的。据此，至少会产生如下三个问题：第一，如果争议一方或双方不同时是一个争端解决机制的缔约方，如何解决它们之间的争议？第二，现有争端解决机制的管辖权是否能充分满足解决“一带一路”争议所需？第三，这些争端解决机制的程序对于解决“一带一路”争议而言，是否有充分的灵活性？事实上，这些问题所反映出的是“一带一路”争议有其本身的特性。

一方面，“一带一路”倡议的合作重点有“五通”：政策沟通、设施联通、贸易畅通、资金融通、民心相通。“一带一路”沿线国家间将在各个不同的领域签署和缔结双边协定。这也意味着，争议的产生并不限于某一特定领域。另一方面，现有国际争端解决机制的碎片化使得该体系当前无法融合国际法的不同部门。② 就“一带一路”建设而言，由于一个争议可能同时涉及贸易、投资、税收等领域，争议当事方需要确定争议的性质究竟是哪一种，并且需要将不同的争议分别提交不同的争端解决机制。③ 如若没有一个以条约为基础的综合性争端解决机构，每一份双边合作协定可能都需要

---

① For an evolution of international dispute settlement, see Maurice Mendelson, "International Dispute Settlement: Developments and Challenges", *RHDI*, Vol. 61, 2008, pp. 463 – 475.

② See Maurice Mendelson, "International Dispute Settlement: Developments and Challenges", *RHDI*, Vol. 61, 2008, p. 471.

③ 参见王贵国：《“一带一路”争端解决机制研究》，载《中国法学》2017年第6期。

创设自己的争端解决机制,而这不利于有效解决争端,也不利于"一带一路"倡议整体的发展。

女士们、先生们!

当我们探讨是否需要构建一个新的争端解决机制时,需要认识到:争端解决机制对推动国际规则以及维护合作性国际议程方面有着特殊的作用。④ 想象一个没有争端解决机构的世界贸易组织,或是一个没有欧盟法院的欧盟,我想您可以清楚地意识到,精心设置的国际争端解决机制对于特定国际合作议程的重要性。大多数新的和专门性的国际争端解决机制都特别注重推动特定规范性目标,⑤加强这些争端解决机制所服务的国际合作体系或者推广一系列价值原则。⑥

因此,"一带一路"争端解决机构在解决争议之外,还有推动"一带一路"倡议所倡导的人类命运共同体等系统性理念,推广以和平合作、开放包容、互学互鉴、互利共赢为核心的丝路精神,以及促进"一带一路"沿线国家更广泛地合作等重要使命。建立在"共商、共建、共享"原则基础上的综合性争端解决机构是"一带一路"法治建设的重要组成部分,亦将有益于"一

---

④ The idea is generated by Yuval Shany's article on "No Longer a Weak Department of Power? Reflections on the Emergence of a New International Judiciary". When he analyzes some recent changes in the field of international dispute settlement, he points out that "these developments point to the emergence of a new judiciary the operation of which is governed by a new ethos (international norm-advancement and the maintenance of co-operative international arrangements), which is different from the traditional ethos of international courts (conflict resolution)". See Yuval Shany, "No Longer a Weak Department of Power? Reflections on the Emergence of a New International Judiciary", *European Journal of International Law*, Vol. 20, No. 1, 2009, p. 73.

⑤ See Yuval Shany, "No Longer a Weak Department of Power? Reflections on the Emergence of a New International Judiciary", *European Journal of International Law*, Vol. 20, No. 1, 2009, p. 81.

⑥ In an article discussing the models of dispute settlement mechanisms in regional trade agreements, the author points out that no matter how scientific the rules of trade liberalization are designed, they would finally lose their value without an effective dispute settlement mechanism to ensure their implementation. 参见钟立国:《论区域贸易协定争端解决机制的模式及其选择》,载《法学评论》2012 年第 3 期。

带一路”参与国之间基于规则开展充分的合作。⑦

需要强调的是，不同的争端解决机制之间并非相互排斥的。所建议构建的“一带一路”争端解决机构将遵循现有国际法律体系的规则与原则。它的目的并非取代任何现有的争端解决机制，而是为了更有效地解决相关争议，“一带一路”参与国有责任商议并设置实用的、可接受的争议解决方式。在程序设置上，将充分考虑对解决“一带一路”相关争议的灵活性与适应性，例如，加强调解的作用以使争议得到有效、友好的解决；在解决涉及国家敏感利益的争议时，提倡在进入法律程序解决争议前，有效运用外交方式。⑧

女士们、先生们！

罗马不是一天建成的。这样一个综合性争端解决机构的产生需要“一带一路”参与国学者们以及实务部门专家们在管辖权、机构设置、程序规则、承认与执行等问题上深入地研究和探讨，有赖于“一带一路”参与国之间的协商与谈判，取决于我们是否有通过争端解决机制有效解决争议的真诚意愿。我相信，当我们为“一带一路”争议解决提供各种方案的时候，构建以条约为基础的综合性争端解决机构的建议值得我们认真考虑、深入研究。

谢谢！

---

⑦ In the article of “Between Law and Politics: Explaining International Dispute Settlement Behavior”, the authors point out that in the view of institutionalism, “States are willing to comply with international legal norms because they are aware that any violation might endanger the international legal order whose credibility is in their own interests.” This also shows that a well-functioning international legal order is in the stake of most countries. See Bernhard Zangl, Achim Helmedach, Aletta Mondre, Alexander Kocks, Gerald Neubauer, and Kerstin Blome, “Between Law and Politics: Explaining International Dsipute Settlement Behavior”, *European Journal of International Relations*, Vol. 18, No. 2, 2011, p. 372.

⑧ In an article discussing the means for dealing with international disputes, the author mentions three elements that parties may consider when they choose the method for dealing with the specific case, namely choices for dealing with the issue, the nature of the dispute (whether the dispute involves the core interests of the State parties), and perception and capability of the parties. 参见何志鹏:《菜单、需求与能力:国际争端的解决途径探析》,载《社会科学辑刊》2015 年第 5 期。

南部非洲仲裁基金会主席
迈克尔·大卫·库珀

# 在“一带一路”法治合作国际论坛上的发言

（2018年7月3日，中国北京）

各位阁下，女士们、先生们：

首先，我再来谈一下刚刚张博士提出的问题：

“一带一路”倡议是否应建立一个专门的仲裁机制来解决商事与投资纠纷？

说得直白一些就是，专门的仲裁机制能提供哪些现有的国际及地区仲裁中心各自提供不了的。

我认为答案是，专门的“一带一路”仲裁机制可以提供更多。这个机制对于一个有活力的“一带一路”体系来说至关重要。我这样说是因为当本次论坛结束时，“一带一路”将承诺创建并发展共享、包容、公平的法律体系及法治文化。“一带一路”仲裁机制理应服务于这一法律体系及法治文化。

让我根据现有模型来证明以上言论不是空谈。2015年，在中国法学会的支持下，中国与中非合作论坛的50个非洲成员国一同建立了中非联合仲裁中心机制。各创始国希望这一机制可以作为一个桥梁和一个共享平台来服务于非洲以及中非之间多元的法律文化及商业文化。

截至目前，即该框架尚未完成之时，5 个之前没有联系的国际仲裁中心已经达成了真诚合作的伙伴关系，联合促成了中非联合仲裁中心机制的建立。这 5 个国际仲裁中心是：上海国际仲裁中心、北京国际仲裁中心、深圳国际仲裁院、内罗毕国际仲裁中心和南部非洲仲裁基金会。

五大仲裁中心经过密切磋商提出了一个涵盖六点内容的路线图，这一路线图也是我要推荐给“一带一路”倡议的。

一、一致性：整个“一带一路”实行一套统一的规则。精心制定的规则旨在通过仲裁管理模式快速、高效、低成本地取得成果。

二、包容性：在整个“一带一路”运作中，合适的仲裁中心将使各企业无论身处何地都可以通过一个熟悉的仲裁中心享受到统一的服务。

三、确定性：已发表的案例研究将方便学界讨论和阐明新生规则，从业者也将更有信心，更有把握地提供纠纷咨询服务。

四、标准化：标准化的基本合同将会成为惯常做法或“一带一路”商业惯例。

五、文化共情：通过共享机制，“一带一路”仲裁员需要认识并理解文化多样性所带来的挑战，尤其是要避免认知层面或现实层面上的制度化偏见。

六、培训：通过“一带一路”的统一培训建立对“一带一路”精神的共识，使这一仲裁机制能够为“一带一路”做出独特贡献。

我认为，根据以上规则建立的仲裁机制能够更好地践行“一带一路”倡议所承诺的核心内容。

# 议题四：

# “一带一路”法律交流与合作

越南法学会常务副会长兼秘书长
黎明心

# “一带一路”倡议实施过程中法治交流与合作以及司法援助的几个问题

（2018 年 7 月 3 日，中国北京）

女士们、先生们！

很高兴在美丽的首都北京参加“一带一路”法治合作国际论坛。我谨代表越南法学家协会，感谢中国法学会和组委会邀请我们并为我们参会提供便利。

在各种因素，特别是第四次科技革命的影响下，我们都感到世界正在急剧变化。过去几十年中取得成功的发展模式已不再奏效；经济与紧密交织在一起的机遇和挑战之间的联系日益紧密、相互依存。世界正面临着传统和非传统的安全挑战，任何国家，无论大小，都无法单独应对这些挑战。各国都在寻求并鼓励新的方法、计划和创新，最大限度地发挥每个国家和地区的潜力和优势，有效利用科学技术的先进成果，确保和平、稳定与合作的可持续发展环境。

在这种背景下，“一带一路”倡议是很重要的，它秉承“和平与合作、开放与包容、相互学习、互惠互利”的理念，推动国家、地区和洲际间的经济合作。尽管这一新的倡议提出的时间不长，但对许多国家和地区已产生巨大影响，而且“一带一路”参与国也取得了可喜的初步成果。我们赞赏“一带一路”倡议及其过去3年间取得的成就。倡议有助于促进经济联系和区域互联互通，支持最不发达国家和发展中国家的基础设施建设和市场拓展，缩小各国之间的发展差距，为企业和人民带来新的机遇。

“一带一路”倡议的切实落实，有望建立一个覆盖约44亿人口的大型经济和商业网络，连接20多个国家，促进沿线国家不同层面的全面合作与相互影响。

多元复杂的多维关系必将会增加不同国家对在各个层面、内容和形式上开展法治交流与合作以及司法协助的需求。

因此，各国需要合作采取共同的基本措施，正确认识参与“一带一路”倡议的重要性和必要性，充分认识“一带一路”参与国将获得的福利、机遇和挑战，建立共识并实施适当的具体方案和计划。从现在开始，促进法治合作和司法协助就变得很重要，要根据各个参与国的共同目标和要求，创造稳定的法律基础，来推动“一带一路”倡议的实施进程。

法治交流与合作以及司法协助的方式有很多种，包括几种基本方法，例如以下这些：

—组织不同层级的政府官员、司法官员和法律专家会晤，增进相互了解，明确“一带一路”参与国法治合作和司法协助的总体和具体目标、要求和内容。

—组织联合研究和独立研究，研究“一带一路”倡议实施的法律问题，为倡议的实施奠定理论和实践基础，评估实施问题的影响，提出具体措施和解决方案，确保各国的共同利益以及各自的利益；限制可能发生的不利影响；在各国之间以及各国内部群体之间建立信任和共识。

—开展合作活动，建立共同、统一的规则体系，为推进“一带一路”建设提供充分的法律依据；在尊重“一带一路”参与国法律文化多样性和差异性的基础上，妥善解决新产生的法律关系，确保各国共同利益和各自利益的有机统一，最大限度减少法律冲突的负面影响。

—推动培养高素质法律人才方面的合作从而参与“一带一路”倡议的实施。这一措施可以通过开展与“一带一路”法律规则体系相关的通用培训计划来实现。

—加强著名法学院间的法律培训合作，加强倡议参与国司法官员和律师的培训和培养；加强政府对倡议参与国的财政支持，派遣律师赴国外参加培训来提高他们的专业资格和技能；提高他们处理涉外案件的专业技能。

—扩大和加强“一带一路”参与国律师间的合作，为律师组织交流和学习经验创造有利条件，增进相互了解并组织年度活动讨论各国律师所关心的问题，动员并提升积极参加“一带一路”建设的律师的智慧和经验。

在司法协助领域，可以预见，在未来一段时间内，会有一些问题需要加强司法领域的合作。为了实施“一带一路”倡议，参与国必须签署和执行国际条约，以规范司法机构间以及各党派间的合作，妥善处理相关问题，包括：确定法院的管辖权，适用法律，确保个人和外国法人的程序性权利，充分履行司法委托，在民事、贸易、物资转移及引渡和其他刑事司法领域承认和执行外国法院判决和仲裁裁决。换句话说，国际司法协助是这样一个过程，各国在相关国际条约的基础上，在互惠互利、独立、主权和领土完整和互不干涉内政的原则下，通过司法机构，在司法事务（包括民事、商事和刑事）上相互协作，确保各个国家、公民和法人在别国的权益。

以下是对东盟国家司法协助若干要点的简要分析，意在为各国确定司法合作的方向提出思路。

东盟国家是实施“一带一路”倡议的关键因素，该地区拥有强大的活力和快速适应全球一体化进程的能力。由于凝聚力很高，东盟也是一个充满高度发展潜力的地区。但是，该地区产生的一些问题也急需国际司法协助和合作。另外，东盟国家民商事领域的司法协助和合作机制仍未得到充分发展。

近年来，在法律论坛、地区和国际会议及研讨会上开展了很多公开和积极的讨论。2008 年 4 月在河内举办的第四届东盟法律论坛上，与会者讨论了加强司法协助的问题。东盟国家明确承认：(1) 加强民商事司法协助是一项客观的迫切需求，需要跨国合作来解决。(2) 在全球化的背景下，对于最有效地解决民商事的司法合作问题，海牙国际私法会议和会议公约发挥着重要作用。(3) 在国际层面的司法协助方面，海牙国际私法会议签订了近 40 项公约。这些国际条约是解决国际司法问题的重要法律基础。

5 年前，在越南河内举行第六届东盟部长级会议时，这些公约都只是东盟国家主要研究和审查的内容。但现在,东盟10个成员国中有6个已成为海牙框架下一项或多项法律协议的成员。这些国家包括马来西亚、文莱、新加坡、泰国、菲律宾和柬埔寨,它们都积极参与了海牙国际私法会议。在民商事司法协助方面,东盟各国互相分享执行多边制度的信息、经验和困难是非常重要的。在全球一体化浪潮中,多边合作是不可或缺的。各国都意识到使用相同的多边法律工具对东盟和国际社会都将提供极大便利。重要的是,东盟国家必须协调多边目标与区域目标,为共同发展创造一个能互相支持,互相补充的框架。

所有东盟国家都认为,必须深入研究海牙会议及其公约的实际价值,以及东盟国家加入有关民商事司法协助的海牙国际条约的价值。这是越南和东盟其他国家长远的正确道路。

但是,为了实现国际司法协助的上述目标,东盟国家必须高度重视以下任务:认真讨论东盟国家在司法协助中使用法律文件的豁免问题;在民商事司法协助相关的国内法方面,各国应加强经验共享和信息交流,特别是文件合法化豁免的内容和豁免对文件合法化的影响研究;起草有关司法协助所用法律文件的豁免问题的双边协定,进行讨论并达成一致意见,这是考虑有关该问题的地区性公约起草的基础;促进审查、报告和评估本地区各国刑事司法协助的情况;研究签署本地区各国刑事司法协助相关的双边协议;组织与刑事司法协助有关的地区性会议和研讨会,让成员国彼此交流司法协助的实际经验,并寻求适当的解决方案;完善各国司法协助的法律框架,积极组织谈判,签署和参与国际司法协助条约。

通过上述对东盟国家司法协助现状的分析,可以预测参与“一带一路”倡议的国家之间司法协助的客观需求。我们有必要开展实际行动,尽早讨论并提出解决方案,加强各国在“一带一路”倡议实施过程中的法治合作和司法协助。

谢谢大家!

中华全国律师协会会长
王俊峰

# 搭建"一带一路"律师间交流合作的桥梁

（2018 年 7 月 3 日，中国北京）

习近平主席提出的"一带一路"倡议，是一项开放式的、高层次的新型国际合作构想，顺应了合作共赢的时代要求和各国发展愿望。这一倡议的合作内容十分丰富，覆盖政策沟通、设施联通、贸易畅通、资金融通、民心相通。从近年来的实践来看，相关国家高层的频繁互访、一批具有实质性内涵的合作协议和备忘录的签署、众多基础设施建设和贸易投资项目的稳步推进，以及日益深入各国民心的互利共赢理念，都表明"一带一路"倡议所倡导的"共商、共建、共享"的区域合作机制已经逐步形成。

在"一带一路"区域合作机制构建过程中，法治是基本支撑和重要保障。"一带一路"囊括了亚洲、欧洲、非洲的数十个国家，各国法治水平差异大，法律体系存在显著不同，法律环境错综复杂，参与主体面临诸多不同内容和领域的法律风险。构建良好的法治环境，已经成为"一带一路"参与各方共同的利益诉求和现实关切。"一带一路"沿线国家法学法律界有必要本着妥善兼顾各方利益最大化的原则，积极参与并推动国际规则的制定，协调沿线国家完善吸引和保护外国投资的一系列国内立法，协助建立民商事争议解决协作机制,有效化解法律制度差异矛盾。

法律服务在“一带一路”建设中发挥着重要功能。律师等法律服务主体充分发挥专业优势,能够为“一带一路”相关法律和政策的制定提供法律建议,帮助企业规避法律风险,并参与国际商事仲裁和多元化争议解决,化解经贸投资争端。

作为全国性律师行业自律组织,中华全国律师协会紧密围绕“一带一路”区域合作目标,以促进“一带一路”有关各国和地区律师间的交流合作为己任,致力于为“一带一路”建设提供优质高效、及时全面的法律服务。

一是深化与“一带一路”沿线国家律师协会合作。2017 年 6 月 24 日,全国律协与印度、老挝、蒙古、波兰、泰国等“一带一路”沿线国家律师协会签署合作备忘录。根据合作备忘录,全国律协将与印度、老挝、蒙古、波兰、泰国 5 国律协积极拓展基础设施建设、企业投融资、制造业、农业技术、信息技术、清洁能源、监管协调、公共财政管理等法律服务领域,共同保障重大合作项目平稳顺利推进。

二是鼓励中国律师“走出去”。积极支持和引导中国律师参与“一带一路”沿线国家的交通、能源、通信等基础设施重大工程以及其他国际合作方面的法律活动,为中国企业和公民“走出去”提供法律服务,防范投资风险。同时,支持和推动中国律师事务所在“一带一路”沿线国家设立代表机构。

三是倡导共建法律服务合作平台。我们发起建立“一带一路”律师联盟,为“一带一路”沿线国家律师之间交流与合作提供了新的平台。我们还推动成立“一带一路”跨境律师人才库,143 家中外律师事务所、205 名中外律师成为首批律师库成员。

四是加强信息沟通,畅通信息渠道。我们积极筹建“一带一路”国别法律信息数据库和“一带一路”法律服务信息数据库,组织撰写《“一带一路”沿线国家法律环境国别报告》,为企业和个人在相关国家和地区的投资和发展工作,提供政策、法律方面的支持。

只有交流才会消除隔阂,增进了解;

只有合作才会扩大共识,实现共赢。

我们将进一步在派团互访、业务研讨、律师培训等方面密切与“一带一路”沿线国家律师同仁之间的交流,主动把握时代赋予的历史机遇,携手同行,共创未来。

谢谢大家!

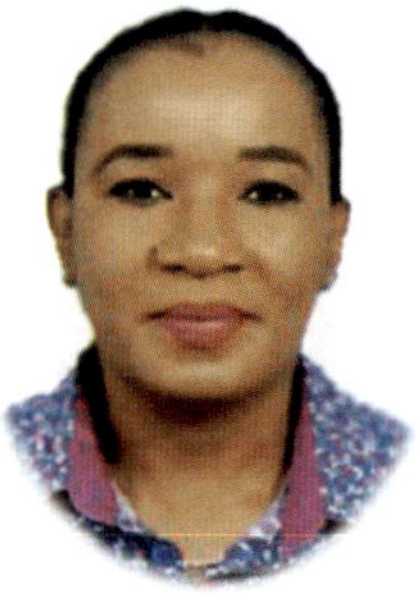

坦桑尼亚外交与东非合作部法律事务司代司长
卡罗琳·齐佩塔

# 在"一带一路"法治合作国际论坛上的发言

（2018 年 7 月 3 日，中国北京）

中国法学会会长王乐泉先生，
亚洲—非洲法律协商组织秘书长、议题主持人肯尼迪·加斯顿教授，
尊敬的与会人员，
女士们、先生们：

上午好。

今天是会议的第二天，但这是我的首次发言，请允许我和前面发言的其他代表一样，向中华人民共和国外交部和中国法学会表示深切的感谢，感谢他们主办本次"一带一路"法治合作国际论坛，感谢他们的热烈欢迎。坦桑尼亚代表团很荣幸能参与这次交流。

我们生活的这个时代，互联互通与合作不仅是振兴全球经济的动力，也是可持续发展的刺激因素。实际上，正如会议主题反映的那样，法治交流与合作是实施"一带一路"倡议的关键因素。所以，请允许我利用这次机会重申坦桑尼亚对这一崇高倡议的支持。

坦桑尼亚将这一倡议视为与中国长期友谊的代际更新，这份友谊是由中华人民共和国开国元勋毛泽东主席和坦桑尼亚联合共和国开国元勋朱利叶斯·坎巴拉吉·尼雷尔总统共同建立的。

2013年习近平主席首次提出复兴丝绸之路经济带和21世纪海上丝绸之路,引起了世界各国的密切关注,并且现在在不同领域交流与合作的重要性上,已经达成了广泛的国际共识,从而加快了此类交流与合作的实施。像这样的论坛肯定会促进倡议的实施进程,看到在场有这么多贵宾和专家真是鼓舞人心,这真正证明了大家对“一带一路”倡议的支持力度。

“一带一路”倡议以互联互通为中心,改善各国与中国已有的贸易路线、联系和商机并创造新的机遇,它不仅有助于促进“一带一路”沿线国家的经济繁荣,还会加强区域经济合作,促进国家间的交流和学习。这是一项伟大的事业,我们支持它。

尊敬的来宾:

“一带一路”倡议对所有国家、国际组织和区域组织开放合作,所以坦桑尼亚予以支持。坦桑尼亚相信,这一倡议会为世界和平与发展注入新的正能量。在此基础上,坦桑尼亚期待在2018年9月1日至4日北京举行的中非合作论坛峰会期间,能够签署关于共同推动丝绸之路经济带和21世纪海上丝绸之路倡议的谅解备忘录。

当然,坦桑尼亚决心最大限度地发掘更密切互连的生产网络和价值链的潜力,因此,即使还没有签署谅解备忘录,也能提前开始实施“一带一路”倡议。

“一带一路”倡议投入运行的生动例子,包括扩建达累斯萨拉姆港,正在恢复和扩建姆特瓦拉港使其达到国际水平,以及在朱利叶斯·尼雷尔国际机场建设主航站楼(3号航站楼)。

坦桑尼亚也启动了中央铁路线升级为标准轨距项目的第一阶段。很高兴地告诉大家,在2018年5月签署标准轨距铁路项目可行性研究的交换函后,我们的努力得到了我们的朋友——中国的全力支持。很明显,中国准备在下一阶段伸出援手。

这一项目将达累斯萨拉姆港提升成非洲内陆国家(例如,赞比亚、卢旺达、马拉维、布隆迪和乌干达以及刚果民主共和国东部地区)的贸易门户。这很好地与“一带一路”倡议的愿望吻合。

女士们、先生们：

我们认识到在中国和世界形成新联系方面，“一带一路”倡议能够发挥重要作用，所以我们必须克服真正的挑战，实现全球互联互通带来的经济利益。因此，我们需要建设可预测和稳定的法律环境，使企业和个人有信心一起——进行创新、开展贸易和投资。

坦桑尼亚和中国在投资法等多个领域都是强有力的合作伙伴，对于解决商业争端的机制、管理业务运营的规则和标准、物质和知识产权的保护程度等许多问题，投资法能够在法律制度上保证商业活动的确定性。这来源于两国政府在 2013 年签署的《促进和相互保护投资协定》。

此外，在交流和能力建设方面，坦桑尼亚很高兴地告诉大家，目前约有 7 名坦桑尼亚学生正在“一带一路”倡议框架内接受法律制度培训，这是中华人民共和国政府实施交流与合作的另一个实证。

尊敬的来宾：

但是，根据昨天的论坛活动和各位的经历，我们能看出“一带一路”倡议是一项持续的工作，可以通过找出进一步合作的法律障碍来完善。如果我们想繁荣、稳定地实现“一带一路”倡议，这一点就至关重要。在法律体系的优势和历史方面，我们有很多能互相学习的地方，而这个论坛刚好提供了一个合适的平台。

有些挑战可能会阻碍“一带一路”倡议的协调实施，为了找到解决这些挑战的方案，我们期待通过政府、司法机构、私营部门和学术界之间的磋商和能力建设，来寻求更多的法治交流与合作。

女士们、先生们：

中华人民共和国政府表示愿意为这一努力提供资金，这将加强“一带一路”国家间的合作。这是一件非常鼓舞人心的事情，我希望“一带一路”国家能抓住这个机会进行更多的交流与合作。

在法治领域进行合作与交流对“一带一路”倡议的重要性，再怎么强调也不为过。

谢谢各位的关注！

谢谢！

国家社科基金重大项目"'一带一路'法律供给机制研究"首席专家、
北京一带一路法律研究会会长、
北京政法职业学院院长
许传玺

## "一带一路"建设亟须加强法律问题研究

(2018年7月3日,中国北京)

### 一、"一带一路"倡议的提出及法律保障的必要性

2013年9~10月,习近平主席在出访中亚和东南亚期间,先后提出建设"丝绸之路经济带"和"21世纪海上丝绸之路"的倡议。2015年3月28日,中国政府专门为此发布了《推动共建丝绸之路经济带和21世纪海上丝绸之路的愿景与行动》。2016年3月17日,中国政府在其正式发布的《国民经济和社会发展第十三个五年规划》中也特别强调要推进"一带一路"建设。2017年5月14~15日,首届"一带一路"国际合作高峰论坛在北京举办,标志着"一带一路"倡议进入全面实施的新阶段。作为中国目前最为重要的全球化发展愿景,"一带一路"建设旨在秉持"共商、共建、共享"原则,完善双边和多边合作机制,以企业为主体,实行市场化运作,推进同有关国家多领域互利共赢的务实合作,打造陆海内外联动、东西双向开放的全面开放新格局。

要实现"一带一路"倡议,法律保障是基础性的、必不可少的关键要素。只有在合理有效的法律框架下,才能协调和规范各方行为,促进双边和多边合作,实现互利共赢。为此,我们必须对相关国家的法律制度进行深入、系统的比较法研究,并在此基础上,推动和保障双边和多边合作。目前,关于"一带一路"建设的研究和讨论仍然主要集中在国际政治、经济、文化等领域,对法律问题的研究仍然相对较少。实际上,法律的差异甚或冲突已经成为影响"一带一路"建设的重要因素。特别是在有些非世界贸易组织成员国家,因其法律法规不受世界贸易组织规则约束,更易形成不同程度的不确定性,给双边或多边合作带来不利影响。在此背景下,我们迫切需要对"一带一路"法律问题进行集中、深入和系统的研究。

## 二、"一带一路"法律问题研究的理论价值和实践意义

"一带一路"法律问题研究的理论价值主要有两点。一是着力构建"部门比较法",推动比较法学向建设性和实践理性发展。"一带一路"建设涉及众多国家,在不同国家甚至不同法系之间,法律制度和法律文化差异巨大。为有效协调、处理这种法律差异甚或法律冲突,必须将比较法的研究理念和方法运用到具体部门法之中,采用一种"部门比较法"的研究进路,开展更具建设性和实践理性的比较法研究,由此推动比较法学的深化与发展[参见许传玺:《从实践理性到理性实践:构建部门比较法》(第1版),中国法制出版社2013年版]。二是运用交叉学科的研究视角和方法,推动法学与其他学科的交流和互动。例如,借助法律人类学等相关理念与方法,我们可以在尊重差异的基础上,找到支持"一带一路"各方共商共建、保障各方互利共赢的法律基点,为全球治理体系的健全与完善做出理论和方法上的、开拓性的探索。

"一带一路"法律问题研究的实践意义主要有四点。一是发现、协调与解决相关国家之间的法律差异或冲突,消除国际投资及经贸合作等方面的法律障碍。如在贸易投资便利化、自由化方面,根据相关国家的实际情况,通过协商,以条约或协议的形式,设定贸易投资便利化、自由化的目标,并具体确定削减贸易投资壁垒的时间表,明确相关权利义务,推动各方"共商、共建、共享"。二是通过特定法律规则有效地克制和排除"一带一路"建设中的政治、文化等干扰因素。作为一个如此庞大复杂的系统工程,"一带一路"建设势必面临国内外众多因素的影响甚至干扰。只有通过明确、不易被随意更改或稀释的法律手段,对有关事项予以明确规定,并设置合理

的实施机制，保障相关义务的严格、充分履行，才能最大限度地推动“一带一路”建设。三是通过议定具有法律效力的特定标准或协议，推动相关国家完善各自的软硬件建设，使之符合“一带一路”建设的要求。以交通基础设施为例，可根据各方经济发展、人口分布、资源条件、实际需求等，通过议定相关协议，确定其路线及站点分布、建设标准（如是否建设高速铁路，铁路轨距应采用宽轨还是窄轨等）及建设进程等。四是尽快设立涉及“一带一路”建设的争端解决机制。通过“一带一路”建设，相关国家在基础设施的互联互通、贸易投资和金融的便利化与自由化等方面可以获得相当的利益，但同时也会对其相关权益做出一定限制，因而不排除由此产生各种分歧甚至争端的可能性。相关企业在市场化运作中也难以避免法律纠纷的发生。为此，必须尽快研究设立合理有效的机制，将参加“一带一路”建设的众多主体纳入考量，通过合理有效的司法或仲裁等手段，及时调整、解决相关纠纷。

## 三、“一带一路”法律问题研究的五大关键领域

“一带一路”法律问题研究，应当按照“一带一路”建设的总体布局，聚焦对外投资、对外贸易、交通与基础设施建设、争议解决、法律合作五大关键领域，结合实施“一带一路”倡议的实际需要，针对上述领域的具体法律问题展开深入、务实的研究。

第一，“一带一路”投资法律问题研究。“一带一路”倡议的重点内容之一是开展多种对外投资。为此，应重点关注以下问题：一是要加强对相关国际公约、协定及协议的研究，包括《关于解决国家与他国国民之间投资争议公约》《多边投资担保机构公约》《与贸易有关的投资措施协议》等，以及其他既有和不断发生的双边及多边投资协议。二是要集中研究“一带一路”国家针对外商投资的法律法规及公司法、合伙法等相关规定。特别要研究此类法律法规是否规定有外商投资的特定法律主体形式，相关国家针对外国投资设定的投资准入法律限制与条件，以及涉及公司设立、出资、内部治理、工商登记、劳工保护、社会责任等方面的具体法律问题。三是要重点研究“一带一路”国家的证券法律制度。开展对外投资的一种重要方式是对投资所在国的公司进行股权收购，包括通过公开证券市场收购以及个别化的私下股权收购。因此，必须对所在国的证券法律制度进行研究，包

括证券交易以及管理的具体法律制度、对外资进入所在国证券市场的限制条件等具体法律问题。四是要着力研究"一带一路"国家的金融及外汇管制等相关法律。对外投资需要大量的资金支持,涉及资金融通与外汇管制等重要法律问题。目前,中国已设立丝路基金,牵头成立亚洲基础设施投资银行,促进人民币国际化,推动对外投资银企合作,并积极完善银行与金融立法。而投资所在国也有大量关于银行、保险、外汇管制等方面的法律制度,必须进行深入的研究与分析。五是要注重研究"一带一路"国家的税收法律规定。投资及股权收购都涉及税收法律问题,必须对相关国家的税收法律制度进行充分细致的研究,从法律上保障投资者避免双重和其他不合理征税,并采取合法合理的避税措施,最大限度地保护投资者的合法权益。

第二,"一带一路"贸易法律问题研究。贸易畅通是"一带一路"倡议的合作重点之一,是与投资法律并重的研究领域,应当主要关注以下问题:一是进出口与海关法律问题,特别是要整理和分析"一带一路"重点国家的进出口管制以及关税法律制度。二是反倾销与反补贴问题。应当充分关注重要产品出口国的反倾销与反补贴法律及司法政策,采取事前及事后的应对措施,有效地避免和解决相关法律纠纷。三是基本交易法律制度。商品贸易最基本的交易规则是合同法。合同法的规则具有一定的共同性,但不应忽视"一带一路"国家在合同法上的具体差异,特别是关于国际支付等问题的法律规定。四是知识产权保护与平行进口问题。在"一带一路"框架下扩大对外贸易,无论是进行商品交易还是技术贸易,都必须充分关注对相关知识产权的保护。五是自由贸易区法律问题。中国政府已明确提出,愿与"一带一路"国家共同商建自由贸易区。对此类自由贸易区的独特规则和优惠政策,应予特别关注。六是服务贸易法律问题。商品贸易需要并必然伴生服务贸易。因此,对"一带一路"国家的物流、运输、会计等服务业所涉及的法律问题,也应当进行认真研究。

第三,"一带一路"交通与基础设施建设法律问题研究。交通与基础设施联通是"一带一路"建设的优先领域。基础设施联通主要包括交通基础设施、石油天然气基础设施以及电信基础设施的互联互通。对因此涉及的法律问题,必须进行专门研究,具体包括:(1)国际及外国货物运输规则。关于货物跨国运输,联合国《联合国国际货物多式联运公约》已做了相关规定。“一带一路”国家的海商法和跨境运输法规也会对所在国国际货物运输进行管制。应充分关注并认真研究上述国际及外国货物运输规则，为预判及合理解决“一带一路”交通与基础设施联通可能面临的法律问题打下坚实的基础。(2)国际及外国航空运输规则。作为规范国际航运的基础性国际条约，《统一国际航空运输某些规则的公约》(《华沙公约》)是此项研究的首要对象。此外，还必须关注其他相关国际规则和“一带一路”国家对国内航空运输进行规制的法律法规。鉴于某些地区的不稳定因素，还应当关注、研究涉及航空保险及索赔的法律法规。(3)基础设施建设与工程承包法律规则。在“一带一路”框架下，进行交通基础设施、电力和石油天然气基础设施以及电信基础设施建设时，将不可避免地涉及签订与履行大额和长期性的工程承包合同，因此，必须对适用工程建设与承包的法律规则进行深入、细致的研究，以保障基础设施建设的顺利进行。

第四，“一带一路”争端解决机制研究。与“一带一路”相关的法律争议可能包括投资股权纠纷、反倾销与反补贴诉讼、产品责任侵权、承包合同违约等。为此，我们必须加强对以下问题的研究：一是要研究涉及跨国争端解决的国际公约与协定。例如，在国际投资领域，应重点研究《解决国家与他国国民之间投资争议公约》以及据此设立的国际投资争端解决中心的实质性与程序性规定。在国际贸易领域，应重点研究 WTO 与其他国际组织的争端解决机制。此外，对相关国家的双边及多边协定中涉及争端解决的内容也要进行认真研究。二是要研究涉及纠纷解决的外国司法与仲裁机制。针对平等主体之间的投资和贸易纠纷，所在国的司法程序以及中立的仲裁解决机制是不可忽视的两大选项。在实践中，涉及国际投资与经贸往来的经济纠纷，已经越来越多地适用仲裁规则解决。因此，应考虑在“一带一路”框架下确立若干中立、公正的仲裁机构，将“一带一路”的争端解决机制落到实处。三是要研究对他国判决和裁定的承认与执行。在跨国纠纷解决中，无论是法院的判决还是仲裁机构的裁决，均有执行的问题。为此，在国际公约层面，应重点研究《承认与执行外国仲裁裁决公约》以及其他双边或多边相关协议；在外国法层面，则需充分关注所在国承认与执行外国法院判决与裁决的相关法律规定。

第五，“一带一路”法律交流与合作研究。在上述研究的基础上，还应积极探索在“一带一路”框架下开展法律交流与合作的有效途径。主要应当在尊重彼此法治主权和法律制度与法律文化差异的前提下,秉持"共商、共建、共享"原则,适时推动建立涵盖"一带一路"主要合作领域的统一法律规则(甚或内设争议解决机构),以更好地应对、协调和解决上述法律问题,减少"一带一路"建设的交易成本,促进各方最大限度地实现合作互利、共赢共享。由于国际谈判的复杂性,上述目标不可能很快实现,但可以在现有国际公约及双边与多边协定的基础上,作为"一带一路"建设的中长期目标,适时推进。

东盟法律协会主席
阿维利诺·V.克鲁兹

## 在"一带一路"法治合作国际论坛上的发言

（2018年7月3日，中国北京）

担任今天第四场专题讨论会主席的尊敬的加斯顿先生，
中国法学会、各知名研究机构和今天上午出席会议的各位杰出的法律专家们，
尊敬的女士们、先生们：

大家早上好！在此，我谨代表东盟法律协会向各位致以最热烈的问候！对于我们东盟法律协会来说，由于今年是中国与东盟建立法治战略伙伴关系的第16个年头，因此，今天的论坛更显意义非凡。

首先，我来做个简单的背景介绍。当东盟于1967年在"冷战"期间成立时，大多数人预计它将在数年后解散。但是50多年过去了，拥有10个成员国的东盟却取得了无限的成功。由于货物贸易和服务贸易几近完全自由，在这个毗邻中国并拥有超过6.5亿人口的地缘政治区块上，东盟经济加速发展。到2020年，东盟有望成为世界第五大经济体。

1979年由10个国家在雅加达成立的东盟法律协会的崛起反映了东盟的成功经验。我们独特的组织里汇集了东盟法律界的最佳精英，其中包括高等法院法官、律师协会领导人、政府律师和法学教师。东盟法律协会并不是一般意义上只为客户提供服务的执业律师所组成的普通的律师协会。相反,东盟法律协会现在是2007年东盟宪章中唯一被指定担任东盟民间团体法律顾问的法律组织,前东盟秘书长素林·比素万曾在2009年确认了这一职能。自1979年以来,东盟法律协会通过举办法律论坛、集会、委员会会议、发行出版物和与中国法学会等对话伙伴开展无数的法治合作活动,促进了其成员之间的法治合作。这也是为什么我认为我们的主题,即“一带一路法治交流与合作”,在实现“一带一路”倡议过程中特别的恰逢其时。我认为,成功的法治交流与合作是国际法治的强大而坚实的后盾,其中某些问题已经在昨天的专题会议中进行了讨论。

历史告诉我们,在国内层面,法治是通过法律规则对一个国家针对其国民行使权力进行约束。简而言之,法治就是约束统治者的规则。但是这一点如何保障?主要是由独立的司法机关对公民实行平等的法律保护。但是在国际上,法律至上的原则很难对某些国家实施。然而,即使一个国家只在自己国境之内肆无忌惮和滥用权力,这样的国家也会成为一个“流氓”国家,从而与其他国家疏远并招致集体制裁。因此,在国际关系中,为了自己的利益,一国政府也必须维持有效的法治,从而确保本国在国际上的地位。

在查阅现有的《东盟互联互通总体规划》后我发现,它与中国的“一带一路”倡议在主要共同目标方面具有相似性。两者都试图通过改善交通方面的互联互通来加强各国之间的联系,改善贸易、投资、旅游和人员交流的便利性。这种共同愿景是互利的。那我们为何不为呢?中国自2009年以来一直是东盟的最大贸易伙伴,东盟自2011年以来一直是中国的第三大贸易伙伴,这使东盟蓬勃发展的经济成为“一带一路”倡议的重中之重。事实上,许多毗邻中国的东盟国家是中国企业的首选投资目的地。毫无疑问,“一带一路”倡议将使中国更加巩固与东盟国家的关系。例如,“一带一路”倡议将使拥有庞大铁路网的中国能在马来西亚、泰国、老挝和印度尼西亚获得更多机会,这些国家正在建设其本国的铁路网。另外,菲律宾也正在规划建设一个大规模的铁路网。

中国的倡议也引起了东盟国家的一些担忧。例如,中国是否会利用经济措施来引导东盟国家与中国开展更广泛的合作,从而威胁本区域性组织的团结？这些担忧尤其存在于老挝、柬埔寨、缅甸和越南，某种程度上文莱也有这种担忧，因为该国所产的大部分石油都出口到中国。中国的经济实力和其在东盟地区的战略路径是否会迫使东盟成员国重新考虑与其他国家之间的战略联盟？尽管有这些担忧，但迄今为止，在亚洲基础设施投资银行（该银行目前有80个成员，包括菲律宾等东盟国家）等新实体的帮助下，“一带一路”倡议显然极大满足了东盟的区域基础设施发展需求。

接下来，我必须着重介绍一下2017年在马尼拉成功举办的为期1年的东盟50周年峰会。峰会上，10个成员国与包括中国、美国、日本和俄罗斯在内的对话伙伴进行了交流。峰会取得了哪些重要成果呢？

第一点：向联合国提交关于气候变化的联合声明，呼吁加快执行《巴黎协定》及该协定中的减缓和适应承诺。

第二点：东盟和中国发表《未来十年南海海岸和海洋环保宣言》，以及于2018年年初实施的《南海行为准则》多边协议框架。

第二点的战略意义无论怎么强调都不过分。除了复兴从中国到西欧的古老陆上丝绸之路，“一带一路”倡议还包括第二条线路，但这不是真正铺设在地上的道路，而是一条“海上路线”，它沿着中国东海岸向南，穿过南海，进入南太平洋，然后向西驶往印度洋和地中海，最终到达欧洲。

然而，目前海上丝绸之路必须克服的一个困难是，中国与几个东盟成员国在南海争议岛屿存在潜在的冲突。是的，这必须在形势失去控制之前解决。

幸运的是，2016年菲律宾总统杜特尔特上台后一手扭转了有争议的南海地区多年的紧张局势。日本野村证券最近报告称，这是“菲律宾在一带一路计划中成为赢家的最关键发展”。杜特尔特总统正在为一系列由中国资助在菲律宾开展的基础设施项目和投资铺平道路，从而迅速改善了两国之间的关系。

早在2015年在重庆举办的第六届中国—东盟法律论坛上发表主题演讲时，我就主张重温中国—东盟《南海各方行为宣言》。该宣言于2002年签署，旨在促进和平，并制定各方都能接受的准则，而不仅是宣言。

对，这正是东盟和中国去年在马尼拉举行的东盟50周年峰会上达成的共识——这是一个关于南海各方行为守则的多边协议框架，于2018年开始实施。

第三点:继去年在马尼拉举行的东盟50周年峰会取得的成果之后,又签订了打击恐怖主义和确保区域和平与安全的协定备忘录。

第四点:促进区域商业活动,其中包括根据《东盟综合投资协议》制定《重点和战略投资行动议程》,《东盟包容性商业框架》和经济部长《东盟无缝贸易便捷化协定指标》;以及

第五点:新的商业计划,包括:(1)《东盟电子商务计划》和《2017~2025年东盟包容性商业框架》;(2)《东盟创新宣言》;(3)《关于将妇女在东盟的经济赋权纳入主流的行动议程》;以及(4)《关于保护和促进外来工人权利的东盟共识》。

"一带一路"倡议相关单位以及负责该项目的官员应关注上述最后两点以及所有东盟条约及协定,特别是对基础设施项目有影响的条约和协定。在马尼拉召开的东盟50周年峰会已经认真研究了各国在交通、电力、电信等基础设施方面的差距,为弥合这种差距需要大量的投资。麦肯锡全球研究院2017年报告证实,东盟地区每年需要在基础设施方面投资750亿美元,才能赶上并保持经济的快速增长。

除此之外,还有通过仲裁解决跨境商事纠纷。2016年东盟法律协会制定了统一的《东盟内部执行仲裁裁决的最佳行为指南》,该指南建议,一国迅速承认经过认证的国外仲裁裁决。东盟法律高官会正在审议该提案。我认为仲裁是有帮助的,虽然中国驻菲律宾大使赵鉴华及其前任马克卿大使向我提出的外交立场是,中国倾向于与包括菲律宾在内的东盟各国进行单独的双边协商。我也同意不诉诸全面的仲裁,双边协商可以在友好邻国之间运用"弹性但有效"的合作与让步。我认为,在任何时候采取这些举措都必须妥善处理东盟国家之间的多边协议,因为它们之间不一定存在政策矛盾。

最后,我相信中国的"一带一路"倡议将改变全球的游戏规则,这一倡议自2013年9月提出以来已取得了长足发展。随后就"一带一路"倡议的全部内容及其运作方式展开了各种讨论和推测。在我看来,此次论坛的举办将有助于消除许多国家对以下风险的担忧:(1)商业和运营的可行性;(2)大型基础设施项目的债务风险;(3)甚至是关于中国利用资源准入获取战略利益的怀疑。我相信,"一带一路"倡议前所未有的规模和潜力将给东盟国家带来巨大的前景,与此相比,所有这些担忧都将显得苍白无力。"一

带一路”倡议的成功无疑将影响中国和所有参与国，对经济、政治和社会文化发展产生有利影响。这些也是2007年东盟宪章中所说的成功的三大支柱。

再次向共同主办本次论坛的中国外交部和中国法学会，以及参与论坛的著名研究机构表示热烈的祝贺！

谢谢！非常感谢贵方的热情款待和支持！

斯坦福大学法学院中国指导性案例项目创办人、总监
熊美英

# 促进"一带一路"法律交流与合作：斯坦福法学院中国指导性案例项目如何做出贡献

（2018年7月3日，中国北京）

2011年2月，在中国最高人民法院（以下简称最高法）建立了案例指导制度后仅几个月，我创立了中国指导性案例项目（CGCP），提升对中国法律的理解，并且帮助中国建立一个更透明、更负责的司法制度。案例指导制度是具有开创性的制度。最高法把中国各级人民法院的案例经过筛选、提炼成为具有事实上的约束力的指导性案例，以指导以后类似案件的审判工作，确保法律适用的统一性。

随后的发展表明，最高法根据案例指导制度所发布的重要案例还包括"一带一路"典型案例。这些案例展示了中国法院如何审判与"一带一路"倡议有关的法律问题。[①] 鉴于"一带一路"典型案例和"一带一路"倡议本身的重要性日益增强，CGCP于2016年11月推出"一带一路"系列，促进

① See Mei Gechlik, Chenchen Zhang, Li Huang, "China's Case Guidance System: Application and Lessons Learned (Part I)", Stanford Law School China Guiding Cases Project, Guiding Cases *Survey*TM, Issue No. 3, Mar. 1, 2018, http://cgc.law.stanford.edu/guiding-cases-surveys.

“一带一路”法律交流与合作，方式包括：

(1)让世界各地的专家和其他利益相关者共同参与建立与“一带一路”倡议相关的、独一无二的知识库；

(2)为法律工作者开展能力建设活动，寻找在“一带一路”倡议实施过程中遇到的法律问题的解决方案；

(3)通过CGCP社交媒体渠道、网站和移动平台等强大网络，促进公众教育和参与。

接下来，我将谈谈以上三项活动的实施情况、取得的成果和吸取的经验教训。由此，希望能让其他有心人士从中了解他们如何为促进“一带一路”法律交流与合作做出贡献。

1. 三项活动

(1)知识库

CGCP的综合知识库是通过该项目的网站(https://cgc.law.stanford.edu/)免费提供给世界各地的用户。知识库包括以下两个目录以及其他产品：

· “一带一路”案例™(https://cgc.law.stanford.edu/zh-hans/belt-and-road/b-and-r-cases)。此目录包括最高法发布的与“一带一路”倡议相关的所有典型案例和CGCP对大多数案例的高质量英文译文。

· “一带一路”文本™(https://cgc.law.stanford.edu/zh-hans/belt-and-road/b-and-r-texts)。此目录收录了超过110份由中国和“一带一路”参与国所签署的法律合作和投资协议。为丰富这一目录内容，让全球研究人员、法律工作者和企业从中受益，我们欢迎有心人士提供这类协议的官方版本。

上述目录的建立恰恰呼应了“一带一路”法治合作国际论坛共同主席提出的两项措施。在论坛结束时以中英文发表的正式声明中，论坛共同主席鼓励“一带一路”参与方通过不同的措施来深化该倡议的法律交流，其中包括：

· 加强法律信息和实践交流机制建设，探索建立外国法查明在线共享平台和司法案例交流平台等；

· 积极建设条约数据库，为公众查阅相关国家缔结和参加的双多边条约提供便利。

CGCP 建立与"一带一路"倡议相关的知识库所作出的另一项努力就是在项目的双语期刊《中国法律连接》(以下简称《中法连》)出版有关"一带一路"倡议的文章。3 篇具代表性的文章包括:

· 由 CGCP 执行编辑英珍妮女士撰写的一篇题为《〈中国法律连接〉与一带一路国家™》的介绍性文章。② 在文中,英女士先指出中国官方没有对参与"一带一路"倡议的国家作出具体统计。随后,她说明了 CGCP 如何认定 101 个涉及该倡议的国家,以及 CGCP 计划如何深化对这一全球倡议的认识。

· 两篇由 2017 年中国案例见解™写作比赛的获胜者撰写的文章。一篇分析了最高法如何在"一带一路"典型案例 13 中,开明地解读承认和执行外国判决中的互惠原则。③ 另一篇通过观察最高法在发布"一带一路"典型案例 12 前后的一些行为,作者得出的结论是最高法在该案中对"涉外民事关系"一词的从宽解释(导致涉及自由贸易区内的中国法人的外国仲裁裁决执行数量前所未有的增加)是作为发展健全的 "一带一路"争端解决机制这一更为庞大计划的一部分。④

"一带一路"倡议的成功最终取决于中国法律制度的健全发展。因此,《中法连》也探讨一些目前看来或许和"一带一路"倡议没有直接关系,但在未来可能会逐渐延伸出相关性的中国法律议题。有两篇《中法连》文章是属于上述范畴的:

· 由最高法研究室副主任郭锋法官撰写的一篇题为《关于最高法指导性案例的适用问题》的评论,揭示了中国各级法院共有多少案件参照适用

---

② Jennifer Ingram, "China Law Connect and Belt & Road Countries™", 1 China Law Connect 75 (June 2018), also available at Stanford Law School China Guiding Cases Project, CLC Spotlight™, June 2018, http://cgc. law. stanford. edu/clc-spotlight/clc-1-201806-bandr-1-jennifer-ingram.

③ Alison Lu Xu, "Belt & Road Typical Case 13: Towards a Liberal Interpretation of the Reciprocity Principle for Recognition and Enforcement of Foreign Judgments", 1 China Law Connect 26 (June 2018), also available at Stanford Law School China Guiding Cases Project, China Cases Insighs Ots™, June 2018, http://cgc. law. stanford. edu/commentaries/clc – 1 – 201806 – insights – 3 – alison – xu.

④ Tereza Gao, Edison Li, "Through Siemens v. Golden Landmark, China Reforms Arbitration for Free Trade Zones in Order to Prepare for 'Belt & Road'", 1 China Law Connect 48 (June 2018), also available at Stanford Law School China Guiding Cases Project, China Cases Insights™, June 2018, http://cgc. law. stanford. edu/commentaries/clc – 1 – 201806 – insights – 5 – gao – li.

了指导性案例，并且解释了法官可以不参照指导性案例作出裁判的两种情况。⑤ 郭法官探讨的内容对中国案例指导制度作出阐明，而“一带一路”典型案例正是该制度的组成部分之一。如果一些“一带一路”典型案例被发布为指导性案例，从而在事实上对处理类似案件的法官具有约束力，郭法官的讨论将对这些与“一带一路”倡议相关的指导性案例提供重要见解。

·《中法连》的专家连接™系列，专供中外专家就某些具有深远意义的法律问题发表观点，让世界各地的法律工作者、商业人士和学生能从中受益。即将发表于2018年9月号的一篇文章中，中外专家会探讨美国联邦最高法院就动物科学产品公司诉河北维尔康制药有限公司案（No. 16－1220，美国联邦最高法院2018年6月14日）作出的判决的意义。该案的主要问题是外国政府对本国法律的解释应该得到尊重的程度。美国联邦最高法院的法官一致同意撤销第二巡回上诉法院的判决，并将该案发回重审。他们认为，联邦法院应对外国政府所提交的声明给予“尊重性的考虑”，但根据《联邦民事诉讼规则》第44.1条的规定，法院不一定要赋予外国政府的声明决定性效力，相反法院可考虑与确定有争议的外国法律相关的任何材料或信息来源。

尽管该案为涉及价格和数量的垄断案件，但美国联邦最高法院的裁决有可能对跨境法律实践产生广泛的影响，而且可能导致其他“一带一路”参与国的法院运用类似的方法解决与中国法律相关的问题。

（2）能力建设活动

为帮助法律工作者解决在“一带一路”倡议实施过程中遇到的法律问题，CGCP组织和参与了多项活动。

迄今为止，最重要的活动是于2018年3月30日在北京大学斯坦福中心举行的名为中国案例指导制度和“一带一路”倡议：实务见解与前景的大型会议（https://cgc.law.stanford.edu/zh-hans/event/20180330-conference-in-beijing）。会议内容包括，律师在国际知名的法官面前对一起模拟案件的口头辩论和涵盖商业法和知识产权法等重要法律领域的座谈讨论。一整天的会议旨在为优秀的中外法律专家提供重要平台，分享他们对最高法

---

⑤ Judge Guo Feng, “On the Issue of the Application of the Supreme Court's Guiding Cases”, 1 China Law Connect 19 (June 2018), also available at Stanford Law School China Guiding Cases Project, June 2018, http://cgc.law.stanford.edu/commentaries/clc－1－201806－23－guo－feng.

发布的中国指导性案例和其他重要案例(例如,“一带一路”典型案例)的见解,并探讨案例的前景。

与会人员包括来自中国各地的法官、律师、学者和学生,以及2017年中国案例见解™写作比赛获胜者和入围者等,共160余人。演讲人包括威廉·A. 弗莱彻法官(美国联邦第九巡回上诉法院法官)、饭村敏明法官(日本知识产权高等法院前首席法官)、戴安·P. 伍德法官(美国联邦第七巡回上诉法院首席法官)、郭锋法官(最高法研究室副主任)和宿迟先生(北京知识产权法院原院长)等优秀的专家。一本关于该会议的图书将于2018年年底出版。

“一带一路”法治合作国际论坛结束后,我马上又将于7月5日到欧盟商会发表演讲,讨论中国建立国际商事法庭等议题。

此外,我将在7月6日和20多位中国大湾区的法官和其他法律专家会谈,为将于2019年举行的大型会议的组织做准备。这次会议是建立在2018年3月CGCP会议成功召开的基础上的。大湾区是“一带一路”倡议下的重要地区,因为它可以作为中国雄心勃勃的经济计划如何在不同法律体系共存的环境下成功实施的例子。大湾区由香港特别行政区(普通法系,深受英国法律体系的影响)、澳门特别行政区(大陆法系,以葡萄牙法典为基础)和中国南部的其他9个城市(成文法系,辅之以不断发展的案例指导制度,CGCP的深入研究显示,该制度不仅涵盖了指导性案例,还涵盖了“一带一路”典型案例和最高法授权具有指导作用的其他案例)组成。

(3)公众教育和参与

2017年中国案例见解™写作比赛征集到的作品数量和质量印证了该比赛作为公众教育和参与方式的重要性。为延续本次成功,CGCP正组织2018中国案例见解™写作比赛。我们诚邀国内外的学生和专业人士,包括法官、律师、学者和其他专家们参与。参赛者要提交一篇简明扼要的原创文章,分析近期与中国相关的重要案例(例如,96个指导性案例和18个“一带一路”典型案例中的任何一个),并讨论该案例对中国和国际法律界和商业界的重要性。优秀作品的作者将有机会获得CGCP资深编辑团队的意见反馈,并且作品将在《中法连》的中国案例见解™上发表。

世界已经改变,人们在网上的联系越来越紧密。通过社交媒体渠道、网站和名为CGCP课堂™的移动平台等强大的网络,CGCP以简短有趣的视频介绍指导性案例、与“一带一路”倡议相关的案例和其他如优秀专家访谈等专题，推动公众教育和参与。其中有 3 个特别好的视频：

· 第 3 课（https://cgc. law. stanford. edu/zh-hans/cgcp-classroom-lesson-3）介绍了“一带一路”典型案例 13 的案情和重要性。

· 第 4 课（https://cgc. law. stanford. edu/zh-hans/cgcp-classroom-lesson-4）是《CGCP 专访：William A. Fletcher 法官》。在专访中，美国联邦第九巡回上诉法院威廉 · A. 弗莱彻法官解释了为何在近期众多的中国法律改革中，他“最感兴趣的是中国案例指导制度的发展”。此外，弗莱彻法官也对自己被推翻的判决发表了看法。

· 第 5 课（https://cgc. law. stanford. edu/zh-hans/cgcp-classroom-lesson-5）是《CGCP 专访：胡震远博士》。在这专访中，方达律师事务所合伙人、上海市第一中级人民法院知识产权审判庭和金融审判庭前副庭长胡震远博士回顾了他早期参与建立中国案例指导制度的经历。他也提出了三项改革措施以改善该制度。

这些视频都会引导访问者阅读《中法连》出版的相关分析全文和讨论。⑥

2. 成果和经验教训

上述活动取得的两大重要成果使 CGCP 的工作获得了广泛认可，并且 CGCP 的关注人数大幅增加。比如，在过去两年中，CGCP 网站的访问量从 5000 提高到超过 75,000，增长了 15 倍。目前我们在领英上的关注人数将近 27,000。

从这些活动的开展和所取得的成果中，CGCP 吸取了三个经验教训。首先，司法案例非常重要。司法案例揭示了司法实践和司法文化，有助于为各方当事人，包括与“一带一路”倡议有关的外国当事人，注入信心。其次，“一带一路”典型案例固然重要，但是指导性案例更重要。因为只有指

---

⑥ Alison Lu Xu, “supra note 3”; Jordan Corrente Beck, “CGCP Interview: Judge William A. Fletcher”, 1 China Law Connect 57 (June 2018), also available at Stanford Law School China Guiding Cases Project, CLC Spotlight™, June 2018, http://cgc. law. stanford. edu/clc-spotlight/clc-1-201806-interview-1-jordan-corrente-beck; and Ke James Yuan, “CGCP Interview: Dr. HU Zhenyuan”, 1 China Law Connect 67 (June 2018), also available at Stanford Law School China Guiding Cases Project, CLC Spotlight™, June 2018, http://cgc. law. stanford. edu/clc-spotlight/clc-1-201806-interview-2-ke-yuan.

导性案例才对以后的类似案件有事实上的约束力，从而可以为提高中国法律体系的一致性和可预测性做出重大贡献。一个一致性和可预测性更强的中国法律制度有利于“一带一路”倡议的成功。因此，我强烈建议最高法尽快发布与“一带一路”倡议相关的指导性案例。

最后，也是最重要的一点，人是最重要的。CGCP之所以可以取得目前傲人的进步，离不开我们50位顾问的支持和指导，以及将近200名兢兢业业成员的协助。这50位顾问是来自中美两国的法官和其他法律专家。我们的团队成员主要是来自世界各地的法学院学生、年轻律师和专业翻译。我们携手做出贡献，带来影响，并且相信我们的成功可以启发他人探索他们在“一带一路”法律交流与合作中可以发挥的作用。

---

熊美英博士是斯坦福法学院中国指导性案例项目（CGCP）的创办人与总监。曾于香港特别行政区任终身教授的熊美英博士于2011年2月创立CGCP。CGCP已迅速成为指导性案例（具有事实上的约束力的案例）的优质翻译和分析的重要来源（https://cgc.law.stanford.edu）。2016年11月，CGCP开发了“一带一路”系列，率先分析“一带一路”典型案例的重要性及其在中国案例制度发展中扮演的角色。CGCP亦受邀在世界银行、开放政府伙伴关系全球峰会和中美法律交流会议等各个知名论坛上发表演讲，也曾组织中外法官和其他专家参与的盛会。

在2007年加入斯坦福法学院讲授有关中国法律和商业的课程之前，熊美英博士于2001~2005年担任华盛顿智囊机构卡内基国际和平基金会的研究员。她曾向美国国会就有关中国的各种问题作证并就法治推广计划向联合国和中国政府提供建议。熊博士在英格兰、威尔士和香港特别行政区均有大律师执照，同时也拥有纽约和哥伦比亚特区的律师资格。她获得宾夕法尼亚大学沃顿商学院金融学工商管理硕士学位（M. B. A.）和斯坦福法学院法学博士学位（J. S. D.）。

亚洲太平洋法律协会候任会长、
韩国广场律师事务所合伙人
崔正焕

# “一带一路”倡议下的法律协调与亚洲太平洋法律协会

（2018 年 7 月 3 日，中国北京）

大家好！我是崔正焕，亚洲太平洋法律协会（LawAsia，以下简称亚太法律协会）候任会长，同时也是韩国广场律师事务所（Lee & Ko）合伙人。今天，我想跟大家讨论的主题是“一带一路”倡议下的法律合作与亚洲太平洋法律协会。

首先，我想问大家一个问题，什么是法律合作？所谓法律合作，是通过协调不同的法律体系及其文化背景，来缩小甚至是消除两个法律体系之间的差异。由于各国权力结构、行政体系和法律体系大相径庭，而谈判程序和争议解决程序也存在较大差异，所以法律合作对于涉及多个司法管辖权的项目而言至关重要。因此，法律合作致力于将稳定的体系确立为具体程序。

其次，法律合作是如何实现的呢？这也是我接下来想要跟大家讨论的话题。我们可以通过采取诸多措施来实现法律合作，比如，确立全方位的长期战略、促使地区和地方当局树立责任意识以监督跨境合作的落实、将社会伙伴和公民纳入具有约束力的合作形式、由合作双方共同做出具有约束力的决定并付诸实施,向地方和(或)地区合作机构分配任务或责任、针对不同合作形式在每个地区的不同需求量身定制可行的解决方案、在信息提供和经验交流之外进行延伸以促进文化以及法律体系的融合。

再次,我想就法律合作的流程与大家进行交流。第一,解决跨境问题不能仅基于个别情况,而需放眼全局,并且必须重点关注一般普遍的情况。第二,需要为跨境关系搭建平台。第三,地方政府的不同组织和权力之间应当保持平衡。第四,应当制定法律合作战略。第五,公民、机构以及社会伙伴需积极参与跨境计划、跨境项目和决策过程。第六,应在国家层面上实施跨境决策。

最后,应当尽力避免管辖能力和结构性权力之间发生冲突。

“一带一路”倡议需要一个实现该倡议下法律合作的平台。若希望“一带一路”倡议下的跨境问题能顺利展开、得到积极讨论并最终敲定解决方案,则必须建立上述平台。为了建立法律协调的决策、实施以及评估流程,现有两种方案可供选择:搭建全新平台或者利用已有的平台。当然,利用已有平台无疑会更加高效、可行,而且亚太法律协会愿成为在“一带一路”倡议下开展法律合作的平台之一。

亚太法律协会是一个涵盖律师、法官、法学家以及法律组织的区域性协会,我们致力于维护亚太地区法律界的利益和关切。亚太法律协会的管理机构是亚太法律协会理事会,其成员均来自联合国亚太经社会区域内的各大顶尖法律机构。因此,其政策和议程将由整个亚太法律界所制定,目的是直接解决整个亚太法律界所面临的问题。除其理事会所代表的机构外,亚太法律协会还拥有来自 40 多个国家和地区的个人、组织、律师事务所和企业成员。

作为来自40多个国家和地区的律师以及顶尖法律组织的代表,亚太法律协会的联合行动旨在鼓励并促进整个区域内的法律协会、法官、律师和其他法律界人士在各个层面上展开互动交流,为亚太法律界的利益发声,推动法治建设、对人权的尊重以及高标准的法律实践,并且致力于在所有国家和地区开展高质量的跨境法律教育,而无论其资源或发展程度如何,以提升整个地区的法律实践水平。我们也致力于推动可加强区域联系的商业法律项目。

亚太法律协会的宗旨是加强亚太地区法律协会、律师、私营企业与政府代表之间的业务与商业联系。在亚太地区不同的政治、社会、文化和经济背景下开展活动时，亚太法律协会受到了诸多目标的指引，包括：促进本地区对司法的管理、对人权的保护以及对法治的维护；通过一切切实可行的办法提升本地区法律教育水平；鼓励其成员就一般和专业法律领域的问题进行沟通与联络；促进各成员法律实践的发展并提升其在区域内的业务和商业联系；促进区域内各国法律知识的传播；促进区域内法律的发展；全面推动法学研究并促进国际法与比较法的研究和发展；促进本地区在某些法律领域的一致性；进一步增进国际谅解与友好交流；协助拥有上述相同或类似目标的国际组织、区域性组织和其他组织并与之进行合作；促进本地区律师、律师协会和律师组织之间的关系和交流；维护和提升本地区法律职业的地位。

另外，亚太法律协会每年还召开大量法学会议、研讨会和专题会，可为专业发展、区域关系建设以及法律知识和洞见的交流提供大力支持。同时，亚太法律协会也敞开怀抱欢迎更多种类的法律专业，它们涵盖一般法律领域和专业法律领域，如家庭法、儿童权益、劳工法、知识产权以及人权。年会是亚太法律协会最重要的活动，也是其各种专业活动中的重头戏。年会是为整个亚太地区的律师界领袖、法学家、专业组织和律师们举办的盛会，旨在促进对本地区法律发展的探讨，议题包括司法实践、法律教育、跨境业务和投资法以及争议解决等。

2017年，亚太法律协会成立了"一带一路"常务委员会，由来自中国的尹宝虎和来自马来西亚的Jeff Leong担任该委员会的联合主席。"一带一路"常务委员会的职责包括：在亚太法律协会年会上就"一带一路"倡议进行阐述、组织亚太地区的法律专家召开"一带一路"倡议特别会议、研究"一带一路"沿线国家的法律协调并针对"一带一路"倡议下的法律合作发布专题报告。

# 闭幕式

柬埔寨王国司法大臣
昂翁·瓦塔纳

# 在“一带一路”法治合作国际论坛闭幕式上的致辞

（2018 年 7 月 3 日，中国北京）

论坛共同主席、中国外交部副部长孔铉佑阁下，
各位阁下，女士们、先生们：

本次论坛的主题是“规则，协调与法律合作”，这一主题是经过精心挑选且符合时宜的。我们都知道，虽然“一带一路”倡议提出的时间不长，但却获得了 100 多个国家和国际组织的大力支持和响应。大家普遍认识到，在促进可持续发展、推进以市场为导向的产业转型和促进经济多样化方面，“一带一路”倡议肯定会给国际合作格局带来显著的变化。

我想起在保护主义和反全球化情绪开始初现端倪时，为了寻求共同发展和合作共赢，习近平主席在 2013 年秋天提出了“一带一路”倡议。事实上，在令人担忧的全球政治风潮变化下，习主席在 2017 年达沃斯世界经济论坛以及最近的 2018 年博鳌亚洲论坛讲话中都明确表示会全力支持全球化，支持开放经济，支持自由、包容性贸易并且反对一切形式的保护主义，我支持他的这种说法。

各位阁下，女士们、先生们：

当今世界，互联互通日益加强，来自全球各个角落的企业正在互相建立联系和新的关系。不管是通过大规模的基础设施建设项目、运输还是经济走廊、融资、制造和信息技术，很明显“一带一路”倡议正在提供支柱性基础设施来支持这种互联互通。我可以看到企业、贸易和投资领域存在的巨大机遇。

所有的投资和贸易项目都存在法律风险，各方之间难免会有争议，这些都是实现“一带一路”倡议经济效益的真正挑战。“一带一路”倡议涵盖亚洲、欧洲和非洲多国。毫无疑问，这些国家在经济政策、法律体系、金融体系和投资环境等许多方面都存在相同和不同之处。因此，我们需要对这些政策和市场风险进行管理。单纯从效率的角度来看，如果我们能够将“一带一路”沿线诸多国家的法律和监管异质性转变为某种形式的法律和监管同质性，那就非常理想了。这将消除这些跨境项目的一些严重法律障碍。

各位阁下，女士们、先生们：

下面请允许我强调一下关于国际法治合作值得考虑的几个方面。

在政策层面，我认为合作的规模和深度需要我们所有人在建立共同的规范关系方面做出实质性承诺。也许从长远来看，我们可以建立某种形式的法律协调，但在短期内，我们可以设想一个关于法治合作的初步方案，以便降低商业成本和风险，提高整体透明度并且推动制定更高的公司治理标准。政策上的重要目标是消除障碍，建设更加可预测的、稳定和公平的法律环境，使企业能在这样的环境中顺畅运营。

在制度层面，司法和法治合作是这一国际伙伴关系的一个重要方面，而这种合作对稳定我们的经贸关系至关重要。我们必须认真投资，在整个“一带一路”沿线建立“姐妹”机构网络。我认为，我们应该支持建立区域法律中心，重点关注区域问题并考虑和尊重不同国家的法律体系。这些机构可以为“一带一路”项目提供专业的法律服务，如项目融资和法律风险管理，可以有效地解决投资者面临的问题和风险。各国律师协会和法学会等监管机构应当建立联盟，以便加强在跨境争议解决方面的合作。

在公司层面，鉴于商业和投资活动可能会更加活跃，对包括仲裁和调解在内的纠纷解决服务的需求必然会迅速增加。因为存在许多不同的司法管辖区、法律文化和地缘经济利益，将仲裁作为纠纷解决机制的手段或许是“一带一路”沿线国家唯一的共同选择。在确保各类国际商业纠纷能在稳定和可预测的框架内得到解决方面，国际仲裁将成为最佳和最可行的选择。

在能力建设层面，仲裁机构和本地仲裁员的素质极为重要。有必要提高律师在涉外纠纷中提供法律服务的水平，从而加强法治合作。应该让更多的律师、仲裁员、调解员和法律专家和相关人员到不同国家和国际机构接受培训。对于学界来说，我们应当探讨“一带一路”倡议成功路上潜在的挑战，这些挑战是由各国法律差异以及各国法律与国际私法之间的交叉所引起的。对国际私法和国际贸易政策感兴趣的研究人员、学者、政策制定者和法学院学生们应该会对这个题目有极大的兴趣。我们应当鼓励学者和专家们共同努力，为“一带一路”项目制定贸易和投资纠纷解决指南。

不可否认，法治合作是“一带一路”发展的重要支柱。通过充分利用法治协作与合作，我们可以确保投资和融资的可持续性，真正实现“一带一路”沿线各国共同增长的目标。

我想借今天的机会向论坛阐明柬埔寨王国与中华人民共和国之间长期存在的友好合作关系，在几乎所有领域合作的基础上，两国在法律、商业和经济方面都取得了诸多成功。

此外，在法律合作方面，目前柬埔寨王国司法部与中国法学会、中华人民共和国司法部和西南政法大学中国—东盟法律研究中心签署了谅解备忘录，以维护和加强法治和司法合作，包括人力资源开发，以及审查法律方面需要加强的要点等。

最后，我想借此机会真诚地感谢本论坛的组织者，尤其是孔铉佑阁下的盛情相邀，使我有幸能在这个重要的论坛上发表演讲。还要祝贺这次会议取得了圆满成功，真诚希望我们有机会再次举行这样的会议。

感谢各位的聆听！

白俄罗斯总统办公厅副主任
瓦列里·米茨克维奇

# 在“一带一路”法治合作国际论坛闭幕式上的致辞

（2018年7月3日，中国北京）

尊敬的各位来宾，女士们、先生们：

我代表白俄罗斯共和国总统办公室和白俄罗斯律师联盟，向这次论坛的主办方表示诚挚的谢意，这是一场盛大的、建设性的法律对话。

人们会聚一堂，为一个目标而团结起来——在“一带一路”倡议框架下发展法治合作。如今，因为新丝绸之路这一理念，我们看到了国家间的关系正如何变化，以及改善决策和争端解决机制的必要性是如何凸显出来的。论坛参会者对国外同事所分享的经验表现出浓厚的兴趣，也印证了这一盛会的重要意义。

孔子曾说：“己欲达而达人。”这一思想正反映了“一带一路”倡议的精髓，该倡议是由尊敬的中华人民共和国主席习近平先生所提出的，各参与国都在坚持落实这项倡议。

白俄罗斯充分支持这一倡议，密切关注倡议的落实。与之相关的决策都是由各国最高领导人作出的。

因此，白俄罗斯国家元首签署了一份特别项目文件——5 号方针，系统规定了与中国合作时遵循的基本原则和指导方针。

中国—白俄罗斯工业园“巨石”已经建成，这里有对从事商业活动最有利的法律制度。现在在这一制度框架下，已有若干重要的投资项目落地。

我们也在法律领域开展合作。在差异最大的一些领域，两国缔结了 80 多个协定。前几天，白俄罗斯议会批准了与中国互免签证的协议。该协议将鼓励两国公民的商务、旅游以及私人出行，同时促进法律和文化交流。

由此，白俄罗斯已经为“一带一路”倡议的实施建立了坚实的法律基础。但是我们不能满足于已取得的成就。我们一直视中国为重要的战略伙伴之一，希望双方在各个领域，包括法律领域进一步开展和深化合作。

白俄罗斯一直极为重视完善立法的相关事宜。在准备和通过法案时，我们主要考虑以下三点：

第一，要使立法不仅对律师，还要对于普通人来说简单、合理、易懂。这点十分重要，因为法律就是为普通人所写的，因此，法律必须基于一般的常识。

第二，法律应该是灵活的，使其能迅速适应不断变化的社会关系和重要的世界发展进程及趋势。

第三，要确保立法的精简，避免规范性法律文件的过度增加。

我们还在不断努力，在规范制定领域使我们的法律与现代国际标准相统一。

我们已经形成了一个协调、多层次、均衡、精简的立法体制。我们的立法也受到世界各地专家们的广泛赞誉。

比如，白俄罗斯已为打击腐败建立起全面的、符合各项国际标准的法律依据。正因如此，白俄罗斯执法人员能够有效发现并打击腐败行为。

我们通过了一系列重要的立法措施，以精简国家机关并拓宽国家机关和人民沟通的渠道。

国家和社会之间的有效互动形成于法案的发展及向大众普及和实际应用的过程中。因此，所有已通过的法案都会被官方发布在国家法律门户网站，使每个人都能了解这些法案。

为了使公民能讨论法案并各抒己见，我们建立起了一种特别的电子资源——法律论坛。这些互联网板块在白俄罗斯社会需求极大（白俄罗斯有

1000 万人口,而论坛浏览量高达每年 2400 万次)。

信息化领域的发展也达到了一个全新高度。白俄罗斯是世界上首批为数字经济发展立法的国家之一。我们已将加密货币合法化,像“区块链技术”和“智能合约”这样的技术也已引入法律领域。

去年,白俄罗斯国家元首签署了一系列旨在培育企业家精神、鼓励公众参与商业活动和改善营商环境的关键决策。

我们还进行了律师、公证、司法及执法系统的重要改革。

如今,每一个白俄罗斯人都知道,要想成功,就要不断进步、发展国际关系、采用国外的先进做法。

在这方面,专业的法律协会提供了宝贵的帮助。全世界的律师都讲同一种语言——法律语言。通过在公共场所进行自由对话和意见交流,人们可以在一个轻松的环境里讨论当前的法律问题,就法律规范发表意见,这些探讨应当充分考虑我们的特殊国情、传统和社会基础。

我们看到了法学会在中国的重要作用。

白俄罗斯也建立了一个类似的结构——白俄罗斯律师联盟,它也像中国法学会一样,在解决法律和其他国家事务方面发挥了重要的作用。

我们要让这些专业法律机构开展合作。

对我们来说,交流的大门永远敞开,我们随时准备好为各个领域提供专家支持,交流经验。

我希望这一盛会将为法律关系的进一步发展注入动力,也会成为创新性的解决方案和重大项目的基石,促进国家间的共识。

祝愿各位来宾能在各自的专业领域取得成功,祝愿他们的国家永远繁荣昌盛。

谢谢大家!

新加坡律政部副常务秘书
韩国元

# 在"一带一路"法治合作国际论坛闭幕式上的致辞

（2018年7月3日，中国北京）

尊敬的柬埔寨司法大臣昂翁·瓦塔纳先生，
白俄罗斯总统办公室副主任瓦列里·米茨克维奇先生，
中国外交部副部长孔铉佑先生，
中国法学会常务副会长陈冀平先生，
各位政府领导、各位来宾，女士们、先生们、朋友们：

大家早上好。

我很高兴能与大家在北京相聚一堂，一同参加"一带一路"法治合作国际论坛。此论坛汇集各国政要和法律专家，在这非常时期，共同商讨"一带一路"建设，意义重大。我非常感谢中国外交部和中国法学会的邀请和热情款待，并对此次论坛的成功举办表示衷心的祝贺。

这两天，我认真聆听了每一个演讲，每一个讨论，收获非常大。我想借此机会与大家分享我的六点感想。

第一，经济全球化推动发展，人民的福祉得以提高。贸易战一旦爆发，将削弱为全球带来繁荣、以规则为基础的多边贸易体系。各国发展环环相扣，一损俱损。没有国家能在贸易战中独善其身，国家无论大小，都会受到伤害。在这关键时期，我们团结一致，抵抗保护主义、共同维护多边贸易体系，尤其重要。

第二，发展必须是包容的、互利的，才是可持续的。包容、互利、可持续的经济增长需要法律发展来支撑。法治建设提供一个透明、稳定的经商环境，确保合约得以执行、商事争端得以公平、高效解决，投资有所保障。这是推动贸易与投资的基本要素。对外开放，需要相对的法治建设，让本土企业有信心走出去，让外企有信心迈进来。

第三，“一带一路”倡议的提出旨在推进互联互通，加强贸易与投资联系，实现共同繁荣，在思想上、在实践中，是抵抗保护主义和孤立主义的一股力量。“一带一路”建设在过去5年促进各国政府和企业合作，推动贸易、投资与发展。要制衡保护主义和孤立主义，我们可以同心协力，使“一带一路”建设在未来5年取得更大的进展。

第四，“一带一路”倡议要取得进一步发展，将得益于一套清晰、明确的法律框架，减少不确定因素，促进各参与方之间的互信，并在商事争端发生时，让各方顺利解决争端。“一带一路”项目涉及跨境、高额、长期投资，商事争端有时在所难免。纠纷发生时，没必要指指点点、说三道四、争执不休。各方需要的是能公平、高效的解决争端，快刀斩乱麻。要么继续合作，要么另辟蹊径，不要拖拖拉拉。在商言商，我们都不希望看到商事纠纷影响双边关系和“一带一路”倡议的发展。

第五，要让争端解决机制达到成效，规章制度必须专业、公平、透明；实施规章制度的机构必须中立，具有国际公信力，才能被各方接受与信赖。我们的最终目标不是仅限于为某些企业解决某些争端，而是要构建一套有助于“一带一路”长远发展的争端解决机制。这套机制要让大家放心，让投资者有信心，才有助于“一带一路”倡议的发展。

第六，新加坡可以与中国和其他国家共同构建一套能推动“一带一路”发展的争端解决机制。中国和新加坡是老朋友。中国在新加坡的投资占中国对“一带一路”沿线国家投资总额的1/3；新加坡对华投资则占“一带一路”沿线国家对华投资总额的85%。去年9月和今年4月，中国国家主席习近平与新加坡总理李显龙会面时，将法律和司法合作列为两国合作的新领域。新加坡在法律服务，包括争端解决服务方面有一些经验可以与大家分享。新加坡拥有一套完善的争端解决机制,涵盖了仲裁、调解和诉讼多元解决途径。新加坡国际仲裁中心、新加坡国际调解中心和新加坡国际商事法庭都受理了多起高额、跨境商事纠纷。绝大多数使用这三所机构服务的都不是新加坡企业,和新加坡并没有任何商业关系,选择这些机构是因为它们中立、可靠。

最后,我对中国外交部和中国法学会的邀请和热情款待再次表示感谢,也祝贺此次论坛成功举办。我在这里交到了新朋友。希望我们保持联系,继续合作,共同推进"一带一路"倡议的发展,支持全球贸易与投资。

谢谢。

论坛共同主席、中华人民共和国外交部副部长
孔铉佑

# 在"一带一路"法治合作国际论坛闭幕式上的致辞

（2018年7月3日，中国北京）

各位同事，各位朋友：

一天半的时间转瞬即逝。我们围绕论坛主题和四项分议题，讨论了"一带一路"法治合作涉及的一系列问题，既有理念的相互启迪，也有主张的相互印证，还有观点的激荡碰撞。大家分享实践经验和合作体会，展望未来愿景和努力方向，提出了很好的意见和建议。相信大家都有所收获。作为论坛共同主席之一，我想同各位分享对本次论坛的几点突出感受：

一是凝聚了更多共识。大家积极评价"一带一路"建设取得的巨大进展，一致认为加强法治合作对推进"一带一路"建设具有重要意义，希望能够继续加强交流，开展合作，促进协调，共同为"一带一路"行稳致远、走深走实贡献力量。在论坛的整个筹办过程中，我们已充分感受到各方为"一带一路"法治合作积极献计献策的良好意愿。

二是交到了更多朋友。志合者，不以山海为远。论坛汇集了几十个国家和国际组织的官员以及专家学者，为大家提供了可以面对面交流的平台，让大家进一步加强相互认知、相互了解、相互信任，有助于构建一个更加紧密的伙伴关系网络，形成聚焦“一带一路”法治合作的“朋友圈”。

三是明确了合作方向。大家认为，有必要继续秉承“共商、共建、共享”原则，合力将“一带一路”打造成开放、包容、透明的国际合作平台。为此，要在“一带一路”法律理论研究、构建“一带一路”规则体系、加强政府部门法治合作、积极预防和化解争端、开展非政府层面的多元化法治交流等方面加大努力。

论坛前期，我们认真梳理过去5年国内外各界对“一带一路”法治合作的意见建议，在此基础上，起草了论坛共同主席声明草案。声明以我和中国法学会陈冀平常务副会长的名义作出，一是客观总结论坛情况，二是希望尽可能体现各方共识。昨晚，我们就主席声明草案举行了非正式磋商，在考虑各方意见后定稿。下面我宣读一下声明：

“一带一路”法治合作国际论坛共同主席声明（全文见3页）

各位同事，各位朋友：

在正式宣布论坛结束之前，我想对大家表示诚挚的谢意，感谢你们在论坛筹备和举办期间给予中方的大力支持。

相逢总是美好而又短暂的，很快到了我们要说再见的时候，希望这次北京之行能给大家留下美好的印象，并祝大家回程旅途愉快。

最后，我宣布，“一带一路”法治合作国际论坛闭幕！

# 论坛共同主席
# 接受联合采访实录摘编

# 中华人民共和国外交部副部长孔铉佑和中国法学会常务副会长陈冀平就“一带一路”法治合作国际论坛接受媒体联合采访

7月2日至3日，“一带一路”法治合作国际论坛在京举行。3日上午，论坛共同主席、外交部副部长孔铉佑和中国法学会常务副会长陈冀平就论坛相关情况接受媒体联合采访。

**1. 新华社：本次论坛是首次以“一带一路”法治合作为主题举办的高规格论坛。您能否介绍一下中方主办本次论坛的考虑和目标？如何看待本次论坛的重要意义？**

孔铉佑：今年是“一带一路”倡议提出5周年。5年来，“一带一路”从规划走向实践，从愿景变为行动，进展和成果超出预期。以去年首届“一带一路”国际合作高峰论坛成功举办为标志，“一带一路”倡议进入全面实施新阶段。随着“一带一路”建设不断深入，除了继续加强基础设施等“硬联通”外，各方对政策、规则和标准“软联通”的需求也日益凸显。我们有必要搭建一个广泛参与的沟通交流平台，共同探讨“一带一路”法治合作相关问题，集思广益，凝聚共识，谋划合作，为“一带一路”建设提供更好的法律支撑。

在这样的背景下，中国外交部和中国法学会联合举办本次论坛，邀请来自40多个国家和10多个国际组织的350多名国际法律界代表参会，既有区域代表性，同时注重政府、国际组织、学术界、实务界等多方参与，实现多层次、多元化的交流。论坛提供了一个面对面交流的平台，让我们进一步增强相互了解、相互信任，有助于构建一个更加紧密的伙伴关系网络，形成聚焦“一带一路”法治合作的“朋友圈”。

此次论坛以“一带一路”法治合作为主题，探讨共同面临的法律问题，探索新的合作领域和合作模式，契合“一带一路”建设需要，同时通过加强国际法律界的交流，从法治合作的角度加深国际社会对“一带一路”建设的理解和认同。明年，中国将举办第二届“一带一路”国际合作高峰论坛，我们举办这次论坛，希望能在法治合作领域为明年高峰论坛积累成果。

**2. 人民日报：“一带一路”法治合作国际论坛在北京成功举办，各方参与热情很高。您认为本次论坛有哪些特点？取得了哪些成果？很多与会代表认为本次论坛是很好的“一带一路”法治合作国际平台，建议未来定期举办。请问对此是如何考虑的？**

陈冀平：本次论坛有以下几个特点：一是指导思想明确。我们坚持以习近平新时代中国特色社会主义外交思想和习近平总书记对“一带一路”倡议的重要论述为指导，坚持“共商、共建、共享”原则，为论坛的顺利举行提供了重要保障。二是规格层次较高。本次论坛是我国首次就“一带一路”法治合作举办的高规格论坛，由中国外交部和中国法学会共同举办，来自40多个国家和10多个国际组织的350余名官员及法律和实务界代表出席，包括了国家政界要员、国际知名专家学者、外国法学法律组织和国际组织负责人，参与广泛，权威性强。三是议题设计精心。我们在总结“一带一路”建设过程中法治保障方面有关问题的基础上，以“共建‘一带一路’：规则与协调”为主题，围绕“‘一带一路’理念与国际法治、‘一带一路’规则体系与条约法律保障、‘一带一路’与国际争端解决、‘一带一路’法律交流与合作”等议题开展务实研讨。四是论坛成果丰硕。论坛发表《“一带一路”法治合作国际论坛共同主席声明》，进一步明确了“一带一路”法治合作目标和原则，初步构建了“一带一路”法治合作伙伴网络，强调要加强“一带一路”建设促进国际法治、遵守和完善有关国际规则体系、积极预防和妥善解决有关争端、深化“一带一路”法治交流。同时，论坛也向“一带一路”沿线国家展示了中国全面依法治国、建设法治中国、坚持改革开放和积极参与国际法治建设的愿望，以及将“一带一路”建设成为和谐美好、公平正义、民主法治之路的决心。

论坛为沿线各国法学法律界提供了一个高层对话平台，得到了各方的高度评价。我们要以此次论坛为契机,推动建立多边联合工作机制,研究推进"一带一路"法治合作的整体规划和行动方案。要进一步健全论坛的活动机制,积极寻求与其他国际性、区域性法学法律组织的交流与合作,努力将论坛打造成推动"一带一路"建设全面持续发展的法律智库。

**3.中央电视台:"一带一路"倡议提出5年来,进展显著。就"一带一路"建设法治保障而言,我国在过去5年做了哪些工作,取得了哪些成果?未来法治保障工作重点有哪些?**

孔铉佑:法治保障是推进"一带一路"合作的一项非常重要的基础支撑。加强法治保障工作,有助于为"一带一路"建设提供稳定的法律制度环境,有效降低"一带一路"建设可能面临的各类风险,保障"一带一路"建设行稳致远。"一带一路"倡议提出以来,我国在法治保障方面也开展了一些工作,做了一些有益的探索。归纳起来有以下几个方面,一是逐步构建"一带一路"条约保障体系。我国已与80多个国家及国际组织签署了"一带一路"合作文件,与部分沿线国家缔结了贸易、投资、司法协助、民航、税收、社保等领域的协定。二是加强对外交流与合作,我国相关部门与重点沿线国家在立法、司法、执法、税务、反腐败、反垄断等领域初步建立了一些交流与磋商机制。积极与亚非法协、世界知识产权组织、国际发展法组织等合作,探索性地开展了一些培训项目,加强法治能力建设。三是加强风险防范,妥善化解争端。相关部门印发书面指导意见和风险防范指南,并积极开展境外法律风险排查处置工作。积极落实中央深改组审议通过的《关于建立"一带一路"争议解决机制和机构的意见》。

"一带一路"建设进入全面实施新阶段,也对法治保障工作提出了更高的要求。未来,我们初步设想要重点做好以下各个方面:一是加强法治保障内部机制化建设,加强统筹协调,形成合力。二是加强对外法律交流与合作,打造国际法律界支持参与"一带一路"建设的"朋友圈"。三是推动构建和完善"一带一路"条约法律保障网络,根据实际需要有计划地与有关国家缔结或更新条约和合作文件。四是以问题为导向,做好法律风险防控工作,包括风险预防、争端解决等,探索建立有效方式、平台或机制。五是加强"一带一路"建设法治保障研究,积极开展前瞻性、理论性和务实性问题研究。

**4. 法制日报:法治合作对推动和保障“一带一路”建设的重要性主要体现在哪些方面?“一带一路”倡议将从哪些方面进一步丰富和完善国际法治,推动国际法治的发展?**

陈冀平:随着全面依法治国深入推进,法治的作用和地位越发重要。我们要重视“一带一路”所有参与主体的利益关切和需求,为参与者创设稳定的预期,综合运用政治、经济、法律等手段保障预期顺利实现,这中间,法治合作就是重要的一环。从国家层面上讲,经济上的长远合作必然要求国家之间有法治互信和法治合作基础,大型项目的顺利落地和推进需要参与国提供良好的法治环境,而营造良好法治环境的基础在于法治合作和政策沟通。从企业层面上讲,在服务和参与“一带一路”建设过程中,只有通过法治合作,了解、研究并尊重当地的法律制度,树立规则意识和依法合规经营理念,健全海外业务法律风险管理制度和管理体系,运用各类争端解决机制化解纠纷,才能降低法律风险,保障海外项目顺利运行。

我认为,“一带一路”是践行国际法治的新平台、促进国际法治的新动力,将从理念和实践层面进一步丰富和充实国际法治,进一步促进国际法治的发展。首先,“一带一路”致力于合作共赢、共同发展,呼吁参与国共同维护和发展开放型世界经济,推进各国在国际经济合作中权利平等、机会平等、规则平等,有利于推动构建新型国际关系,推进全球治理体系民主化、法治化。其次,“一带一路”参与方将根据共同发展的现实需要,加强政策、规则、标准和机制的平等协商,为“一带一路”构建稳定、公正、透明、非歧视的规则和制度框架,进而逐步推动国际规则体系的完善。最后,“一带一路”参与方通过开展多层次、多渠道、全方位的法治合作,互学互鉴,不断提高自身法治能力建设,完善国内法治,将进一步推动国际法治发展。

**5. 凤凰卫视:我们注意到,国外有观点认为,“一带一路”建设在符合国际规则、透明度和可持续等方面可能存在不足。请问您对此有何回应?**

孔铉佑:“一带一路”倡议是新事物,是中国着眼于推进解决全球发展领域遇到一些重大问题提供的一项重要的公共产品。既然是新事物,有不同意见是正常的,我们也真诚欢迎各方为“一带一路”建言献策,汇集各方力量,共同推进,把“一带一路”建设好、推进好。大家也注意到,越来越多国际人士、国际组织和国家高度认同并积极响应和参与"一带一路"建设，应该说这个是国际社会主流的声音，也是国际社会对"一带一路"投出的信任票和赞成票。

"一带一路"是阳光倡议，遵循"共商、共建、共享"原则，无论是规划合作蓝图还是实施具体项目，都由参与方商量着进行，我们不会把自己单方面的意志强加于其他国家，一切都在阳光下运行。"一带一路"所有建设项目都坚持市场化运作，坚持合法、合规、公开、透明，任何国家符合条件的企业均可参与其中。中国不断强化对中国企业"走出去"的指导监管，严格规范企业海外投资经营行为，引导中国企业遵守当地法律法规和国际通行规则。"一带一路"倡议同《2030 年可持续发展议程》高度契合，注重兼顾经济、社会和环境三方面的可持续发展，立足各国发展实际，逐步向高标准迈进，让建设成果更好地惠及各国人民。

虽然在发展过程中有一些问题，这些问题已经引起了中国政府的高度重视，我们下一步在"一带一路"建设合作深入发展的过程中，会同有关国家通过友好协商来妥善地加以解决，确保"一带一路"合作能够在透明、廉洁、法治的框架和环境下健康地发展。

**6. 民主与法制时报：有人说，"一带一路"是充满机遇之路，但也是充满风险之路。请问，此次论坛对于"走出去"的企业在保驾护航方面将发挥哪些积极作用？**

陈冀平：法律风险是中国企业"走出去"参与"一带一路"建设应当首要关注的问题。"一带一路"沿线国家的政治和法治状况复杂多元，不同的国家针对外国直接投资的政策和法律不同，在国家安全、反垄断、环境保护、劳工、税务以及行业限制等方面都存在差异较大的规定。这些年，中国法学会在防范和化解涉外法律风险方面积极开展调查研究，做了大量工作。我们认为，企业"走出去"的过程，不是经济单兵突进的过程，而要有法治相伴，以法治为后盾。

可以说，企业是"一带一路"法治合作的最大需求者，是法治建设的直接受益者。举办此次论坛的初衷之一就是为企业"走出去"保驾护航。从大的方面来说，通过此次论坛广泛深入且富有成效的讨论，"一带一路"沿线各国加强了对有关法律问题的研讨和交流，进一步凝聚了法治共识。论坛就如何实现法律规则和政策对接，如何完善投资环境、实现投资便利，探索公正、高效的争端解决方式等进行商议，从制度上为企业参与“一带一路”合作提供支撑、优化环境。从小的方面来说，此次论坛可以帮助我们“走出去”的企业增强自身法律风险意识、加强法律风险防控，呼吁有关部门、科研单位和法律服务机构帮助企业提升法律风险防控能力，为企业提供强大的法律人才和法律方案支持，使企业走得更扎实。

**7. 中国日报：明年，中国将在北京举办第二届“一带一路”国际合作高峰论坛。下一步，“一带一路”法治合作的重点在哪些方面？未来我国在进一步推动“一带一路”法治合作方面有哪些考虑？**

孔铉佑：正如国务委员兼外交部长王毅在开幕式讲话中所说，未来我们要不断加强法治合作，保障“一带一路”建设。一是要加强“一带一路”的规则联通和协调对接。加强政策、规则、标准和机制的“软联通”，充分释放互联互通的积极效应。二是要完善“一带一路”法治保障体系，构建适应“一带一路”发展需求的条约保障网络，建立诉讼、仲裁、调解有机衔接的“一带一路”争端解决服务机制，搭建信息共享和大数据服务平台。三是要深化法治交流与国际合作。开展多元化的法治交流，深化“一带一路”参与国司法执法合作，加强法治能力建设和国际法律人才培养。

对中国而言，未来，一方面，将继续加强自身法治建设，不断完善以《宪法》为核心的中国特色社会主义法律体系，同时加强与国际经贸规则对接，大幅度放宽市场准入，保护知识产权，营造国际一流法治化营商环境。另一方面，在与各方充分商议的基础上，共同确定未来推进“一带一路”法治合作的总体方案和行动计划，不断扩大和深化法治合作的内容与形式。这次“一带一路”的法治合作国际论坛是第一次，我相信不会是最后一次。今后，我们要围绕“一带一路”法治合作的总体方案和行动计划，会同各方继续进行深入的探讨，为推进“一带一路”提供更好的法律支撑和保障。

**8. 中国长安网：法治保障是推进“一带一路”建设的重要一环，有助于为“一带一路”提供稳定的法律制度环境，保障“一带一路”建设行稳致远。您认为法学会和法学法律界在“一带一路”法治保障方面应该发挥什么作用？对法学法律工作者有哪些建议？**

陈冀平：中国法学会是法学法律界的全国性人民团体、群众团体和学术团体。党的十九大将坚持全面依法治国作为新时代坚持和发展中国特色社会主义的基本方略之一,在这样的大背景下,我们要围绕大局,主动作为,积极争取中央有关部门的大力支持,紧密配合实施和推进“一带一路”建设,进一步梳理研究解决当中的法治问题,充分发挥法学法律界应有的作用。具体来讲,一是抓好成果应用。设立和发布“一带一路”系列课题,组织引领专家学者集中系统研究“一带一路”法律问题,形成高质量的研究成果,加强成果的应用转化。二是发挥群团优势。用好法学会搭建的国际性或区域性法律交流平台,立足联系面广的特点,继续深化与“一带一路”沿线国家法学法律界的交流与合作。三是加强人才培训。重点做好域外法律人才培训,继续举办面向“一带一路”沿线国家如非洲、东盟和南亚、东北亚地区的域外法律人才培训班。四是做好涉外法律服务。重点做好我国在发展中国家和欠发达国家投资企业的法律咨询和服务,推进中非联合仲裁中心等的建设。五是积极参与国际事务。参与国际规则制定和对外宣传我国法治建设成果,推进与亚太法协等国际组织在“一带一路”法律事务上的合作。六是做好法律宣传。加大对“一带一路”沿线国家法治状况的研究和宣传力度,通过不同手段,采取多种形式,及时发布风险预警,帮助企业更好地了解和掌握各个国家法律,履行好社会责任。

广大法学法律工作者奋斗在法治建设一线,在深化“一带一路”法治合作中责无旁贷。要学习好、研究好习近平新时代中国特色社会主义法治思想,在开展国际法治合作的过程中,还要学习贯彻习近平外交思想这个新时代中国特色大国外交的根本遵循和行动指南,树立正确的历史观、大局观、角色观,当好政府的法律智囊,当好经贸往来的法律护卫,当好中国企业和公民“走出去”的法律帮手,更要当好法治中国建设的推动者和实践者,为“一带一路”法治合作取得新进展和构建人类命运共同体作出积极贡献。

# Statement of the Co-Chairs of the Forum on the Belt and Road Legal Cooperation

## Statement of the Co-Chairs of the Forum on the Belt and Road Legal Cooperation

(July 3, 2018 Beijing, China)

1. During 2 and 3 July 2018, over 350 delegates from governments, international and regional organizations, private sectors and academic institutions attended in Beijing, China the Forum on the Belt and Road Legal Cooperation jointly held by the Ministry of Foreign Affairs of China and China Law Society, with Mr. Kong Xuanyou, Vice Minister of Foreign Affairs of China, and Mr. Chen Jiping, Executive Vice-President of China Law Society, as Co-Chairs of the Forum, and conducted extensive, in-depth and productive discussions under the theme of "Jointly Build the Belt and Road: Rules and Coordination".

2. In 2013, President Xi Jinping put forward the Belt and Road Initiative (BRI). Five years on, this Initiative has received positive response and broad support from the international community. Over 100countries and international organizations have participated in this Initiative and have already achieved productive outcomes. The BRI is a Chinese proposal for the world. It has become a platform for open and inclusive cooperation and a global public good jointly developed by parties from different regions, at different development stages, and across different cultures and law systems.

3. As the BRI continues to develop, in addition to strengthening "hard connectivity" in physical infrastructure, there is a growing need for "soft connectivity" in legal infrastructure, rules and regulations. In this context, it is necessary to come together to discuss issues concerning legal cooperation, in

order to provide better legal support and safeguards for the BRI.

## Promoting international rule of law by enhancing cooperation under the BRI

4. The international rule of law is an important institutional guarantee for upholding state sovereignty, maintaining world peace and promoting common development. It reflects the shared pursuit by all countries of such ideas and values as sovereign equality, peace, inclusiveness, win-win cooperation, fairness and effectiveness. A sound legal environment is an essential prerequisite to the smooth progress of the BRI process.

5. Since its very inception, the BRI has always followed the principle of "extensive consultation, joint contribution and shared benefits", which is consistent with the fundamental principles of international law and the basic norms of international relations with the UN Charter as the core.

6. Legal cooperation, as an indispensable field of and link for international cooperation under the BRI, should be developed on the basis of the principle of "extensive consultation, joint contribution and shared benefits" as well.

7. It is recommended that all parties participating in the BRI develop multi-level, multi-channel and comprehensive legal cooperation by exploring the establishment of cooperation mechanisms, identifying priorities through consultation, making action plans progressively, solving legal issues effectively and building consensus constantly, in order to lay a solid legal foundation for the BRI.

8. International and regional organizations have an important part to play in legal cooperation under the BRI, with their strengths in institutional networking, expertise and human resources. It is recommended that the parties participating in the BRI further strengthen cooperation with these organizations in relevant fields.

9. We believe that the BRI provides a new plat form for implementing and a new momentum for promoting the international rule of law. As the BRI

and the related legal cooperation continue to develop, the international rule of law will be improved and enriched, both in theory and in practice.

## Abiding by and improving relevant international rules-based systems

10. The BRI aims to provide a platform for international cooperation characterized by equality, mutual benefit, openness, inclusiveness and transparency, and on the basis of international conventions, bilateral treaties and other international rules. As the BRI continues to develop, it is necessary to develop new rules and improve the rules-based systems in accordance with the circumstances and needs of all parties.

11. We support the parties participating in the BRI in their efforts to enhance the connectivity and compatibility between technical standards systems in the construction of infrastructure and other fields. They should take account of their particular circumstances and their developmental needs, draw upon applicable international standards, and explore jointly and on equal footing the proper standards for cooperation, in order to deepen international cooperation under the BRI.

12. In recognition of the crucial role of trade and investment in driving economic growth, we call for concerted efforts by all participants, in order to uphold the multilateral trading system and avoid and oppose any form of unilateralism and trade protectionism. We support the parties participating in the BRI in their efforts to conclude agreements on trade and investment, to promote trade and investment liberalization and facilitation, increase market access, and gradually reduce and eliminate barriers to trade and investment.

13. We support the parties participating in the BRI in their efforts to promote cooperation on laws related to financing, taxation, transportation, intellectual property rights, environmental protection, labor, anti-terrorism, the fight against transnational crimes and so on, so as to build a framework of rules and systems for the BRI that would feature stability, fairness, transparency and non-discrimination.

14. We support the parties participating in the BRI in their efforts to conduct multilateral and bilateral cooperation on accounting and auditing supervision, and to harmonize standards and provide equivalency in accounting and auditing, in order to provide structural safeguards for cross-border investment and financing activities and financial market connectivity.

15. The parties participating in the BRI are encouraged to cooperate in areas of civil and commercial laws and regulations on the basis of international general practice in civil, commercial matters, in order to reduce conflict of laws.

16. The parties participating in the BRI are encouraged to enhance cooperation on rules related to visa application and custom clearance, in order to facilitate cross-border movement of people and goods.

17. We call on the parties participating in the BRI to jointly strengthen anti-corruption cooperation, on the basis of the United Nations Convention against Corruption and other international conventions as well as bilateral treaties, in order to ensure integrity in the BRI process.

## Actively preventing and properly settling disputes

18. As an essential safeguard for the BRI, efforts will be made to settle trade and investment disputes in the implementation of the BRI projects, fairly protect the legitimate rights and interests of all parties, and foster a business environment under the rule of law featuring stability, fairness, transparency and predictability.

19. We recommend that the parties participating in the BRI work together to prevent legal risks and avoid disputes effectively.

20. We support the parties participating in the BRI in their efforts to strengthen consultation and cooperation and resolve disputes through existing domestic and international dispute settlement mechanisms or institutions. Efforts should be made to explore the feasibility of establishing dispute settlement mechanisms or institutions that meet the needs of the BRI, including further discussion on establishing, if appropriate, treaty-based

mechanisms or institutions, to prevent and resolve disputes.

21. We support the parties participating in the BRI in their efforts to deepen cooperation in judicial affairs and law enforcement, including exploring the establishment of cooperation mechanisms to strengthen mutual recognition and enforcement of judgments in civil and commercial matter sand to promote service of judicial documents as well as investigation and evidence collection in civil and commercial matters. The parties participating in the BRI are encouraged to strengthen exchanges and cooperation regarding the ways and means of settling disputes other than by judicial settlement, such as mediation, arbitration and so on.

22. We stand for the settlement of disputes in an equitable, efficient and convenient way and appreciate the efforts made by countries to explore the establishment of diversified mechanisms of dispute settlement that allow judicial settlement, mediation and arbitration to play their appropriate and effective roles.

## Advancing legal exchange under the BRI

23. Parties participating in the BRI, international and regional organizations, civil society and the academia are encouraged to conduct diversified legal exchange, share good and latest practices and facilitate cooperation in areas relating to the legal system, legal culture and legal education.

24. The legal service industries in the parties participating in the BRI are encouraged to strengthen consultation and exchange of information and to promote cross-border cooperation, so as to provide high quality and efficient services to governments and enterprises.

25. Parties participating in the BRI, international and regional organizations, civil society, research institutions and the private sectors are encouraged to jointly work on training legal professionals and capacity building.

26. We welcome China's provision of funding to implement the "Belt

and Road Legal Cooperation Research and Training Programme", in order to support legal exchange and capacity building among the parties participating in the BRI.

27. The parties participating in the BRI are encouraged to develop mechanisms to exchange legal information and practice data, such as establishing an online platform for foreign law ascertaining and sharing, and an exchange platform on judicial cases.

28. The parties participating in the BRI are encouraged to jointly establish a database, for public access, of bilateral and multilateral treaties concluded and acceded to by the parties participating in the BRI.

## Way forward

29. We suggest that further discussions under the theme of the BRI legal cooperation be conducted in appropriate forums in the future.

30. We call for respect for the purposes and principles of the UN Charter and international law, and for advancement of the BRI legal cooperation on the basis of extensive consultation, joint contribution and shared benefits. We also call for contribution to building a Community with a Shared Future for Mankind and a world that enjoys enduring peace, comprehensive security, and common prosperity, and is open and inclusive as well as clean and beautiful.

# Opening Ceremony

State Councilor and Minister of Foreign Affairs of the People's Republic of China
Wang Yi

# Stronger Legal Cooperation for Sound and Steady Development of the Belt and Road Initiative

(July 2, 2018 Beijing, China)

Mr. Chair of the Forum,

Distinguished guests,

Ladies and gentlemen,

Good morning! First of all, on behalf of the Chinese Government, I warmly welcome all of you to Beijing for the Forum on the Belt and Road Legal Cooperation.

In 2013, President Xi Jinping put forward the Belt and Road Initiative (BRI) based on a keen understanding of the broad trends of development in China and the world. It is a major initiative for international cooperation that aims to promote the common development and prosperity of different countries and the building of a community with a shared future for mankind. Over the past five years, guided by the Silk Road spirit of peace and cooperation, openness and inclusiveness, mutual learning and mutual benefit, the BRI has been committed to promoting common development. It has received support from around the globe and produced fruitful early harvests. So far, nearly 90 countries and international organizations have signed BRI cooperation agreements with China. Under the BRI, 75 economic cooperation zones have been set up in the participating countries, and steady progress has been made in industrial capacity cooperation, connectivity and building economic corridors. China's trade with BRI participating countries has reached above 30 trillion yuan and investment in these countries over $70 billion, creating more than 200,000 local jobs. More and more countries and their people are benefiting from this initiative. The BRI has become the largest platform for international cooperation and the most popular public good in the world. Last year, the first Belt and Road Forum for International Cooperation (BRF) was successfully held in Beijing, which produced more than 270 deliverables and marked a new stage of BRI's full implementation. In response to the call of a number of countries, China will host the second BRF next year. All parties are welcome to take an active part.

What are the reasons behind the BRI's wide endorsement and better-than-expected achievements within a relatively short period of time?

First, Belt and Road cooperation follows the principle of equality and mutual benefit. The BRI is an international cooperation platform that sets a good example. It is a Chinese initiative, but all parties are equal participants, contributors and beneficiaries. On this new type of platform, countries cooperate as equals and pursue shared development through consultation and collaboration.

Second, Belt and Road cooperation aims for win-win outcome. Since day one, the BRI has been committed to the common development and prosperity of all participating parties. It works to make economic globalization more inclusive and beneficial for all, and meets countries' aspiration for win-win cooperation. The BRI is not China's solo performance, but a symphony played by all. It does not benefit just one party, everyone stands to gain.

Third, Belt and Road cooperation is open and inclusive. The BRI is totally transparent. It is not an exclusive club, but an open space for friends. Any party that subscribes to the Silk Road spirit is welcome to join and share its opportunities. We hope that all BRI projects are of high standard and high quality. We lay great emphasis on green development, environmental protection and debt sustainability. We are aware of the importance of heeding the realities of different host countries and accommodating their actual need.

Fourth, Belt and Road cooperation is advanced by synergizing development strategies. Over the past five years, the BRI has forged greater synergy with other development strategies at the national and regional levels, including the Eurasian Economic Union of Russia and other countries, the Bright Road initiative of Kazakhstan, the Development Road initiative of Mongolia, the Global Maritime Fulcrum vision of Indonesia, the Investment Plan for Europe and the UN 2030 Agenda for Sustainable Development. Such different types of alignment at various levels have enabled complementarity of strengths, unlocked more potential and broader space for cooperation, and helped to address unbalanced development and fragmentation of international cooperation. The ultimate goal is to boost interconnected development and achieve shared prosperity.

Fifth, Belt and Road cooperation is based on rules and the rule of law. Our cooperation has always been conducted within the confines of international rules and law, observing both international law and the domestic laws of host countries. We are expediting the negotiation of agreements on trade and investment, finance and taxation, IPR, transport, environmental protection and other matters, with a view to establishing a rules-based legal network for BRI cooperation. We believe, rules and rule of law are essential for BRI to develop in the world. They are also the safety valve against uncertainties and challenges.

Ladies and gentlemen,

The BRI calls for concerted efforts among all participating countries, not least the contribution from the legal community. China would like to strengthen legal cooperation with all parties involved so as to provide more solid legal and institutional safeguard for Belt and Road cooperation.

First, we need to harmonize rules and regulations under the BRI. China has basically brought domestic rules and standards in line with international ones. We have joined almost all universal inter-governmental organizations and acceded to over 500 international conventions. By 2017, the correlation rate between China's national standards and international ones was already over 90 percent. While promoting "hard connectivity" of infrastructure, it is equally important to strengthen "soft connectivity" of policies, rules, standards and institutions among countries, so that different rules and standards can be compatible. Such an unimpeded "expressway of rules" will help to fully unleash the positive impact of connectivity under the BRI.

Second, we need to improve the legal safeguard for the BRI. We should fill in the gaps without delay, update treaties where necessary and build a network of treaties that meets the need of Belt and Road cooperation. It is imperative to put in place a Belt and Road dispute settlement mechanism that integrates litigation, arbitration and mediation services to properly resolve disputes and create a law-based business environment. We should also establish a Belt and Road legal information sharing and big data service platform to provide better legal counseling for Belt and Road cooperation. The Chinese Foreign Ministry is setting up a national treaty database. Once completed, it will be much more convenient for businesses and the general public of BRI participating countries to look up treaty information.

Third, we need to deepen Belt and Road legal exchanges and cooperation. China supports more legal exchanges between the governments of BRI participating countries, international organizations, the private sectors and the academia so that they can learn about different legal cultures, share experience and best practices and work together to forestall legal risks. We hope to see stronger judicial and law enforcement cooperation among participating countries, and would like to work together with other countries to combat transnational crimes and advance international anti-corruption cooperation. We also hope to see greater capacity for the rule of law and more international legal experts in BRI participating countries. I hereby announce the Chinese government's decision to fund the "Belt and Road Legal Cooperation Research and Training Program" to boost such cooperation.

Ladies and gentlemen,

This year marks the 40th anniversary of China's reform and opening-up. Going forward, China will stay committed to the fundamental policy of opening-up while pursuing greater development. We will continue to advance the Belt and Road international cooperation guided by the principles of extensive consultation, joint contribution and shared benefits, and work hard for achieving policy, infrastructure, trade, financial and people-to-people connectivity.

The BRI comes from China but its opportunities and achievements are for the world to share. As President Xi Jinping said at the first BRF, "The BRI is a great undertaking which requires dedicated efforts. Let us pursue this initiative step by step and deliver outcome one by one. By doing so, we will bring true benefit to both the world and all our people." Let us join hands to strengthen cooperation in the legal and other fields for greater progress under the BRI. Let us contribute to the building of a community with a shared future for mankind and to an open, inclusive, clean and beautiful world that will enjoy lasting peace, universal security and common prosperity.

To conclude, I wish the forum a complete success.

Thank you.

President of China Law Society
Wang Lequan

# Special Remarks at the Opening Ceremony of the Forum on the Belt and Road Legal Cooperation

(July 2, 2018 Beijing, China)

Distinguished guests,
Ladies and gentlemen,
Dear friends,

Beijing in July is verdant and full of life. In this beautiful season, about 400 Chinese and foreign jurists, lawyers, government officials and representatives from different countries and regions participating in the Belt and Road Initiative (the BRI) have gathered in Beijing to discuss ways of legal cooperation and seek common development by focusing on the theme "Jointly Build the Belt and Road: Rules and Coordination." It is of great significance to enhance mutual understanding among countries participating in the BRI, expand their exchanges and cooperation, and promote their common prosperity. First of all, on behalf of the China Law Society please allow me to extend a warm welcome to all our distinguished guests.

Dear friends,

In 2013, President Xi Jinping proposed the Belt and Road Initiative. Since then, it has been widely welcomed and has received positive responses from around the globe. So far, more than 100 countries and regions as well as international organizations have joined the initiative. Guided by the Silk Road spirit of peace and cooperation, openness and inclusiveness, mutual learning and mutual benefit, the initiative is in accordance with the objectives and principles of the United Nations Charter and the Five Principles of Peaceful Coexistence. In pursuit of openness, cooperation, harmony, market operation, connectivity and win-win outcome, the initiative has blazed a new path for international cooperation. In May 2017, President Xi attended the opening ceremony of the Belt and Road Forum for International Cooperation in Beijing and gave a keynote speech. He stressed that we should build the Belt and Road into a road of peace, prosperity, opening up, innovation and connecting different civilizations. In the past year, President Xi has strategized and led the Chinese people to vigorously pursue the Belt and Road Initiative, achieving new results and receiving wide acclaim from the international community.

The rule of law is an ideal of human society and a common pursuit of countries participating in the BRI. A harmonious Belt and Road must be based on justice, democracy and the rule of law. In the long history of mankind, countries participating in the BRI have made great contributions to the global legal civilization. The Belt and Road Initiative is both rooted in history and future-oriented. A sound legal environment is a basic safeguard for economic and trade exchanges among countries and regions. For common development and prosperity of these countries, it is necessary to accelerate the construction of a legal system and deepen international judicial cooperation. Currently, Belt and Road countries vary widely in their legal systems, legal cultural traditions and levels of legal development. As a result, there are bound to be many problems in developing legal cooperation, e.g., how to promote the alignment and complementarity of these countries' strengths through statutory rules; how to improve the investment environments of these countries and protect the legitimate rights and interests of investors; and how to ensure that the participants better comply with local laws and regulations, public order and customs, etc. We should enhance discussions and exchanges on these issues, which is of great importance to addressing risks and challenges, advancing Belt and Road legal cooperation in a healthy and orderly way, and thereby achieving common development and win-win results within a stable legal framework.

Dear friends,

The Chinese Government attaches great importance to legal construction. In the past 40 years of reform and opening up, China has made historic progress in this respect while developing a market economy, democratic politics and harmonious society. In recent years, China has unswervingly adhered to the rule of law in an all-round way. It has made coordinated efforts to exercise law-based governance, political power and administration, and build a country, government and society under the rule of law. It has also promoted scientific, democratic and law-based legislation and improved the socialist legal system with Chinese characteristics with the Constitution as the core. It has amended the Constitution, strengthened the implementation and supervision of the Constitution, and given full play to its important role in the national governance and social life. The compilation of a Civil Code has begun, opening a new era of legalized protection of civic rights. The Supervision Law of the People's Republic of China has been issued, stipulating full supervision on the state's exercise of public power. Under the rule of law, great efforts have been made to push forward reform and development; to improve the people's livelihood and social justice; to accelerate the development of a law-based government and administration; to drive the reform of the judicial system; to strengthen the judicial safeguard for human rights; and to boost judicial credibility. The Communist Party of China continues to govern itself by law, providing a strong political guarantee for the comprehensive rule of law. Legal means and diversified dispute settlement mechanisms have been widely used to resolve social conflicts and the people's recognition of the rule of law has been deepened.

Since the Belt and Road Initiative was proposed, China has been making efforts to build a harmonious, stable, open and inclusive social environment and a fair, just and sustainable business environment for the initiative, as well as to strengthen law enforcement and judicial cooperation with Belt and Road countries to jointly cope with risks and challenges and safeguard the pursuit of initiative. The Supreme People's Court of the People's Republic of China has issued Several Opinions on Providing Judicial Services and Safeguards for the Belt and Road Construction by People's Courts, a document that clearly states that "we should give equal protection to the legitimate rights and interests of the parties involved from home and abroad". The Supreme People's Procuratorate of the People's Republic of China also issued Ten Opinions on How Procuratorial Organs Work to Prevent Duty Crimes and Provide Services and Protection for the Belt and Road Initiative, a document aims to strengthen anti-corruption cooperation and build the Belt and Road into a road with high ethical standards. In addition, judicial administration departments and lawyers, with the key areas of the initiative being their focus, have worked hard to diversify legal service providers, expand legal service platforms and provide quality and efficient services for the initiative.

As a people's organization, massorganization and academic body in the Chinese legal community, the China Law Society plays an important role in strengthening the construction of a socialist democratic legal system and building a socialist country under the rule of law. It also serves as a major channel for international legal exchanges. So far, the China Law Society has established links with over 800 legal organizations from over 100 countries and regions, including 136 legal organizations from 88 countries and regions that have signed bilateral cooperation memoranda of understanding with it. Over the years, we have maintained good cooperative relationships with the legal circles of countries participating in the BRI. Since China proposed the Belt and Road Initiative, we have served in the pursuit of the initiative and other major national development strategies and diplomatic work, and continued to deepen exchanges and cooperation with the legal circles of countries participating in the BRI. We, together with several research institutions and universities, have established the Belt and Road Initiative Legal Study Base. We have held several high-level dialogues and forums, such as the China-ASEAN Legal Forum themed "Enhancing Legal Exchange and Cooperation, Jointly Building and Sharing Benefits of the Belt and Road Initiative", the BRICS Legal Forum, the China-UK Rule of Law Roundtable, and more than once the Conference on Legal Risks and Countermeasures of International Investment and Trade. Moreover, we have sent delegations to Russia, India, Japan, South Korea, ASEAN countries and Eastern European countries to deepen pragmatic cooperation with emerging economies and developing countries. We have also offered quality international legal services, especially legal consultation and service for Chinese investment companies in developing countries and less developed countries. We have promoted setting up the China-Africa Legal Research Center, China-Africa Joint Arbitration Center and similar institutions. We have enhanced training of overseas legal personnel by organizing training programs for legal personnel from countries participating in the BRI, Africa, ASEAN, South Asia and Northeast Asia, and promoted cooperation with LAWASIA and other international organizations on Belt and Road legal affairs. We have proposed a series of topics on Belt and Road legal affairs and organized scholars to do relevant researches that have attained valuable results. As the pursuit of the Belt and Road Initiative advances, cooperation between the China Law Society and the legal circles of Belt and Road countries will undoubtedly deepen further. Keeping in mind the ideal of common development and win-win cooperation, we are ready to continue various forms of exchange and cooperation with the legal circles of countries participating in the BRI more extensively, and provide legal support for the Belt and Road Initiative in order to better benefit people of the countries concerned.

To this end, I would like to make three suggestions:

First, we should use the forum as a platform to strengthen communication and cooperation. This forum was initiated to provide a high-level dialogue platform for the legal circles of countries participating in the BRI and create a sound legal environment for economic and social cooperation and development of the countries. The legal organizations of these countries should make full use of this channel to conduct bilateral and multi-lateral pragmatic cooperation, enhance mutual understanding and trust, and facilitate international cooperation in the economic, environment, cultural and other fields for sustainable development and common prosperity.

Second, we should deepen cooperation both in content and form. As economic globalization advances, all countries' interests have become increasingly intertwined and their development interdependent. The pursuit of the Belt and Road Initiative spans different regions, different development phases and civilizations, so we should discuss current hot and difficult legal issues at the forum, along with the development of economic and trade cooperation among countries participating in the BRI. Based on the forum, we should explore new areas, new modes and new projects of cooperation. We can infuse new vitality to the forum through mutual learning and visits, seminars and training, think tank cooperation, information networks and other pragmatic cooperation projects.

Third, we should complete the working mechanism and build the forum into a longstanding platform. The development of the forum requires joint efforts by all participating organizations. We should work hard to establish a complete multi-lateral working mechanism and make overall schemes and action plans for promoting Belt and Road legal cooperation in the coming years. Moreover, we should diversify the forms of activities and seek cooperation opportunities between the forum and other international or regional legal organizations, so as to expand its influence and build it into a long-standing platform for frequent legal exchanges and cooperation among countries participating in the BRI and into a legal think tank for the sustainable development of the Belt and Road Initiative.

Ladies and gentlemen,

Dear friends,

We have taken firm steps to pursue the Belt and Road Initiative and will keep the momentum to advance its sound and steady development. Looking to the future of countries participating in the BRI, we are full of confidence. Starting from this forum, let us take practical actions to promote Belt and Road legal cooperation, create a good legal environment for economic and social development, and provide a strong impetus for building a community of shared future for mankind!

I sincerely wish the forum every success! Wish you all good health and a pleasant stay in Beijing.

Thank you!

Minister of Justice of Serbia
Nela Kuburovic

## Remarks at the Opening Ceremony of the Forum on the Belt and Road Legal Cooperation

(July 2, 2018 Beijing, China)

Ladies and gentlemen, distinguished colleagues,

I would like to greet you on behalf of the Government of the Republic of Serbia and to thank you for this opportunity to address to you at this very important gathering where we shall exchange experiences of our countries within the Belt and Road Initiative.

Bilateral relations between former Yugoslavia and now Republic of Serbia and the People's Republic of China, since establishing of strategic partnership in 2009, have been significantly strengthened by numerous visits on the high level. After the visit of Chinese President Xi Jinping to the Republic of Serbia in 2016, our relations have been raised to a new level of comprehensive strategic partnership.

The Republic of Serbia expresses its utmost gratitude over China's principled position on the issue of Kosovo and Metohija and advocating for a solution through dialogue, with full respect for sovereignty and territorial integrity of the Republic of Serbia. We especially appreciate support within the United Nations Security Council, where implementation of Resolution 1244 is emphasized, as well as full implementation of the Brussels Agreement and forming of the Community of Serb Municipalities. I will use this opportunity to once again thank you for China's principled attitude and opposition to admission of self-proclaimed Kosovo to membership in international organizations such as UNESCO, INTERPOL and the World Customs Organization.

Let us remember also that the People's Republic of China provided much needed humanitarian aid to Yugoslavia in 1999, in the most tragic moments my country experienced in recent history.

The Republic of Serbia supports the Belt and Road Initiative which was set in motion by the President of the People's Republic of China Xi Jinping. This was confirmed by participation of the President of the Republic of Serbia Aleksandar Vučić at the First Belt and Road Forum for International Cooperation, i.e. the Leaders Roundtable.

The cooperation mechanism between China and Central and Eastern European countries which became an integral part of the Belt and Road Initiative represents an important forum where our country participates as well with great pleasure. I remind that the Third Summit of China and Central Eastern European Countries was held on December 16-17, 2014 in Belgrade. The result of the summit was the document named "Belgrade Guidelines" which has defined the future directions of cooperation. At the same time with the summit, a very successful economic and trade forum was held, with participation of representatives of the leading companies and state institutions from countries of the region.

The economic cooperation between the two countries is successfully developing in all areas. The People's Republic of China is the biggest economic and the most important financial partner of the Republic of Serbia in Asia. Direct Chinese investments in the Republic of Serbia are rising. I emphasize the opening of the factory Johnson Electric, the world leader in the field of electric motors, the opening of the yarn factory by the company Eurofiber, construction of the facility of Chinese company Mei Ta for production of engine blocks for cars, the Trade Center CTC Zmaj-Belex and others.

With the great pleasure I will highlight the example of Smederevo Ironworks bought by Hesteel Group Co. , as well as numerous activities in progress, like the Serbian-Chinese industrial park in the vicinity of Belgrade, preparations for opening of the factory for electric cars and car-tires factory, as well as other examples.

China participates in the realization of numerous important roads and energy infrastructure projects. By the number of contracted and executed infrastructure projects with China, as well as through the cooperation mechanism "China-Central Eastern European Countries," Serbia takes the first place among countries of Central and Eastern Europe region.

In the energy and mining sector, great importance is attached to execution of the package projects thermal power plant Kostolac B, which includes revitalization of the existing energy blocks and construction of desulphurization unit, construction of port at Danube and railway infrastructure. Significant part of activities is already completed and the schedule of execution is good so far.

After the agreement on the abolition of visas from 2017 came into force between the Republic of Serbia and the People's Republic of China, the number of tourist visits significantly increased. The direct airline route Belgrade-Beijing since September 2017 has had additional impact on the increased number of visits. We are likewise pleased that China Central Television is preparing a film Glamorous Serbia for the purpose of promoting of Serbian touristic potentials, which are plenty-both historical and natural, on the Chinese market.

Cooperation in the areas of culture, education, science and technology is also rising, with a number of successfully performed projects. A cultural cooperation program was signed for period 2017-2020. During the visit of the Prime Minister of China Mr. Li Keqiang in 2014, the agreement on establishing of cultural centers was signed, and its realization is in progress. The Serbian Department at Beijing International Studies University (BISU) started to work in October 2016. After one decade of reconstruction of the National Museum Belgrade, the first international exhibition will be dedicated to Chinese culture.

There is a need in Serbia for good information and communication technologies and infrastructural connections with countries, both in the region and worldwide. It represents a good basis for the improvement of trade relations. We hope to improve our cooperation in this area.

Certainly, a well-regulated state and rule of law represent necessary conditions for successful investment and development projects, providing legal certainty both for investors and for employees.

Recognizing that such a well-regulated and developed legal system, in accordance with international standards, which provides certainty to citizens and legal entities, without discrimination and undue delay, represents a necessary condition for creation of favorable economic environment, work in this area has been given the utmost priority within the reform process implemented currently by the Republic of Serbia. The judiciary of the Republic of Serbia is currently at the pinnacle of the reform process, framed and supported by strategic documents such as the National Judicial Reform Strategy and the Action Plan for Chapter 23 within the framework of the negotiation process for the accession of the Republic of Serbia to the European Union.

Within this reform, great attention has been given to increasing legal certainty, quality and efficiency, including through the introduction of the civil-law notarial system in 2014, with the Notary Chamber of Serbia joining in 2016 the International Union of Notaries, alongside the China Notary Association and other respected notariats.

Further, we have, in the past few years, taken important steps to reform court processes in order to accelerate procedures and make them more affordable, in particular through the use of modern forms of information and communications technology and alternative dispute resolution mechanisms. We recognize and promote the latter, particularly mediation, as often most suitable for the needs of business entities, allowing for flexibility and informality, confidentiality, time and cost saving and a range of potential solutions. We have taken in the last few years great efforts to increase mediation culture, qualifications for mediators and training organizations, as well as to incorporate alternative dispute resolution mechanisms in the work of courts and the state attorney's office, with the objective of increasing effectiveness, efficiency and optimizing resources.

As the Belt and Road Initiative involves extensive government-to-government, enterprise-to-government and enterprise-to-enterprise relations and transactions, disputes are unavoidable. However, it is how we handle these disputes that makes all the difference and lays the foundation for future successful cooperation. Arbitration has many benefits as a tool for formal dispute resolution between businesses to resolve disputes, such as flexibility, confidentiality and enforceability of formal awards. The Republic of Serbia is certainly a signatory of the New York Convention. However, we strongly support mediation which provides an avenue for these disputes to be resolved quickly, cost efficiently and amicably, in a way that preserves relationships. In that sense, we recognize the efforts taken by International Academy of the Belt and Road in proposing a blue book on alternative dispute resolution mechanism, which recognizes both the benefits of mediation, but also places an emphasis on cultural differences of the disputing parties, transparency and respecting the intent of contracting parties.

There is no doubt that mediation should be promoted as the preferred dispute resolution procedure and we look forward to future discussions on how appropriate dispute resolution mechanisms should best reflect the characteristics of culture, tradition, history, legal and political systems of our countries and respective businesses. Regarding the legal cooperation and criminal law, certain conventions of the United Nations and its organizations are in effect between the Republic of Serbia and the People's Republic of China, and within the legal cooperation in civil matters, the Convention on the Service Abroad of Judicial and Extrajudicial Documents in Civil or Commercial Matters from 1965, and the Convention on the Taking of Evidence Abroad in Civil or Commercial Matters from 1970 are in effect.

The Republic of Serbia has proposed to the Chinese side four agreements in the area of judicial cooperation and its deliberation is in progress. It is our opinion that the agreements will fill the existing void by introduction of bilateral treaties that will foster the legal position, and by that the legal certainty of Chinese companies dealing on the territory of the Republic of Serbia, as well as the position of citizens and protection of their rights in both countries.

Once again, I thank you for this opportunity to address you on behalf of the Republic of Serbia, to thank the host for traditionally outstanding organization and hospitality and to wish us all successful further work and cooperation.

Thank you.

Minister of Justice of Jamaica
Delroy Chuck

# Remarks at the Opening Ceremony of the Forum on the Belt and Road Legal Cooperation

(July 2, 2018 Beijing, China)

Salutations:

Your Excellency Wang Yi, Minister of Foreign Affairs of the People's Republic of China,

Members of the Diplomatic Corps,

Members of the Consular Corps,

Distinguished ladies and gentlemen,

*Zǎo ān* (Good Morning)!

It is my great honor to represent the Government of Jamaica at this forum convened to engender high-level discussions on the way forward for the Belt and Road Initiative.

Allow me firstly, to commend the Ministry of Foreign Affairs of China and the China Law Society on the timing of this seminar, coming at an appropriate time to examine the ever-evolving partnership that exists between

China and the many countries that will benefit from this initiative. Jamaica looks forward to the development of a policy that will direct participating states on a path of sustainable development and advancement for their respective peoples.

Whilst Jamaica is a small island state, we are blessed with an ideal location in the Western Hemisphere, abundant natural resources and talented people who have achieved significantly in the arts, sciences and sports. However, our population growth continues to surpass the needed investments in infrastructure to support and improve the quality of life of our people. This has resulted in a significant social and economic deficit.

Notwithstanding, the strong relationships we share with China is a ray of hope. Indeed, this relationship transcends size, level of development and culture. After several decades, we continue to forge a partnership in which both countries can be winners.

Forty-six years ago our diplomatic relations were formalized. However, it was the instrumentality of President Xi Jingping, having regard to the changing landscape of the world that made way for the initiative that has brought us together today—the Belt and Road Initiative. This initiative afforded China, on the one hand, an opportunity to further contribute to world development and cooperation, and countries like Jamaica, on the other hand, the opportunity for further development. The records show that some 80 countries, including Jamaica, have registered their acceptance of this beneficial initiative.

Like other countries in Latin America and the Caribbean (LAC), Jamaica has benefited from the Belt and Road Initiative and the economic partnership with China. The connection is often cited as "Silk Road Economic Belt and 21$^{st}$ Century Maritime Silk Road". We commend the Chinese Government for this significant achievement.

The World Bank describes the Belt and Road Initiative as an "ambitious effort to improve regional cooperation and connectivity on a trans-continental scale. The initiative aims to strengthen infrastructure, trade, and investment links between China and 80 other countries that account for over 30 percent of the global GDP".

Jamaica considers this a most important initiative since the Belt and Road Initiative has the capacity to transform the economic environment of the respective countries. This transformation carries with it opportunities for a reduction in trade costs, improvement in cross-border trade and overall growth.

We expect that this forum will address in a fulsome way the operational challenges experienced under the Belt and Road Initiative as we attempt to forge a closer cooperation among the countries alongside implementing a rule-based framework and legal support for the Belt and Road Initiative.

We are cognizant of the fact that the economic and policy challenges and the realization of the benefits associated with the Belt and Road Initiative will take time before they reach fruition. Indeed the returns on investment in infrastructure are likely to be low or negative unless complementary reforms are instituted.

Jamaica remains positive however, since the relationship with China has remained strong, vibrant and mutually beneficial. In fact our enduring relations with China go back 150 years ago when the first Chinese settlers arrived on our shores. Thousands of persons of Chinese origin have a secured their place in our history and are embraced by our motto: "Out of Many, One People."

Culturally and politically our diversities go without saying, yet interestingly, our countries find commonality in our international relations. For this reason we are pleased to be among the premier countries in the LAC that have enjoyed bilateral relations with China, which over the years have resulted in a positive outcome both ways. Indeed, our countries have experienced remarkable development and expansion including but not limited to trade, investment and infrastructure development.

China in its capacity as a friend and partner of Jamaica continues to demonstrate its commitment to the development of Jamaica through its contribution to the economic growth. In our ever-evolving world, Jamaica welcomes the opportunity to share in this forum. We would like to use this medium to register the unwavering commitment of the government and people of Jamaica to the sustenance of our relations.

The current administration like our predecessors is steadfast in our posture and support for the "one China" policy. Our relations are grounded in our shared commitment to the sovereignty and respect for territorial integrity of states.

## Conclusion

The Jamaica-China Partnership has evolved commendably over the years. Guided by the Belt and Road Initiative and the policies and decisions that will emerge from this forum, we anticipate a progression in the collaboration between our two countries. We also look forward to continued discussions and shared perspectives that will enhance the work of the Belt and Road Initiative, so as to achieve the desired positive outcomes for every participating nation.

*Xiexie* (*shayshay*). Thank you!

Chairman of Asian Peace and Reconciliation Council, Former Deputy Prime Minister, Former Minister of Foreign Affairs, and Former Minister of Finance of Thailand
Surakiart Sathirathai

# Remarks at the Opening Ceremony of the Forum on the Belt and Road Legal Cooperation

(July 2, 2018 Beijing, China)

His Excellency Wang Yi, State Councilor and Minister of Foreign Affairs of China,
Mr. Wang Lequan, President ofthe China Law Society,
Mr. Chen Jiping, Executive Vice President of the China Law Society,
Excellencies and distinguished panelists,
Distinguished participants, ladies and gentlemen,

It is my great pleasure to have another opportunity to take part once more in the forum organized by the Ministry of Foreign Affairs of China and the China law Society here in Beijing.

As we are fully aware the Belt and Road Initiative has to involve participation of so many different countries with so many different legal requirements and conditions which could become hindrances along the Belt and Road route. The progress and the implementation of the initiative in the years ahead may have to pay more attention to the legal cooperation between all the countries partaking in the initiative. In that process, I believe that not only should the Belt and Road Initiative bring with it the notion of the rule of law, it must play the central role in international coordination for the new globalism that would entail many international legal and non-legal cooperation requirements.

What do I mean by new globalism?

The recent development of anti-globalization and anti-trade liberalization and increasing protectionism such as Brexit, President Trump's attempt to renegotiate free trade deals and to impose unprecedented import tariffs and barriers as well as the anti-European Union sentiment in several of its member countries means that we cannot embrace trade liberalization and globalization just like we have done in the past. Although we are fully committed to trade liberalization and globalization but if we cannot correct the major accusation of globalization and make globalization fully benefit citizens from all walks of life, this emerging anti-globalization sentiment will not be seen easily on the wane. The Belt and Road Initiative, the Regional Comprehensive Economic Partnership or RCEP and the Free Trade Area of the Asia-Pacific or FTAAP where China and ASEAN have a central role to play, however, are representing the new international open economy to support the traditional globalization. With the rule of law and true international cooperation and coordination, we could create the new international open economy that is inclusive and truly benefits our citizens from all walks of life. This is what I would call collectively "the new globalism".

In this connection, I wish to offer some thoughts on international coordination and cooperation for the success of the Belt and Road Initiative and new globalism.

First, this new economic openness that encompasses the Belt and Road Initiative, RCEP and FTAAP must guarantee to yield indiscriminate benefits to all. Under this new globalism, no one shall be left behind any more. Social safety net empowering the people and the community with the ability for lifelong learning in order to adapt and stand on their own feet is the key. People must be prepared to cope with the fourth industrial revolution. They must be prepared to participate and survive in the era of this disruptive technology. Every individual must have the opportunity to benefit from the fourth industrial revolution through the new globalism. Where you stand in the society must not deprive you of the economic and social benefits you should deserve from the new globalism.

Second, this new globalism must put the United Nations SDGs into effect. All the 17 goals must be incorporated as part and parcel of the new globalism. While the Belt and Road Initiative brings with it job and income creation and social betterment for the people in all the participating countries, its implementation success index, for instance, must be linked to how it serves the objectives of the SDGs.

Third, the rule of law must play its part in the implementation of all the new globalism initiatives. In ensuring that the Belt and Road Initiative will benefit all the people, big or small, the Belt and Road Initiative must help to improve the rule of law in those countries concerned. Its implementation has to be transparent, with good governance in budget spending, in loan extension and in the operationalization of the projects. China's endeavor to combat graft and corruption and promote good governance at home should provide a basis for the role of the rule of law in the Belt and Road Initiative implementation abroad.

Fourth, as one of the threats to development stems from organized crime, violence, conflicts and fragility, Asian countries must work closer together to ensure that transnational organized crime will not grow with the new globalism. Physical and non-physical connectivity underthe Belt and Road Initiative could be abused to facilitate transnational organized crime connectivity. The challenge is the political will of all leaders and the commitment of social engineers like all of us, lawyers and legal scholars alike. We need to make concerted efforts to see how different legal systems, different legal justice procedures, different criminal and civil law governing organized crime in countries where the Belt and Road Initiative projects operate can improve to provide legal safeguards against transnational organized crime, illicit drug and human trafficking, atrocity and human right abuses.

Fifth, the "software" side of physical connectivity has to be ironed out before the construction of the "hardware" such as bridges, roads, rails and ports is finished. My experience is that agreement on driving permits and vehicle license plates for motor cars and trucks of different countries to enter another country can be a point of obstacle to connectivity. But it can be done and already illustrated in the EU practice. The restrictions on drivers and motor vehicles and trucks crossing borders and travelling in different countries can create unnecessary limitation to open economy. Cross-border transportation arrangements must take into account business interests from all stakeholders in order to achieve a win-win situation. Lack of checkpoints understanding of connectivity could create problems leading to unnecessary delay in border-crossing or causing damage to imports-exports such as on perishable goods.

Sixth, border-related personnel must receive adequate training to understand the balance between facilitation and effective control of border pass. Such trainings must involve immigration officers, border police and military personnel, custom officers, product standard officers, food and drug administrative officers and personnel from the agricultural and public health departments as well as the foreign ministry legal department. Proper border arrangements programs and trainings are important for the effective implementation of the Belt and Road Initiative.

Take for instance as the import and export of counterfeit goods such as pharmaceutical products, consumers' products and organic food. These products will need a secured traceability to ensure their authenticity to protect health and welfare of consumers who are global citizens and to provide confidence on connectivity while facilitating cross-border traffic of people. It is equally important to strengthen border pass control to fight against transnational organized crime. Today's technology can help to ensure convenience of border pass while enabling tracking and tracing of criminals. Today's technology can help tracing and tracking cross-border products. Today's technology can facilitate border control through bio metric data identification. Today's technology can secure tracking of cross-border vessels and trucks. Today's sophisticated modern technology is increasingly important and helpful in the international legal cooperation to yield the benefits of the Belt and Road Initiative and the new globalism.

Accordingly, there is a real need for law enforcement officers of countries along the Belt and Road to work together on the software side and modern technology of connectivity to ensure that open economy can be really implemented and its benefits would be filtered through to the grass-root economy.

The implementation of the Belt and Road Initiative and the emerging new globalism will realize their full benefits if they get implemented under proper legal framework and the rule of law to bring real economic benefits for all people. Where there lacks the rule of law, the Belt and Road Initiative could help uphold it. Where there lacks international legal cooperation, the Belt and Road Initiative should help not to let law enforcement and framework of different countries, while being duly respected, become unnecessary impediments, hindrances and obstacles to passing the benefits from the new open economy to the global citizens. The magnitude of the Belt and Road Initiative scale will not only bring about such benefits but could also help bring about international legal cooperation and framework for better connectivity amongst participating countries. That way, the Belt and Road Initiative and the new globalism could transform the global economy with global and sustainable development for all walks of our global citizens.

Thank you for your kind attention.

United Nations Under-Secretary-General for Economic and Social Affairs
Liu Zhenmin

# Remarks at the Opening Ceremony of the Forum on the Belt and Road Legal Cooperation

(July 2, 2018 Beijing, China)

Mr. Chairman,
Distinguished participants,
Ladies and gentlemen,

I am honored to speak at the Forum on the Belt and Road Legal Cooperation. Trained as a lawyer and growing up in this community, I feel very much at home.

I would like to take this opportunity to share with you some of my reflections on this topic from two perspectives: First is about cooperation; second is about the legal framework. I speak both from my current position as the United Nations Under-Secretary-General for Economic and Social Affairs, and from my early experience working as a professional in international legal affairs.

Ladies and gentlemen,

The world today is at a critical juncture.

In recent decades, significant progress has been achieved in human development worldwide. The proportion of the world's population living under extreme poverty has dropped by more than half.

Yet more than 10 percent are still trapped in abject poverty; large inequalities both within and between countries are causing serious tensions; conflicts and terrorism are on the rise around the world; and our planet's ecosystems are degrading at an alarming rate.

Here I quote the State Councilor Wang Yi from his recent remarks at the meeting of the foreign ministers of BRICS, "The world is witnessing unprecedented changes in a century and is faced with three most pressing challenges, namely, governance deficit, trust deficit and development deficit."

We are indeed facing unprecedented challenges. But, not only challenges. We are facing unique opportunities as well, including the fourth industrial revolution.

We have, dear colleagues, for the first time in human history, sufficient resources to eradicate poverty and reduce inequalities, and place the planet on a trajectory of sustainable development.

The path we choose today will determine the course of our future, with widely contrasting possibilities. As the United Nations Secretary General noted, "We must act as one, because only together, as united nations, can we fulfill the promise of the Charter and advance human dignity for all."

That is why, in this broad context, we have the universal and transformative 2030 Agenda for Sustainable Development, endorsed in 2015 by all member states of the United Nations.

That is why, we, at the United Nations, welcome the Belt and Road Initiative, which exemplifies a new inclusive platform for international development cooperation and presents a far-reaching vision of building a community of shared interests.

Dear colleagues,

The Belt and Road Initiative originated from Asian region, but its immensity goes beyond it.

At the global level, the United Nations is still the most representative and authoritative intergovernmental platform to coordinate the efforts of the international community and make collective decisions.

Therefore, it will be critical to understand the Belt and Road Initiative in the context of a series of international arrangements which consist of the United Nationssystem.

The Charter of the United Nations, particularly in the Preamble and its Article 55 and Article 56, provides a strong legal foundation for the initiative. Indeed, the Belt and Road Initiative serves the exact purpose of the UN Charter through its objectives of promoting shared development and prosperity, peace and cooperation, openness and inclusiveness, and mutual understanding and trust.

The 2030 Agenda for Sustainable Development, with its 17 Sustainable Development Goals and 169 targets, provides a broad scope for the growth of the initiative, and for the UN system to be closely engaged with the initiative.

More specifically, the five priority areas as defined in the Belt and Road Initiative, or the "five types of connectivity"-namely, in policy, facilities, trade, finance and among peoples-are intrinsically linked and can effectively advance the achievement of the Sustainable Development Goals.

For example, connectivity, including infrastructure investment, can play a crucial role in promoting productivity and sustainable economic growth. Infrastructure investment is also a catalyst to accelerate the achievement of gender equality and empowerment of women and girls.

Thus, linking the efforts of the Belt and Road Initiative to the implementation of the universal, ambitious and overarching 2030 Agenda will lead to a stronger joint force for international development cooperation.

International arrangements may also take shape through UNtreaties, conventions and General Assembly resolutions. These can range anywhere from the Law of the Sea and protocols under Maritime Conventions ... to enhancing infrastructure investments and connectivity, regional and interregional economic cooperation, as called for in UN General Assembly resolutions on strengthening sustainable transport to achieve the SDGs.

Abiding by these important principles and arrangements, which are echoed strongly by the Belt and Road Initiative, means that the Belt and Road shall place a huge priority on policy coordination and intergovernmental cooperation as foundational objectives.

Ladies and gentlemen,

As I said, the Belt and Road Initiative originated from the region. It should also be deeply rooted in the region.

As more countries and international institutions join the Belt and Road Initiative, it will be important to bear in mind that the different regions and countries can embody very different situations. For example, legal regimes and frameworks vary considerably in the countries along the Belt and Road. I refer to common law systems, civil law systems, and Islamic law.

Indeed, we should learn from the past. In this regard, I highly commend the efforts by some institutions to put together case studies for lessons learned and experience sharing. They will be the practical guidebook for the Belt and Road countries and their enterprises to effectively resolve emerging disputes and conflicts, through laws and institutions.

We should also look at the present. The Belt and Road will benefit from existing bilateral and multi-lateral cooperation mechanisms.

In fact, most trade disputes could be resolved through the existing WTO mechanisms, or regional and bilateral trade agreements. However, international mechanisms for resolving investment issues are mostly bilateral based. And, still, some countries involved in the Belt and Road Initiative do not have bilateral treaties with China.

The Belt and Road Initiative could be an opportunity to further harmonize legal systems related to foreign investment treatment and dispute settlements, thereby strengthening multi-lateral systems and boosting implementation of Article 33 of the United Nations Charter on the settlement of disputes.

And, we should be forward-looking and well prepared to address emerging issues and challenges, whether cross-border activities, technology standardization, currency arrangements, commercial interests, or varied contract models.

In the United Nations, when we talk about challenges brought by frontier issues like artificial intelligence, robots, nano and bio-technology, I am always reminded to draw lessons from the history of the Internet, which still does not have a governance structure or legal framework in place after more than 30 years!

Ladies and gentlemen,

Developing a framework of rules and coordination to promote the Belt and Road Initiative is critical, but it will be a gradual process. In such an endeavor, a few key elements should be taken into account.

First, to ensure implementation of the Belt and Road Initiative in strict conformity with principles and rules of international law, including the UN Charter.

Second, to align the Belt and Road Initiative with the implementation of the 2030 Agenda for Sustainable Development.

Third, to foster synergy between the Belt and Road Initiative and regional cooperation arrangements, such as ASEAN-China cooperation, Lancang-Mekong Cooperation, Shanghai Cooperation Organization, China-Arab Cooperation Forum, and China-Africa Cooperation Forum.

Fourth, to help the Belt and Road countries develop their national strategies, which will be essential to facilitate investment and prevent investment risks.

Fifth, to reinforce accountability framework for corporations. Enterprises should be encouraged to observe rules on environmental and social obligations, as these factors might affect their long-term profits. In this area, guiding principles have been in place, such as those of the UN Global Compact, the UN Guiding Principles on Business and Human rights, and the principles of Responsible Investment.

Sixth, to facilitate a convenient process for the settlement of disputes between investors and the host states, and disputes among states.

Ladies and gentlemen,

Embarking on an undertaking of this scope is unprecedented in our modern era. As a new model of global governance going forward, the Belt and Road Initiative shall join the efforts of the international community to ensure a robust structure that speaks to the common concern of countries at all levels of development, and signifies a win-win cooperation.

I look forward to listening to your insights.

I wish the forum a great success!

Thank you.

President of Asian Infrastructure Investment Bank
Jin Liqun

# Remarks at the Opening Ceremony of the International Forum on the Belt and Road Legal Cooperation: Rules and Coordination

(July 2, 2018 Beijing, China)

H. E. Wang Yi, State Councilor and Minister of Foreign Affairs of China,
Deputy Secretary General Liu Zhenmin,
Distinguished guests, ladies and gentlemen,

Good morning!

It is my great pleasure to be invited to attend the Forum on the Belt and Road Legal Cooperation, with its theme on rules and coordination.

I would like to take advantage of this opportunity to express my deep appreciation on behalf of the Asian Infrastructure Investment Bank (AIIB) to all those who have supported the establishment and operation of our bank-the Chinese Government in particular, the governments of our members, international organizations, and all of you present.

It is gratifying to witness the astounding achievements all the way from conceptualization to tangible results in the cooperation for the Belt and Road Initiative proposed by President Xi Jinping. Meanwhile, the Belt and Road Initiative has increasingly attracted a great deal of attention from all the stakeholders regarding policies, governance and standards. It goes without saying there are misunderstandings, even prejudices, about this Initiative. Therefore, this conference makes great sense in bringing the general public to appreciate the significance of the Belt and Road Initiative from an all-round and true perspective.

Indeed, we experienced the similar skepticism and doubts about the AIIB when the creation of this bank was initiated, in spite of warm response and support from many countries. Questions touched on the purpose of establishing this bank, China's ability to take a lead role in creating a multi-lateral development bank, the bank's governance and standards, and last but not the least the relationship of the AIIB with the Belt and Road Initiative.

As the Chinese proverb goes, facts are more persuasive than eloquence. The spirit of transparency, teamwork, cooperation and inclusiveness feature prominently throughout the entire process of establishment and running of this bank over the last two years and a half. The bank is going forward from strength to strength. The bank's performance has earned approval and applauses from the international community.

On June 25 and 26, the bank's third annual meeting was successfully held in Mumbai, India, with a turnout of around 3,000 participants from across the world. It is broadly recognized that AIIB represents a multi-lateral development bank with the $21^{st}$ Century governance, standards, and multi-lateral characteristics, on the strength of its sound policies governing operations, environmental and social framework and procurement. This testifies to Chinese Government's firm commitment to the international community and delivers on its promises. Membership has now grown from the 57 founding members to 87 members from all the continents. A lending program has been rolling out along a steep curve, with projects over $5 billion approved. This has leveraged a total amount of investment in infrastructure to the order of $30 billion. The three major rating agencies have accorded our bank with Triple-A rating. And the Basel Committee on Banking Supervision assigns eligible AIIB liabilities a 0-percent risk weighting.

The idea of both AIIB and the Belt and Road Initiative came from China, but the ownership of both is vested with the whole world. Both are open and inclusive platforms for international cooperation. This is China's appeal to the international community to take constructive actions to tackle the global challenges against the background of globalization in its ever-expanding breadth and depth. Multi-lateral institutions have an important role to play in underpinning the Belt and Road Initiative, by providing support in terms of standards, financing, capacity building, environment and social policies, debt sustainability and disputes resolution. The projects financed by our bank are fanning out across the countries of or connected to the Belt and Road Initiative.

In May 2017, six multi-lateral development banks, including AIIB and the World Bank, entered into an agreement with the Chinese Ministry of Finance, entitled Memorandum on Cooperation in Related Areas to Strengthen the Belt and Road Initiative. We in AIIB are now working with the Chinese Ministry of Finance, the World Bank, the European Bank for Reconstruction and Development and others to firm up the arrangement for establishing the Center for MDBs' Financing. The center is intended to promote data sharing, projects coordination, capacity building, etc. We provide all the necessary facilities to the center, which we host in our headquarters.

It is my belief that as long as all the stakeholders are committed to adhering to the principle of "broad consultation, joint construction and shared benefit" proposed by President Xi, and ramp up efforts to coordinate policies, connect infrastructure facilities, free up bottlenecks to trade, mobilize resources and enhance chemistry among all the peoples in this world, the Belt and Road program will definitely roll out as a road to peaceup, a road to prosperity, a road to opening up, a road to innovation and a road to highly civilized society.

To conclude, I wish the conference every success!

Thank you.

Belt and Road Initiative Special Envoy of the UK Treasury
Douglas Flint

# Remarks at the Opening Ceremony of the Forum on the Belt and Road Legal Cooperation

(July 2, 2018 Beijing, China)

Your Excellency Wang Yi, Excellency Wang Lequan, President of the China Law Society,

Ladies and gentlemen,

I'm delighted to speak with you this morning, and would like to thank the Ministry of Foreign Affairs and the China Law Society for convening this forum.

As the UK Chancellor made clear during his visit here to Beijing last week, the Belt and Road Initiative presents transforming commercial opportunities to meet demographic, environmental and climate change challenges, as well as enhancing economic growth, connectivity and prosperity throughout Eurasia and East Africa and beyond.

But it also presents complex legal and financial challenges. Challenges, as the convening success of this conference demonstrates, are best addressed through a collaborative process in partnership with host countries, international bodies and industry participants.

And I welcome the opportunity, over the course of today's agenda, to better understand and gain insight from other attendees' proposals for Belt and Road Initiative "rules and coordination", "institutional connectivity" and observance of standards which, through having, or gaining, international recognition will facilitate capacity building for the Belt and Road Initiative.

The framework through which standards are developed will contribute toward the evolving Belt and Road Initiative risk management, governance and legal frameworks that will be crucial to its success; ensuring projects are commercially viable, creditworthy, and aligned with the mandates of the most significant international asset owners and managers.

It is through this process that institutional capital and expertise can be crowded-in at scale-as President Xi has made clear will be necessary.

By meeting or exceeding the contractual expectations of international investors, the financing capacity unlocked will help Belt and Road Initiative to close an estimated \$1.7 trillion annual infrastructure investment gap in Asia alone.

## Certainty and Scale

Project commercial and economic viability are essential but not sufficient attributes for Belt and Road Initiative to meet its scale objectives—that also requires creditor and investor trust which is founded upon clarity of outcomes when both expected and unexpected events occur. Most important is the certainty that comes from knowing contracts are fair, transparent and robust. That appropriate dispute resolution procedures are in place for when good projects go bad, and that judgements, wherever they might be made, will be enforced and upheld.

For a multi-jurisdictional initiative like the Belt and Road Initiative-encompassing emerging and frontier jurisdictions, challenging business environments and under-served economies-clarity and legal certainty will be crucial components in unlocking international capital at scale.

This involves mitigating the operational, counterparty and construction risks that have bedevilled past plans; and providing comfort that, in any worst-case scenario, the necessary steps toward arbitration, mediation or adjudication have been pre-considered.

The scale of the vision also requires access to the largest pool of savings and investment credits, which means from the outset designing Belt and Road Initiative projects have to attract international support.

## English Law

As Belt and Road Initiative projects become increasingly multi-national in terms of contracting parties and jurisdictions and investors and financiers are sought from all corners of the globe, providing the required contractual framework will necessitate one that is widely respected, clear and flexible.

There will be many possibilities to meet such needs depending on the identities and experiences of the contracting parties and the project financiers. It is likewise for dispute resolution—from on—and offshore arbitration, including in London, to the more traditional form of dispute resolution, litigation.

For the most complex third-party projects with multinational participants, financiers and investors or where recourse through the courts is the preferred option, there is in our view a well-respected and established solution, which can build capacity for Belt and Road Initiative and indeed is doing so today.

It is often said that English is the language of commerce; but really that language is English law.

A system built on precedent and predictability will be well suited to the complex, multi-party financings necessitated by the Belt and Road Initiative.

As a common law system it is flexible to meet the challenges of an ever-changing commercial world, which is why it is leading the way infintech, digital ledger technology and artificial intelligence.

Less litigious and punitive than alternative codes, it permits judgement currency to be any currency-well suited to the Belt and Road Initiative's demands and diversity.

English law has built its international reputation through being independent of political processes, insulating lenders from changes of law in instances of credit recovery. Its judiciary is highly experienced in international affairs, concerned only with the intrinsic merits of each case without regard to nationality, politics, religion or race.

What can we learn from this experience?

Combined, an adherence to internationally-accepted standards, principles and best practice; flexibility of contract law; and predictable and stable Belt and Road Initiative legal environments, will give businesses and investors' confidence about their commitments and their risks, embolden them to expand into new markets, and support overseas Belt and Road Initiative investment decisions.

## Building Belt and Road Initiative Asset Class

Collectively, these attributes can also contribute to the real possibility of creating a globally recognised Belt and Road Initiative asset class.

Working together to create such an asset class through Belt and Road Initiative project definition, creating internationally accepted Belt and Road Initiative financing and bond standards and ensuring clarity of contract and dispute resolution protections provides the best framework to meet the mandates of the widest spectrum of pension, sovereign and insurance funds globally.

In this way we build Belt and Road Initiative financing capacity, as well as accelerating the creation of the innovative financing and risk management tools needed to meet the diverse needs of contractors and investors. Ultimate ambition is to ensure the Belt and Road Initiative kitemark is synonymous with a robust, high-quality, liquid and standardised global asset class, and more broadly an affirmation of the benefits of globalisation, through shared prosperity.

## Conclusion

I believe we have a great opportunity. Through harnessing the Belt and Road Initiative expertise within China and third countries and building incremental global financing capacity through the international financial and professional services community based in the UK we can help Belt and Road Initiative meet its economic and commercial objectives.

Convening the discussions and facilitating the partnerships needed to deliver this vision should now be our priorities.

I am encouraged by the fact that in recent years, no two countries have done more to prepare global capital markets for the 21$^{st}$ century than the UK and China.

Our cooperation in areas as diverse as fintech, green finance and renminbi internationalisation has delivered tangible benefits to businesses, savers and investors everywhere.

Working together, as described abovc, to realise the economic and commercial objectives of the Belt and Road Initiative presents the next opportunity to enhance cross-border trade and legal cooperation, facilitate greater use of international public-private partnerships, and drive prosperity and sustainable development. We should grasp the opportunity.

Thank you!

# Panel 1:
# The BRI and International Rule of Law

Co - Chair of the Forum, Executive Vice - President of China Law Society
Chen Jiping

# Building the Belt and Road Initiative into a Legal Cooperation Booster

## —Keynote Speech at the Forum on the Belt and Road Legal Cooperation

(July 2, 2018 Beijing, China)

Distinguished guests, delegates,

Ladies and gentlemen, friends,

It is a great pleasure to be here at the Forum on the Belt and Road Legal Cooperation with you to make a blueprint for Belt and Road legal cooperation.

Since the Belt and Road Initiative was proposed by Chinese President Xi Jinping in 2013, the China Law Society, as a people's organization, a mass organization and an academic organization in China's legal community, has regarded it as the most important agenda for international exchange. The China Law Society has strived to establish legal cooperation platforms and mechanisms, conduct cultural and educational exchange in legal sciences, share experience in the rule of law, and promote communication on legal policies, in order to facilitate the Belt and Road Initiative. I have attended a number of forums on the Belt and Road legal cooperation since December 2016, including the Third BRICS Legal Forum, the Second China-South Asia Legal Forum, and the China-ASEAN Legal Forum in 2017. These sincere and informative discussions gave me great inspiration and a better understanding of the essential role of legal cooperation in the Belt and Road Initiative. Here, I'd like to share with you some thoughts and suggestions on this issue.

Rule of law is the most reliable and effective approach to social as well as global governance. For the Belt and Road Initiative, which is a comprehensive instrument for boosting economic development, political mutual trust, cultural exchange and social governance cooperation mechanisms among different countries, rule of law plays an undisputed role as a significant fundamental safeguard. China attaches great importance to integrating legal cooperation with implementing the Belt and Road Initiative, with a view to safeguarding the initiative with the rule of law on the one hand, and on the other hand, to facilitating the rule of law by developing the initiative. In the past five years of the initiative's implementation, legal consensus has been increasingly deepened, legal safeguards gradually enhanced, and significance of the rule of law increasingly approved.

To further standardize, safeguard, lead and facilitate the Belt and Road Initiative by the rule of law, we should strive to enhance positive interaction on the following five aspects:

### 1. Interaction between Legal Mutual Trust and Political Mutual Trust

Political mutual trust serves as the foundation for friendly cooperation among different countries and regions. And political mutual recognition and trust is the basic premise for economic cooperation. As the Belt and Road Initiative involves not only enterprises but governments as well, it is even more inseparable from political mutual trust. Due to the different political traditions, political development paths and political systems of the Belt and Road countries, a progressive process is required for establishing political mutual trust. In view of this, deepening cooperation and addressing political risks by applying legal thoughts and methods can practically and effectively boost political mutual trust. Political mutual trust includes legal mutual trust by nature, as the former cannot exist without the support of the latter. Rule of law is the greatest common divisor among different political elements of countries. Individual legal systems may vary from one country to another, but a number of common elements can be observed in all legal concepts, policies and principles, such as equality under the law, the supreme authority of the constitution, power exercise and restrictions, and performance of contract. As long as all countries promote legal policies, stick to legal principles and create a favorable legal environment, legal mutual trust can be established, and thereby, political mutual trust. Political mutual trust, in turn, further enhances legal mutual trust. The pursuit of legal mutual trust cannot be equated with the pursuit of uniform legal systems. Instead, we should seek common ground while reserving differences, with full respect for legal differences. "Governance takes various forms, and gentlemen share common merits but have distinct characteristics." With different legal systems, we have distinct legal traditions and cultures, demonstrating varied legal forms. So we should take into consideration the standpoints of all parties and seek wider and deeper legal consensus in an open and inclusive way based on understanding and respecting the legal status quo and governance methods of all countries.

## 2. Interaction between Domestic and International Rule of Law

International cooperation requires a favorable international legal environment and strong international legal safeguard. In other words, cooperation is impossible without the rule of law. International rule of law is an indispensable principle and approach for implementing the Belt and Road Initiative while the initiative provides new opportunities and driving force for the development of international rule of law. By adhering to the principles of "joint consultation, joint contribution and shared benefits", and the concept of "building a community of shared benefits, shared responsibilities and shared future for mankind", giving priority to building an open, inclusive and balanced regional economic cooperation structure, and eschewing privileged treatment, exclusiveness and forced trade, the Belt and Road Initiative will beyond doubt develop a brand-new approach to international legal cooperation and accelerate the development of global rule of law based on developing the regional economy and trade liberalization, abiding by international laws and complying with bilateral and multi-lateral treaties. International rule of law is based on domestic rule of law, and is an extension of domestic rule of law in international cooperation. The former cannot exist without the latter. This requires the Belt and Road countries to enforce their domestic rule of law and improve their legal practices so as to provide a better legal environment for international cooperation, thus more legal bonus for local residents and more legal outcomes for the world. Over the five years, China has determinedly given priority to legal safeguards for the Belt and Road Initiative, observed the United Nations Charter and international law, complied with WTO rules and agreements, followed bilateral and multi-lateral treaties or agreements, and issued legal policies promoting investment, financing, taxation, trade liberalization and facilitation. History and practice have proved that any country, be they developed or developing, can realize positive interaction between domestic and international rule of law and promote common progress of the rule of law as long as it integrates domestic and international rule of law in a reasonable way.

### 3. Interaction between Economic Cooperation and Legal Cooperation

It has been 40 years since China started implementing the reform and opening-up policy. Over the four decades, China's society and economy have undergone profound changes, thanks to its decisive focus on economic development as well as joint development of reform and rule of law. The Belt and Road Initiative is an approach to cooperation, mutual benefit and joint development. Of the "five connectivities" that the initiative aims to build, infrastructure, trade and financing are fields of economic cooperation.

Nevertheless, trade and economic cooperation cannot be carried out without legal safeguard. As an old Chinese saying goes, "To become rich, roads should be built first". Accordingly, during the development of the Belt and Road Initiative, we must build the road for legal cooperation first and also ensure that this road extends to wherever the initiative is rolled out. Therefore, the Belt and Road Initiative is an approach to not only prosperity, but also the rule of law. A positive correlation can be observed between legal development and economic cooperation. To be specific, the more advanced the rule of law is, the more developed trade and economic cooperation will be. Only by improving trade rules, investment rules, traffic and infrastructure rules and dispute resolution mechanisms between countries can sufficient legal safeguards for trade and economic cooperation be provided. At the same time, trade and economic cooperation will undoubtedly promote continuous innovation and optimization of trade and investment rules in turn. The Belt and Road Initiative represents all-around cooperation covering society, culture, education and security, in addition to economy. Hence, legal cooperation should be all-round too.

### 4. Interaction between Substantive and Procedural Rule of Law

To ensure the rule of law, equal priority should be given to both substantive and procedural laws. The implementation of the Belt and Road Initiative requires a complete system of rules, including both substantive laws as well as conflict and dispute resolution rules of procedural laws. As for strengthening substantive rule of law, first, the international order and system stipulated by the United Nations Charter should be maintained and existing international rules followed, such as international business conventions, business exemplary rules and international business practices. Second, within certain regions, we can coordinate business rules of different countries and integrate them into uniform business rules, thereby stabilizing business anticipations and reducing transaction costs. Third, we can revise domestic business laws of all countries, such as relaxing market access conditions for enterprises and defining standards according to national treatment principles, with the view to eliminating or reducing contradictions between legal systems of all parties and promoting fair competition between enterprises from different countries. Fourth, we should modify or abolish laws and rules counter to the intention of international economic cooperation and market economy principles in a timely manner. While enhancing the substantive rule of law, vigorous effort should be made to ensure procedural justice and value and to advance the development of procedural rule of law. Regarding the lack of unified substantive laws applicable to all countries and lack of unified conflict laws and identical product and service standards, we should work to establish legal conflict solution mechanisms, build flexible and diverse conflict resolution models and unify technical standards. With regard to the disputes that arise during the Belt and Road cooperation, all countries should, by establishing fair and efficient dispute resolution mechanisms, actively consider applying arbitration, mediation and other alternative resolution means within their borders. Meanwhile, they should study and formulate diversified dispute resolution mechanism rules applicable to all regions, and establish Belt and Road arbitration centers and mediation centers recognized by multiple governments with wide participation of legal professionals from all countries.

### 5. Interaction between Legal Practice Cooperation and Legal Academic Exchange

Belt and Road legal cooperation is an immense, systematic long-term project that requires the participation of all parties and exchange at different levels. As to the participants, it requires the participation of international organizations, governmental agencies of relevant countries, enterprises, research institutions, social organizations and other social forces, as well as legal bodies and various legal practitioners including lawmakers, judges, procurators, lawyers, arbitrators and scholars. The Forum on the Belt and Road Legal Cooperation is co-hosted by China's Ministry of Foreign Affairs and the China Law Society, thus featuring multi-party participation as well as cooperation between government agencies and social organizations. Legislative bodies of all countries should step up cooperation and adjust domestic legal systems so as to create a more impartial and rational investment environment for foreign capital. In his keynote speech at the opening ceremony of the 2018 Boao Forum for Asia Annual Conference in April, Chinese President Xi Jinping announced that China will improve its investment environment, enhance connection with international economic and trading rules, boost transparency, strengthen intellectual property rights protection, uphold the rule of law, encourage competition and oppose monopoly. Judicial authorities of all countries should fully exercise justice and arbitration in dispute resolution, and ensure impartial treatment to enterprises from different countries. As the biggest stakeholder during the Belt and Road legal cooperation, enterprises should act as major participants in legal cooperation as they best know what their legal demands are and what kind of legal support they need. Therefore, it is of great importance to encourage, attract and organize enterprises to take part in legal cooperation. Legal research institutions of all countries, in an issue-oriented and practice-based manner, should enhance the exchange of their rule-of-law experiences and legal theories, as well as the cultivation of legal talents and establishment of legal information-sharing systems, thereby providing sufficient legal support and talent pool for policymaking, trade and investment, the rule of law and all-round international cooperation.

Ladies and gentlemen, friends:

The Belt and Road Initiative is of great and lasting importance. Every little effort we make today will never be in vain. Let's join hands with legal wisdom and cooperation to promote the Belt and Road Initiative, build a community of shared future for mankind and work for a brighter future!

Thank you.

Vice – Minister of Justice of the People's Republic of China
Zhao Dacheng

# Speech at the Forum on the Belt and Road Legal Cooperation

(July 2, 2018 Beijing, China)

Dear distinguished guests,
Ladies and gentlemen, friends,

Good morning!

It is a great pleasure for me to participate in the Forum on the Belt and Road Legal Cooperation, co-organized by the Ministry of Foreign Affairs of the People's Republic of China and the China Law Society. On behalf of the Ministry of Justice of the People's Republic of China, I would like to extend our warm congratulations on the successful opening of the Forum.

In the fall of 2013, President Xi Jinping put forward an initiative of jointly building Silk Road Economic Belt and $21^{st}$ Century Maritime Silk Road, namely the Belt and Road Initiative (BRI). The BRI is in line with the purposes and principles of the UN Charter, handles the relations with the interests and development of all countries on the basis of the Five Principles of

Peaceful Coexistence, upholds the principle of "achieving shared growth through discussion and collaboration", and embraces the trend of times toward world multi-polarization, economic globalization, society informationization, cultural diversity, as well as peace and cooperation, openness and inclusiveness, mutual learning and mutual benefit, so as to contribute the wisdom of China to solving difficult problems and challenges in the world development.

Over the past five years, China has actively promoted the transformation of the BRI from ideas to actions, from visions to realities: Firstly, the BRI aims to ensure the independence of all parties involved. All countries along the Belt and Road, big or small, strong or weak, rich or poor, are equal participants in the Belt and Road. Secondly, the BRI aims to promote cultural exchanges between countries along the Belt and Road. We should inherit and carry forward the spirit of friendly cooperation of the Silk Road by conducting extensive cultural, academic and people-to-people exchanges, so as to win public support for deepening bilateral and multilateral cooperation. Thirdly, the BRI aims to establish fair and mutually beneficial trading mechanisms. We should promote orderly and free flow of regional economic factors, highly efficient allocation of funds and deep integration of markets, and create a favorable situation of mutual complementarity and mutual benefit. Fourthly, the BRI aims to actively create an open and shared business environment. We should improve liberalization and facilitation of trade and investment, enhance economic exchanges, personnel exchanges and mutual understanding among countries along the Belt and Road, and build a regional community with shared interests and shared future.

In June 2018, President of the People's Republic of China Xi Jinping declared that the Chinese Government will set up China-Shanghai Cooperation organization(SCO) committee on legal services to provide legal supports for economic and trade cooperation. This will provide an important platform for deepening cooperation in the field of legal services among SCO member states and related countries along the Belt and Road. The Ministry of Justice of the

People's Republic of China is willing to continue to make greater effort for it.

Looking into the future, there is broad space and bright prospects for the Belt and Road legal cooperation. Here, I would like to put forward five proposals for discussions by guests attending the forum.

First, we need to strengthen exchanges and mutual learning in legal systems and promote people-to-people and cultural cooperation in the field of the rule of law. The histories, cultures, religious beliefs and political systems of countries along the Belt and Road are diverse, and their legal systems vary greatly. It is extremely necessary to strengthen the mutual learning, research, exchange and learning of the legal systems. It is hoped that government departments of all countries will vigorously support and fund legal exchanges and cooperation projects, strengthen the exchange and sharing of important legal information, jointly establish convenient inquiry platform of national basic legal information, hold large-scale legal forums, increase exchanges of researchers and young students, encourage legal professionals to conduct extensive research, discussion and exchanges in their professional fields, expand academic exchanges and enhance the understanding of related national legal systems by enterprises, institutions and personnel of countries along the Belt and Road, promote people-to-people and cultural exchanges and cooperation and strengthen the sound basis for the Belt and Road international cooperation.

Second, we need to strengthen the building of bilateral and multi-lateral rules and strengthen the cornerstone of international legal cooperation. Rules contain the ideas of the rule of law, and embody the spirits of the rule of law. It is the foundation and guarantee for the smooth and orderly development of the Belt and Road international cooperation to construct and apply bilateral and multi-lateral rules well. It is suggested that the government departments of countries along the Belt and Road uphold the principle of "achieving shared growth through discussion and collaboration", speed up the negotiation, signing-up and comprehensive upgrading of bilateral and multilateral investment protection agreements between countries along the Belt and Road, strengthen investment promotion and protection of rights and interests and enhance trade facilitation, and build a new, more equitable, mutually beneficial and win-win rule system, so as to jointly make creative contributions to the economic globalization.

Third, we need to establish fair and highly efficient dispute resolution mechanisms and promote and deepen international legal cooperation. How to settle disputes fairly and efficiently is an important issue in the Belt and Road international cooperation. Parties to the cooperation should not only preset rules to prevent risks, but also build a scientific and reasonable dispute resolution mechanism. It is suggested that related countries gradually establish regional international legal mechanisms to settle trade and investment disputes among countries along the Belt and Road step by step according to their actual needs, build diversified dispute resolution mechanisms, reduce the cost of dispute resolutions and improve the efficiency of dispute resolutions, establish and improve the international judicial assistance mechanism, promote the recognition and enforcement of international commercial arbitral awards by countries along the Belt and Road, and promote international law enforcement and judicial cooperation among countries along the Belt and Road, so as to create a fair, highly efficient and transparent legalized business environment for the Belt and Road international cooperation.

Fourth, we need to give full play to the professional advantages of legal services such as lawyers etc. and provide high-quality legal services for international cooperation. Legal service professionals including lawyers, arbitrators, notaries, mediators, etc. are important participants in the Belt and Road international cooperation. International economic and trade cooperation and transnational investment and management often involve many complex legal issues, thus preventing operational risks and settling contradictions and disputes run throughout the whole process of international investment and trade. It is hoped that lawyers and other legal service professionals can actively take actions, make full use of such means as issuing legal opinions, mediation, arbitration and agency litigation, etc., provide one-stop comprehensive legal services, to prevent risks, settle disputes, and effectively protect the legitimate rights and interests of enterprises and citizens of countries along the Belt and Road. It is also hoped that lawyers of related countries will extensively strengthen exchanges and cooperation, expand the supply of legal services and improve the quality of legal services, so as to contribute more legal wisdom, legal products and legal services to the Belt and Road international cooperation.

Fifth, we need to strengthen the practical cooperation between ministries of justice of countries along the Belt and Road and unite the strength of international legal cooperation. Government cooperation among countries along the Belt and Road is the basis of the Belt and Road international cooperation and practical cooperation among ministries of justice of various countries is an important aspect of government cooperation. The Ministry of Justice of the People's Republic of China undertakes the responsibilities of administrative legislation, law enforcement coordination, criminal enforcement, legal affairs management, legal services, legal publicity and judicial assistance, etc., and plays an important role in promoting policy coordination, facilities connectivity, unimpeded trade, financial integration and people-to-people bonds. The Ministry of Justice of the People's Republic of China hopes to further strengthen legal exchanges and practical cooperation with the ministries of justice of countries along the Belt and Road to provide a solid legal guarantee and legal services for the construction of the Belt and Road.

To conclude, I wish the Forum on the Belt and Road Legal Cooperation a complete success.

Thank you!

Director-General of the International Development Law Organization
Irene Khan

# Speech at the Forum on the Belt and Road Legal Cooperation

(July 2, 2018 Beijing, China)

Excellencies,
Distinguished delegates,
Ladies and gentlemen,

I am honored to participate in the Forum on the Belt and Road Legal Cooperation and would like to thank the Ministry of Foreign Affairs of China and the China Law Society for inviting the International Development Law Organization (IDLO) to this event.

As the only intergovernmental organization exclusively devoted to advancing the rule of law and development, we believe this forum is very timely and topical.

IDLO is proud of its partnership with China which has been a member of IDLO since 1989. Our interaction with China goes even further back. The very first event organized by IDLO outside its headquarters in Rome was a training event for Chinese legal experts in Beijing in 1986.

Guided by our core values of respecting all legal systems, promoting local ownership and developing context specific solutions, we work in countries around the world to strengthen legal and judicial capacity, provide technical legal assistance and advance legal and policy reforms to support peace, justice, sustainable development and economic opportunity.

The Belt and Road Initiative has the potential to improve the lives of billions of people. Through its programs and resources, Belt and Road Initiative can also make a significant contribution to the United Nations 2030 Agenda for Sustainable Development. The two international initiatives are complementary. Both are informed by a shared philosophy anchored in the purposes and principles of the United Nations, and committed to international peace and development. The 2030 Agenda explicitly acknowledges the rule of law as a target of sustainable development.

At a time when the international rule-based systems governing trade and commerce are coming under attack from protectionist and unilateralist impulses, we believe the principles of international rule of law are key to safeguarding multilateralism and facilitating international cooperation to promote trade, investment and sustainable development, and eradicate poverty and support inclusive and peaceful societies. Belt and Road Initiative can both contribute to strengthening international rule of law and benefit from it.

International rule of law is based on purposes and principles of the UN Charter, universally applicable rules and the equal democratic participation of all states in the rule making process. As such it is an essential pillar of international peace and cooperation.

International rule of law is critical to economic growth and sustainable development because it provides a shared legal framework for cooperation among jurisdictions with different national legal systems and traditions. By harmonizing rules and facilitating cooperation it eases economic cooperation and encourages win-win results.

To give one example, a key priority of the Belt and Road Initiative is to promote and expedite trade between China and participating countries. A study jointly carried out by UN-ESCAP and the Islamic Development Bank found that it typically takes 35 days to export fabrics from China to Kyrgyzstan and the process involves over 20 trade procedures carried out by more than 20 different actors.

The Trade Facilitation Agreement (TFA), which entered into force in 2017 and has been ratified by China, Kyrgyzstan and 134 other WTO members, will help to address this issue by providing an enforceable set of rules which will expedite the movement, release and clearance of goods at the domestic level. The WTO estimates that it could reduce trade costs by an average of 14 percent worldwide, with the poorest countries benefitting the most.

China played a vital role in the successful negotiations of the TFA. It was among the first group of WTO members to ratify the TFA. China will also contribute $1 million to help developing and least-developed countries implement the agreement.

This is just one example of how international rule of law can facilitate win-win results that advance key Belt and Road Initiative priorities, strengthen legal and regulatory frameworks in participating countries, build trust and contribute to sustainable development throughout the region.

Alignment of the Belt and Road Initiative with existing international standards on project finance, including in areas such as procurement, sustainable financing, transparency and reporting, social and environmental accountability-to which many of the stakeholders have already signed up-will help to further increase the level of trust and confidence among partners and encourage new actors including partner countries, investors and private enterprises to participate.

When the Belt and Road Initiative partners uphold international rules they strengthen the continued importance of rule-based multilateral cooperation.

As an organization that supports governments to strengthen institutions and reform laws, let me underline the vital relationship between international and national rule of law systems, and how the Belt and Road Initiative can strengthen that link.

Predictable, stable national legal environments are important for creating confidence among governments, businesses and communities to work with each other. They need to feel assured that there are fair, well-defined mechanisms to resolve disputes, proper rules and standards to govern operations and a degree of protection for investments and physical and intellectual property.

The World Bank's Doing Business Index shows that there is a direct correlation between a country's legal system and its economic competitiveness.

The Belt and Road Initiative includes countries with diverse cultural, linguistic and legal traditions, at different stages in their political and economic development. Their legal needs vary enormously, as does their legal and judicial capacity.

Some countries may be hampered from fully realizing the benefits of the Belt and Road Initiative because their legal frameworks are not suitable for large international investment and development projects.

Dispute resolution is an area of potential concern. Many participating countries do not have neither sufficient institutional knowledge nor capacity nor resources to adjudicate or arbitrate complicated disputes.

A significant number of the Belt and Road Initiative partners have prioritized the improvement of their economic and commercial legal frameworks to create a more conducive environment for investment.

An important contribution that the Belt and Road Initiative can make to international rule of law is to support some of the participating countries which have weak legal systems to strengthen their capacity and institutions in ways that are nationally owned and context sensitive ways.

As an international organization specialized in legal capacity development and institution-building, IDLO is ready to play its role in such endeavors. For more than 30 years, from countries as varied as Kenya and Kyrgyzstan, Mongolia and Mali, IDLO has supported countries to build their capacity and carry out much needed institutional, legal and regulatory reforms, examine and introduce alternate dispute resolution mechanisms.

Another important way in which the Belt and Road Initiative can both benefit from and contribute to international rule of law is by enabling greater coordination among the large and diverse group of the Belt and Road Initiative partners through dialogue and learning on legal and related policy issues.

Increased policy dialogue between governments, businesses and other stakeholders can help to develop consensual solutions to perceived problems.

Through such dialogue the Belt and Road Initiative can help advance the development of more equitable models of multilateral cooperation that give a greater prominence to the voices of developing countries and strive to create fairer rules for trade, investment and intellectual property and for addressing climate change.

IDLO has a long history of cooperation with national and international legal communities, working both top down with institutions, and bottom up with the private sector, civil society and communities to advance knowledge, build bridges and find mutually beneficial solutions. For instance, we have contributed to regional judicial cooperation in Central Asia and supported the East African Community Chief Justices,Forum. We have also built alternative dispute mechanisms in Mongolia.

We are ready to contribute our expertise and convening power to help organize multi-stakeholder consultations and conferences to enhance policy dialogue on legal cooperation and advance greater understanding and buy-in among diverse partners of the Belt and Road Initiative.

Let me conclude by underlining that the principles of international rule of law, together with the Belt and Road Initiative's three "golden principles" of "extensive consultation, joint contribution and shared benefits", can greatly enhance equitable treatment, transparency and mutual accountability among the Belt and Road Initiative partners, and create a new and dynamic framework for international cooperation.

IDLO stands ready to support the Forum on the Belt and Road Legal

Cooperation, and to open a new chapter in our long and fruitful history of partnership with China and other participating countries.

Thank you.

Director of the Legal Department of the Ministry of Foreign Affairs of the Russian Federation
Evgeny Zagaynov

# The Belt and Road Initiative and International Rule of Law

(July 2, 2018 Beijing, China)

First of all, I would like to express my sincere gratitude to our Chinese colleagues for their hospitality and for the opportunity to participate in this important discussion on the implementation of the Belt and Road Initiative and the international rule of law.

The Belt and Road Initiative is one of the largest international infrastructure and investment projects covering up to over 80 countries, 65 percent of the world's population and three quarters of global energy resources. In a broader perspective this initiative not only contributes to the global economic system and transnational logistic chains, increases regional connectivity and stimulates trade, but can also enhance living standards, promote employment and education, as well as international exchange of knowledge and experience.

Such a large-scale project as the Belt and Road Initiative requires a broad and innovative approach to the existing economic, political, administrative, technological, logistic and of course legal challenges.

To achieve its ambitious goals the Belt and Road Initiative needs sustainable political and trade relations between the countries involved, as well as an adequate and updated legal framework covering such areas as investment protection and trade facilitation, customs cooperation, avoidance of double taxation, etc.

And of course such a comprehensive international project cannot ignore the already existing and ongoing economic integration processes between the countries that may be involved in its implementation. Therefore, in our view, the creation and functioning of a strong, up-to-date and effective international legal framework should not only strengthen the Belt and Road Initiative, but also promote its interaction with other economic formats in the region.

The Belt and Road Initiative has a particular importance from the perspective of the Eurasian comprehensive partnership that could promote growing economic interconnectedness in the Eurasia continent. As the President of the Russian Federation Mr. Vladimir Putin stated at the Belt and Road summit in Beijing in May last year, "By adding together the potential of all the integration formats like the Eurasian Economic Union, the Belt and Road, the Shanghai Cooperation Organization and the Association of Southeast Asian Nations, we can build the foundation for a larger Eurasian partnership". Moreover, such partnership is not only a way of further economic integration but should also be a platform for peace and prosperity in the continent in general, based, *inter alia*, on the international rule of law.

In this regard, I would like to specifically mention the declaration of the Russian Federation and the People's Republic of China signed in Beijing in June 2016, where both states emphasized their commitment to the promotion of international law, first and foremost, the principles of international law as they are reflected in the United Nations Charter and the 1970 declaration. These principles remain "the cornerstone for just and equitable international relations featuring win-win cooperation, creating a community of shared future for mankind, and establishing common space of equal and indivisible security and economic cooperation".

Russia currently has an impressive international legal basis for trade and economic cooperation with China. The bilateral investment treaty of 2006 together with a number of intergovernmental and interagency treaties in specific fields of economy, trade and industry provide an efficient regulation for potential Belt and Road Initiative projects. We are ready to continue efforts aimed at the development of this legal framework within a broader context of interaction between the Eurasian Economic Union and China.

Thus, on May 17, 2018 the agreement on economic trade cooperation between the Eurasian Economic Union and its member states, of the one part, and the People's Republic of China, of the other part, was signed in Astana. This treaty is a significant step towards a broad Eurasian partnership. Its parties expressly recognized "the importance of economic integration in the Asia-Pacific and Eurasia and the importance of conjunction of the Eurasian Economic Union and the Belt and Road Initiative as a means of establishing strong and stable trade relations in the region". We hope this agreement could become an effective cooperation tool in such fields as industry, agriculture, energy, finance, intellectual property, electronic commerce, communication, etc. It is aimed at trade facilitation, transparency and predictability of regulation at national and supranational levels. I believe this is a good example of practical conjunction of the Eurasian Economic Union and the Belt and Road Initiative.

We are committed to further development of strategic relations and economic cooperation with China. In this regard, we continue to work on the draft Eurasian Economic Union-China agreement on customs information exchange that will facilitate customs procedures for the benefit of not only customs authorities, but most importantly of business operators. On the margins of the Council of Heads of State of the Shanghai Cooperation Organization in June 2018 the Ministry of Economic Development of Russia and the Ministry of Commerce of China signed a Joint Declaration of the Joint

Feasibility Studies on Completing Eurasian Economic Partnership Agreement.

The Belt and Road Initiative is a large-scale and multilayer initiative that touches upon a huge number of economic and social fields. This obviously raises a lot of particular issues of public and private international law that need to be considered. Among them I'd like to briefly mention the following.

1. Investment protection. We know that our Chinese colleagues have already made impressive research in this area analyzing existing both public international and national legislative investment protection regimes in the countries involved in the Belt and Road Initiative. A comprehensive overview of such instruments is a useful means of assessing and mitigating potential risks for companies investing in or working on Belt and Road Initiative projects. It also gives a good opportunity to update such instruments as and where appropriate. There is also an important task here of promoting investors' knowledge of the protection they are entitled to under related investment treaties.

2. The development of transport infrastructure and creation of new logistic routes set an important task of alleviating technical barriers, including cooperation with respect to standards, technical regulations and conformity assessment procedures.

3. Applicable law. There are major differences in national legal regimes across the Belt and Road countries. The application of diverse national laws to thousands of sometimes interconnected Belt and Road Initiative contracts between private companies from various jurisdictions will certainly be a challenge not only for contractors and lawyers, but also for states and their courts.

4. This leads to the need for effective and efficient dispute settlement mechanisms both for contracting companies, and for states. In particular, one could mention ongoing discussions on the need and possible ways of improvement of international arbitration mechanisms and procedures, including the investor-state arbitration.

The recent decision to establish specialized courts to provide litigation, arbitration or mediation services related to the Belt and Road Initiative also contributed to the dispute settlement tools within this initiative.

These are some of legal topics for states and business actors involved in different Belt and Road Initiative projects that might need special attention and may be discussed at this forum as well as within the framework of future expert meetings on the Belt and Road Initiative legal issues.

In conclusion, I'd like to once again thank our Chinese hosts for the invitation to this forum, and I look forward to an interesting and fruitful discussion.

Director-General of the Department of Treaty and Law, Ministry of Foreign Affairs of the People's Republic of China
Xu Hong

# Actively Strengthen Legal Cooperation under Belt and Road Initiative

(July 2, 2018 Beijing, China)

Ladies and gentlemen, dear friends,

Good morning!

I was deeply inspired by the insightful talks given by the speakers. Next I would like to share some thoughts on the principle of "extensive consultation, joint contribution and shared benefits", with focuses on how this principle will guide legal cooperation the Belt and Road Initiative from a practical perspective.

China, together with its neighbouring countries, creatively put forward the Five Principles of Peaceful Coexistence 60 years ago. As the basic norms for China's independent foreign policy of peace, the Five Principles of Peaceful Coexistence have been widely accepted and followed by the international community and become the guiding principles of international relations and the fundamental principles of international law. The Belt and

Road Initiative, since its proposition, upholds the core principle of "extensive consultation, joint contribution and shared benefits", calling for all parties to pursue common benefits, undertake common responsibilities, strengthen cooperation and realize shared benefits. The principle of "extensive consultation, joint contribution and shared benefits" is consistent with the Five Principles of Peaceful Coexistence. It inherits and further develops the latter in the sense that the principle of "extensive consultation, joint contribution and shared benefits" conforms to the trend of the times and stresses shared benefits. The principle of "extensive consultation, joint contribution and shared benefits" also embodies China's views on global governance and will play an essential role in maintaining world peace, promoting common development and building a community with a shared future for mankind. This principle, as a new driving force for the development of international law in the new era, further strengthens the democratization of international relations and promotes the legalization of international relations.

Ladies and gentlemen,

Legal cooperation is one of the major fields of the international cooperation under the BRI, which provides crucial support and guarantee for the Initiative. As the BRI develops, legal cooperation is becoming more and more important. Guided by the principle of "extensive consultation, joint contribution and shared benefits", we should strengthen legal cooperation under the BRI.

First, the treaty framework needs to be improved. Treaties and cooperation agreements provide the legal foundation for the BRI. We should follow the spirit of extensive consultation, in accordance with the reality and needs, to negotiate and conclude treaties and cooperation agreements in the fields of investment, trade, tax, finance and intellectual property and to upgrade the legal network for international cooperation. By doing so, it will not only boost policy consultation, infrastructure connectivity, trade cooperation, financial integration and people-to-people exchanges, but also promote the development of relevant international rules towards the direction of equity, reasonableness, transparency and effectiveness.

Second, legal exchanges in all forms should be promoted. Exchanges are the basis for developing legal cooperation under the BRI. We should take full advantage of existing legal cooperation platforms and consultation mechanisms and, according to actual needs, establish new platforms and mechanisms so as to strengthen legal exchanges and dialogues between the governments of the participating parties, inter-governmental and non-governmental organizations and academia, share good and latest practices, enhance capacity building and solve practical legal issues. This will promote legal cooperation and mutual learning under the BRI.

Today State Councilor Wang Yi has announced at the opening ceremony that China will provide fund to implement the "Belt and Road Legal Cooperation Research and Training Program", in order to support legal exchanges and capacity building of all participating parties. The Department of Treaty and Law of the Ministry of Foreign Affairs will collaborate with other departments to implement this program and organise activities such as training sessions and workshops for the governments of all participating parties, practitioners and academics. We welcome advices and suggestions in this regard.

Third, cooperation in judicial affairs and law enforcement should be deepened. As the personnel, economic and trade exchanges among the parties participating in the BRI become more frequent, civil and commercial disputes as well as illegal and criminal activities will also increase. If not dealt with properly, it would have negative effects on the business environment for the BRI. Therefore, we should strengthen cooperation in judicial affairs and law enforcement. In order to provide a solid legal foundation for effective judicial cooperation and better protect the interests of the parties concerned, we should speed up negotiating and concluding treaties on judicial assistance in civil, commercial and criminal matters as well as treaties on extradition.

Fourth, research on relevant legal issues should be promoted. The BRI involves many legal issues, which require collective wisdom and efforts of us all to conduct research on institutional, forward-looking and pragmatic issues. For instance, the establishment of a rules-based system for international cooperation under the BRI, including institutional framework and legal basis, should be considered. Conducting country-specific legal research as well as legal research in focus areas and on specific projects is also essential as it will provide legal guidance for cooperation. Furthermore, dispute settlement mechanism and dispute settlement body that fit the actual needs of the BRI, including a treaty-based international body as suggested by some scholars, should be established as they will facilitate the prevention and settlement of disputes and create a stable, fair, transparent legal environment for business.

Dear colleagues, the Department of Treaty and Law of the Ministry of Foreign Affairs is on the front-line of China' practice of legal diplomacy. We are willing to strengthen exchanges and cooperation with all circles and jointly contribute to building the BRI.

Thank you!

Deputy Director of Department of Western Region Development of the National Development and Reform Commission, Deputy Head of General Office of the Leading Group for Promoting the Belt and Road Initiative
Zhai Dongsheng

# Speech at the Forum on the Belt and Road Legal Cooperation

(July 2, 2018 Beijing, China)

Ladies and gentlemen,

Good morning! It gives me great pleasure to attend the Forum on the Belt and Road Legal Cooperation. I'd like to share some of my understanding and experience derived from my work.

Since the 18th National Congress of the Communist Party of China (CPC), China has adapted to the profound changes in both domestic and international situations, taken into account the overall situation at home and abroad, proposed the Belt and Road Initiative and made it a major drive for wider opening to the outside world. The 19th National Congress of the CPC made new deployments for joint promotion of the initiative, upgrading it into an important practical platform for building a community of shared future for mankind, and defining its principle of "extensive consultation, joint contribution and shared benefit" as China's sense of value regarding global governance. This demonstrated China's steadfast determination to unswervingly promote the Belt and Road cooperation.

Over the past five years, the development of the Belt and Road Initiative has achieved good results, which can be summarized in five respects.

First, the international community has responded positively. The "circle of friends" for joint construction of the initiative has been expanding. In the next step, we will continue to boost the level of international cooperation and welcome more developed countries, large multinational corporations and international financial institutions to join the initiative to make a bigger "cake" together.

Second, China's domestic policy guarantee system has basically taken shape. Special planning policies have been formulated in various areas, including eco-environment protection, customs, taxation, standards and overseas risk prevention and control. So far, the efficiency of goods and people clearance at customs has greatly improved, issues like double taxation on foreign investment have been resolved, and overseas security guarantees have been strengthened. Next, we will expedite the implementation of these policies and further improve the policy system.

Third, the scale of trade and investment continues to expand. China has seenits commodity trade with the Belt and Road countries amount to over $5 trillion in the past five years, outward direct investment exceed $70 billion, and the level of contracted projects overseas remarkably boosted, with a growth rate higher than the national overall level. According to incomplete statistics, Chinese enterprises have built 75 industrial parks in the Belt and Road countries, with a total investment of over $27 billion, attracting nearly 3,500 enterprises to these parks, creating about 210,000 jobs for the host countries and paying taxes of more than $2.2 billion. Approximately 9000 runs of China-Europe trains to 42 cities in 14 European countries have been completed in total. Currently there are more than 100 runs of trains per day on average. Some industrial products from Japan and South Korea are shipped to China by sea and then transported directly to Europe by rail, while some agricultural products from Central Asia are transported to Southeast Asia through the reverse route. In the next step, we will continue to facilitate trade and investment, accelerate establishing trans-regional and transnational reciprocity systems, and improve market operation of railways.

Fourth, a number of major projects have been implemented. Many projects have started construction, including the China-Pakistan Economic Corridor, as well as a number of railways, ports, power stations, parks and industries. These projects have enhanced the economic and social development as well as living standards of the people in the host countries, and improved conditions for development. Recently, the first generating unit of the Tarbela hydropower project in Pakistan began operation, with an annual power generation of 3.8 billion kwh that can meet the electricity needs of 2 million households, which will greatly alleviate the electricity shortage in the region. In the next step, we will ensure that the commenced projects are completed in good quality and on schedule, and promote new projects, while paying more attention to preventing and controlling various risks that may arise.

Fifth, the implementation of the Belt and Road Initiative has sped up China's all-round opening up. The opening up has been greatly accelerated in west China, a region that is running to the forefront from the end of opening up. Central China is becoming a channel for the opening up between the east coast and west border, and east China is developing a new advantage in international cooperation. Next, we will give full play to the advantages of the national system and promote Belt and Road cooperation in collaboration with other national strategies, so as to achieve multiple results with one single effort.

It should be emphasized that the Belt and Road cooperation is open, inclusive and mutually beneficial. In terms of geography, Belt and Road cooperation focuses on the continents of Asia, Europe and Africa, and is open to all countries, regardless of distance. In terms of content, Belt and Road cooperation is comprehensive, centered on infrastructure connectivity, and trade and economic investment, including cooperation in finance, culture, tourism, disaster prevention and mitigation. As far as trade and economic investment and cooperation is concerned, efforts should be made to adhere to market-oriented operations, take enterprises as the main body, abide by common international rules and practices, and execute social responsibilities. China should not only invest in foreign countries and strengthen the export trade, but also proactively absorb foreign capital and expand the import trade so as to achieve balanced development between bringing in foreign capital and making outbound investment and between export and import.

Since the Belt and Road Initiative was put forward, the international community has given considerable attention to it, together with many comments and interpretations. This is good and helps to deepen understanding and strengthen cooperation. However, some foreign friends have interpreted the initiative in an exaggerated biased way, making it look like a conspiracy. Some institutions and people think that China has been running Belt and Road projects without transparency, failed to heed environmental protection and labor rights, flouted international rules and even caused some countries to fall into the so-called "debt trap". We can give an objective and fair explanation for such misunderstanding and misjudgment. I believe that we should keep an open mind to learn from good foreign practices, improve our working methods and better adapt to the new situation and new demands, encouraging the international community to welcome the Belt and Road Initiative as they applauded China's reform and opening up.

Adhering to the rule of law in an all-round way is one of the basic strategies for building socialism with Chinese characteristics. China has initiated and promoted the Belt and Road cooperation, and will certainly adopt the rule of law as an important basic strategy. The Belt and Road cooperation will encounter various risks and challenges. China must take effective measures and work with partner countries to strengthen safeguards for the cooperation, with the rule of law being the fundamental guarantee. Therefore, during the implementation of the Belt and Road Initiative, we must work harder to enhance international exchanges and cooperation in the fields of judicature, legislation, law enforcement and legal services. We will make the legal safeguard network more close-knit and stronger to ensure that the Belt and Road cooperation brings more benefits to participating countries and achieves sound and steady development. To this end, the on-going forum on legal cooperation is a good platform for exchange and collaboration.

To conclude, I wish the forum all success, and I wish you a productive day.

Thank you!

# Panel 2:
# Rules, Treaties and Laws Supporting the BRI

Former WTO Appellate Body Member
Zhang Yuejiao

# Speech at the Forum on the Belt and Road Legal Cooperation

(July 2, 2018 Beijing, China)

Mr. Chairman,
Ladies and gentlemen,

I am very pleased to attend this important conference on legal cooperation in the Belt and Road Initiative at the Diaoyutai State Guesthouse.

It's already been five years since the Belt and Road Initiative was proposed by President Xi Jinping. Today, we are very happy to see the early harvest. More than 80 countries have signed cooperation agreements and joined the Belt and Road Initiative, indicating the political will of the participating countries. The initiative aligns with the participating countries' domestic development programs. The democratic decision-making process in the Belt and Road Initiative demonstrates the participating countries' ownership of the Belt and Road, which is driven by local demand. The success of Belt and Road programs shows China's contribution to building a community of shared future for mankind, which has been highly appreciated by the international community. The United Nations, International Monetary Fund, World Bank and other multi-lateral organizations all support Belt and Road programs, which facilitate the movement of people and goods, link multiple cultures and boost trade among neighboring countries. At the same time, Belt and Road programs also help poor countries and remote regions reduce poverty, create jobs along the Belt and Road route, and improve the standard of living. Belt and Road Initiative is a public good beneficial to all participating countries.

Let me focus on some legal aspects of the Belt and Road Initiative:

1. The concept of the Belt and Road is consistent with public international law. The spirit and principles of the Belt and Road Initiative are wide consultation, joint contribution and shared benefits to build a community of shared future for mankind. These principles reflect the principles of international law regarding mutual respect, equality, mutual benefit, peace and development.

In today's world of increasing political pluralism, economic globalization and interdependence of countries, where peace and development, global economic governance and mankind face challenges, international law is more important than ever before. We must abide by the rules of international law and resolve disputes through consultations and other peaceful means. Public international law, as per Article 38 (1) of the Statute of the International Court of Justice, which is a source of international law, covers mainly international treaties and customary international law. The basic principles of international law are sovereign equality of states, mutual respect for sovereignty and territorial integrity, mutual non-aggression, non-interference in each other's internal affairs, equality, mutual benefit and peaceful coexistence, prohibition of the threat of force. My view is that the Belt and Road Initiative and its legal framework, such as the cooperation agreements signed by about 80 countries, show the political will of the countries participating in the Belt and Road Initiative. They will follow their international commitment, for peace and development.

There are more than 3000 bilateral agreements for protection of investment, of which those signed by Belt and Road countries that can better protect investors. The United Nations Convention on Contracts for the International Sale of Goods can be applied to the contracts concluded by Belt and Road countries. The convention can also be applied to contracts signed by companies in the countries along the Belt and Road.

2. There should be consistency between the agreements covered by the Belt and Road Initiative and WTO, and free trade agreements (FTAs). Most of the economies along the Belt and Road are members of the WTO. Therefore the most-favored-nation treatment and national treatment are applicable to Belt and Road countries. The FTAs signed by the countries participating in the Belt and Road are consistent with Article 24 of GATT/WTO. The main objective of the Belt and Road Initiative is trade facilitation, which is under WTO.

3. Integrating the Belt and Road Initiative into national economic development agendas is very important for strengthening ownership and local participation. Local demands, regional harmonization, economy and efficiency should be considered.

4. Prefeasibility study of laws, economy, technical issues, supply of raw materials, cost of water and electricity, markets, maintenance, etc. should be undertaken to reduce risks.

5. As for joint contribution, we must realize implementation and operation of Belt and Road programs, procurement, avoidance of double taxation, and exemption of import duty for financed equipment.

6. Regarding human resources development, we must strengthen training and capacity building of staff and management personnel.

7. Dispute settlement includes consultation, mediation, arbitration and litigation. The considering factors for dispute settlement include fairness, justice, applicable laws, lower costs, convenience, languages, property and evidence preservation, and enforcement. To serve the Belt and Road

Initiative, China has announced the establishment of international commercial courts in Xi' an and Shenzhen, combining mediation, arbitration, court proceedings and property preservation. The first instance judgments of these courts will be final.

As the next step, we can consider drafting cross-border insolvency regulations, regional rules for international investment, intellectual property protection, transfer of technologies, etc.

I am confident that cooperation by lawyers, jurists and legal professionals will further contribute to the success of the Belt and Road Initiative, supporting rule-based multilateralism, and opposing trade unilateralism and trade protectionism.

I wish the conference success.

Thank you.

Secretary of Directorate General for Legal Affairs and Treaties, Ministry of Foreign Affairs of Indonesia
Sulaiman Syarif

# Belt and Road Initiative: Legal Cooperation

(July 2, 2018 Beijing, China)

## A. Principle, Interest and Context

I wish to thank you for inviting Indonesia to this distinguished forum and to share our thought on the Belt and Road Initiative legal cooperation.

Indonesia welcomes the Belt and Road Initiative and believes that this initiative will strengthen economic relations between China and Indonesia, especially since Indonesia is focusing on infrastructure development, connectivity and the maritime fulcrum. China is also one of Indonesia's strategic partners.

I could understand that this initiative actually reflects China's contribution to world development and cooperation. This policy is envisioned to connect markets along historical silk trade road where, historically, Indonesia was also part of it.

Therefore, to make this Belt and Road Initiative not only as China's concept or mirroring only as China's interest, this Belt and Road Initiative should be promoted through wide consultation among parties that wish to join this initiative. It should be built based on the principles of shared interest and inclusiveness. It should also respect sovereignty of participating countries as well as mutual benefits for all.

In the case of Indonesia, Indonesia underlines its position that the Belt and Road Initiative should support and synergy with Indonesia's vision as a Global Maritime Fulcrum (GMF). In other word is how to synergize the Belt and Road Initiative with GMF concept.

Indonesia's GMF is building under five pillars, namely: (1) rebuilding Indonesia's maritime culture; (2) better management of Indonesia's maritime resources; (3) development of Indonesia's maritime infrastructure and connectivity; (4) intensifying Indonesia's maritime diplomacy and; (5) strengthening Indonesia's maritime defense force.

If we reflect basic concepts of the Belt and Road Initiative and GMF, the similarity would be the development of infrastructure and connectivity. And this actually can be Indonesia's shared interest within the Belt and Road Initiative.

The economic motive to get more investment and broaden up foreign market from infrastructure and connectivity development may possibly be the main interest of Indonesia within the Belt and Road Initiative, while other GMF pillars may follow through appropriate mechanism that can also be integrated into Belt and Road Initiative.

### B. Legal Cooperation (Rules, Treaties and Laws) Supporting the Belt and Road Initiative

Taking into account point A above, the future Belt and Road Initiative in the context of legal cooperation may be directed to build legal relations between countries that participate in the Belt and Road Initiative. It is noted also that there are major differences in legal regimes practiced across the Belt and Road Initiative region, including common law (Singapore and Malaysia), civil law (Indonesia), continental law (Central Asia) and Islamic law ( Middle East ). In term of economy, improving cooperation can be reflected through rules or treaties ( i. e. PTA/CEPA/FTA ).

However since this concept is still new and many countries still need to be convinced that they have shared interest and sense of ownership, the promotion of Belt and Road Initiative through legal instrument should follow level of comfort between participating countries.

For example, the Belt and Road Initiative may, in the future, envision a block of cooperation or economy that is built under economic treaties such as free trade agreement or comprehensive economic partnership agreement. However, it should consider level of comfort between countries.

In order to ensure level of comfort, the legal development cooperation within the Belt and Road Initiative can be built through building blocks of treaties as well as utilizing existing treaties between participating countries in the Belt and Road Initiative. In other words existing bilateral and multilateral cooperation mechanisms could be used to accelerate the economic integration of countries along the route and support growth in trade.

The existing ASEAN + 1 FTA and regional comprehensive economic partnership agreement can be regard as building blocks of economic treaties of Belt and Road Initiative toward Belt and Road Initiative block of cooperation. The establishment of the new Asian Infrastructure Investment Bank can be the foundation to support the Belt and Road Initiative's block of cooperation or as the beginning supporting the implementation of existing FTAs between the Belt and Road Initiative's participating countries.

In the field of investment, ASEAN Comprehensive Investment Agreement could also be a model/reference.

If treaties seem difficult to be realized with inadequate legal foundations of cooperation between participating countries because of the differences of level of comfort and level of development as well as legal regimes, the Belt and Road Initiative may begin by establishing non-binding rules as guidance to promote relations and cooperation between participating states. Gradual approach would be a good step in order to make the Belt and Road Initiative be owned by all participating countries in the initiative.

Finally, certainly the steps of cooperation will depend on how our policy level would like to define their participation in the Belt and Road Initiative.

Head of EU Foreign Policy at CEPS (Brussels) and Professor of EU External Relations Law and Governance at the University of Amsterdam
Steven Blockmans

# An EU Law Perspective on the Belt and Road Initiative

(July 2, 2018 Beijing, China)

Your Excellency Wang Yi, State Councilor and Minister of Foreign Affairs,
Distinguished President of the China Law Society Wang Lequan,
Ladies and gentlemen,

I would like to express my sincere gratitude for the opportunity to share my personal views on the EU law perspective on the Belt and Road Initiative. As a representative of an independent and non-partisan think tank, I can allow myself to speak more freely than officials from the European Union (EU) and its member states.

Even if its relative global weight may be waning, the EU is still the world's largest economic bloc and a regulatory powerhouse.

There has been a lot of discussion that the EU does not have a single policy towards China, in particular on the Belt and Road. Whilst divisions between member states exist, they are perceived to have been induced by

China itself—For instance through the "16 + 1" preferential format for relations with central and eastern European countries.

The EU should in my view politely but firmly state its legal terms of engagement. Allow me to briefly set out what does terms are.

1. Foreign Direct Investment (FDI) scrutiny is carried out under EU competition law, rules on state aid and public procurement. The EU Merger Regulation focuses on screening mergers and acquisitions for their ensuing economic power in the relevant market, so as to ensure fair and undistorted competition in the EU's internal market. The enforcement of the EU Merger Regulation is shared between the European Commission and the member states' anti-trust authorities, the division being mainly based on turnover thresholds. The Commission does not shy away from investigating the most powerful companies, from Gazprom to Google for alleged abuse of their dominant position in the market. Fines can be hefty, amounting to billions of euros. The economic weight of the largest single market in the world and the Commission's tough anti-trust control has elevated the EU to the status of global norm-setter in this field.

However impressive, EU competition law suffers from two major deficiencies: It does not consider the source of funding for the transactions being reviewed; and there is no systematic centralised FDI screening on security grounds.

2. This leads to my second point: There is currently a patchwork of different mechanisms for screening FDI on grounds of national security. FDI screening in most member states is carried out in a broad range of strategic sectors other than defence. However, the prevailing approach is one of case-by-case reviews, while automatic scrutiny is mostly linked to the requirement to hold a licence for a commercial activity, such as the production of weapons.

Member states cannot unilaterally determine the scope of public security without any control by the EU institutions. EU law sets restrictions. According to settled case-law of the European Court of Justice, they may rely on the public security exception only in the presence of a "genuine and sufficiently serious threat" to a fundamental interest of society. This derogation from EU rules on the free movement of capital must not be applied for purely economic ends; investors must have an opportunity to challenge the decision before a court. The Court of Justice of the EU has recognised a few strategic sectors, such as oil, telecommunications and electricity, as vulnerable in this regard, but has significantly limited member states' discretion.

Concerns about unfair competition from China through bids that cross between private investment and state-orchestrated takeovers have added to long-standing worries about the persistent lack of reciprocal access for EU companies to the Chinese market. This asymmetrical situation and the perceived regulatory gap at the level of the member states and that of EU competition law has triggered a debate in Brussels and capitals around Europe about the need for legislative action to create a new EU-wide FDI screening mechanism, which is the third point I had wanted to raise.

3. A draft regulation on foreign direct investments into the EU was unveiled in September 2017, to coincide with European Commission President Jean-Claude Juncker's State of the Union speech. It clarifies a range of grounds linked to "security" or "public order", and the right of member states to take into account whether the foreign investor is controlled by the government of a third country, including through significant funding. The proposal also builds in certain basic protections for foreign investors. This includes non-discrimination between different third countries, transparency and judicial review—Although the extent of this will clearly differ according to member states' legal systems.

Crucially, the draft regulation gives the European Commission the power to review and opine on investments which are "of Union interest", although the text stops short of allowing the Commission to actually block such investments. Projects or programmes "of Union interest" would involve investments concerning substantial EU funds or investments covered by EU legislation regarding critical infrastructure, critical technologies or critical input, e. g. research programmes, energy programmes or the Galileo satellite programme. In such circumstances, the Commission would address an opinion to the member state where the investment is planned or has been completed within a reasonable period of time. The member state would then have to take "utmost account of the Commission's opinion and provide an explanation to the Commission in case its opinion is not followed". The proposed system would therefore mostly rely on peer pressure.

The draft regulation must now be approved by the member states and the European Parliament, meaning that it is unlikely to come into effect until late 2018 or 2019.

## Concluding remarks

By way of conclusion, Chinese policymakers like to brand the Belt and Road Initiative as a "win-win cooperation". There is, however, a marked disconnect between that rhetoric and the perception in the EU. European politicians and regulators are waking up to the need to beef up the EU's legal and oversight mechanisms so as to prevent key economic operators from being bought up by foreign investors. This is not simply a question of protectionism, but rather about the creation of a level playing field and the desire to turn the Belt and Road Initiative into what French President Emmanuel Macron has called a "two-way street" for economic growth. For the sake of the Belt and Road Initiative's success and mutual economic benefit, Chinese policymakers would be best advised to entertain those European concerns and act in harmony with EU law.

Director of Legal Affairs and External Relations of the International Civil Aviation Organization
Huang Jiefang

# The Aerospace Silk Road and Its Legal Safeguards

(July 2, 2018 Beijing, China)

The International Civil Aviation Organization (ICAO) is a specialized agency of the United Nations responsible for the formulation of international aviation laws, standards and policies. The Belt and Road Initiative proposed by Chinese President Xi Jinping has been widely applauded by the international community, including the ICAO. The initiative aims to promote infrastructure construction and connectivity, integrate the policies and development strategies of all countries concerned, deepen pragmatic cooperation and promote coordinated and interactive development for common prosperity. The ICAO works for the same objectives as the Belt and Road Initiative, especially with its move of "No Country Left Behind". Our common task is to establish and maintain aerial connectivity, and to build and expand the Aerospace Silk Road. Aerospace includes air space where aircraft fly, and outer space, where spacecraft and artificial satellites operate.

Aviation accelerates international exchanges, enabling the world to become a global village. As an international cause, aviation benefits all countries concerned. At the same time, aviation disasters should be undertaken and challenges should be tackled by the countries altogether. All countries, big and small, rich and poor, strong and weak, share common civil aviation safety concerns, irrespective of the differences in their social system and ideology.

Safety is the top priority forcivil aviation. In addition to natural risks such as bad weather and mechanical faults, civil aviation is confronted with sabotage and terrorism. Only by improving the legal system can we safeguard the Aerospace Silk Road. The ICAO has been playing a leading role in this regard. Eight of the 19 anti-terrorist conventions developed under the United Nations system were formulated under ICAO's auspices. Among them, the Beijing Convention and Beijing Protocol embody China's special contributions.

The protection of civil aviation safety constitutes an obligation *erga omnes*, meaning an obligation that should be undertaken by the whole international community, as defined in the judgment of the International Court of Justice in the Barcelona case.

With the progress of science and technology, the Aerospace Silk Road will naturally extend to outer space. While the natural resources in outer space present a promising future for humanity, exploiting and equitably sharing these resources constitutes a challenge. We are confident that the Belt and Road countries would be able to adopt an innovative approach to achieve a win-win situation.

Permanent Secretary of the Organization for the
Harmonization of Business Law in Africa
Dorothé C. Sossa

# Speech at the Forum on the Belt and Road Legal Cooperation

(July 2, 2018 Beijing, China)

Ladies and gentlemen,

First of all, on behalf of the Organization for the Harmonization of Business Law in Africa (OHADA) I would like to express my sincere gratitude to the China Law Society, who kindly invited us to participate in this universal and memorable event. This invitation confirms, if still necessary, the excellent cooperation between our two organizations on the vast project of the rationalization of economic law.

On this solemn occasion, my purpose is not to be exhaustive on the proposed theme but to lay the groundwork and ideas for reflection on this atypical project with a legitimate ambition for the socio - economic development of the member states.

Ladies and gentlemen,

I would like to emphasize that OHADA, which is a legal and judicial integration organization, was created as of October 17, 1993; to date it includes 17 states from Central Africa, West Africa and the Indian Ocean. As for the Belt and Road Initiative, it was established in 2013 on the initiative of the President of the People's Republic of China, His Excellency Xi Jinping. This initiative was endorsed by more than 80 countries and international organizations around the world. You will have easily understood that the Belt and Road Initiative has a global vocation while OHADA has a regional vocation. There is homogeneity between both organizations as to the reasons that gave rise to them, but also a convergence of goals, objectives and purpose in spite of their different scope of intervention.

At OHADA's origin, the purpose was to find solutions for the economic difficulties of the African continent. It was question of finding adequate solutions to African economies facing challenges of globalization, recession, drastic drop of investments level and the investors distrust related to the legal and judicial insecurity. The legislative response consisted of the elaboration of "a harmonized, simple, modern and adapted business law", while establishing mechanisms to ensure that "this law be diligently enforced, under the conditions necessary to guarantee the legal security of economic activities".

It was reported that the challenges of globalization and the difficulties related to economic constraints that hinder the socio – economic development of states gave rise to the ambitious project of Belt and Road Initiative, which according to informed observers covers about a quarter of the world trade and will reach 63 percent of the world's population. The purpose will be to operate a significant and positive change in the relationships among people with the development of commercial bridges that according to the experts would follow the ancient Silk Road, once marked by the caravaneers of the $15^{th}$ century who knew no borders, like OHADA and the Belt and Road Initiative in economic, legal and judicial matters.

The Belt and Road Initiative is an ambitious socio – economic program that must now be supported by legal rules among states because law is the lever of economy whose healthy development must be supported by legal norm.

The Belt and Road Initiative perceived the requirement, leading to the signature of more than 30 framework agreements with some countries or international organizations and more than 40 agreements on the joint construction of the Belt and Road, which will cover the interconnection, production capacity, investment, economy and trade, finance, science and technologies, society, human cooperation and social welfare. There were also many declarations such as the Ufa Declaration by the Heads of Member States of the Shanghai Cooperation Organization and on November 17, 2016, more than 190 UN member states unanimously adopted a resolution commending the various economic cooperation initiatives including the Belt and Road Initiative, calling on the international community to provide a safe and conductive environment for its construction.

The UN Security Council also unanimously approved the resolution No. 2344 of March 17, 2017, calling on the international community to strengthen the regional economic cooperation in the framework of the Belt and Road.

It must be noted that agreements are very often signed on the joint construction especially with the United Nations Development Program, the Economic and Social Commission for Asia and the Pacific and the World Health Organization or memorandums on the construction of the China – Mongolia – Russia economic corridor, as well as documents on coordinated China – Kazakhstan and China – Belarus cooperation.

The African states, mainly those of OHADA that I represent here, must take a very active part in the international cooperation in the framework of the Belt and Road to strengthen the fruitful cooperation ties that unite them to China through dynamic trade. This is justified by the number and growing importance of Chinese companies investing in Africa.

Historians confirm that Africa was part of the Silk Road, hence the importance of preserving this historical achievement.

The Belt and Road Initiative should work to develop clear legal rules for cooperation and describe the rights and duties of the different parties. Scattered agreements must be federated into a whole in order to guarantee legal certainty for the Belt and Road Initiative in order to promote economic activities, promote their development and encourage investment.

The rule of law must be the lever of the Belt and Road Initiative in order to fully participate in the healthy development of the economic activities.

Ladies and gentlemen,

As we can see, OHADA and the Belt and Road Initiative are both working to improve the framework of international regional trade. Though both organizations share common concerns, OHADA goes much further in the proposed technical solutions.

In the first place, and while the Belt and Road Initiative proposes agreements, soft law memoranda, OHADA texts can directly be enforced in the organization's member states and take precedence over the contrary domestic law, whether it is previous or later.

It is thus a more complete legal integration that is achieved by the technique of legislative uniformity. In this way a single law applies on the territory of all OHADA member states.

Secondly, the legal integration achieved in the OHADA space is complemented by an entirely original judicial integration. The judicial settlement of business disputes is carried out in cassation and in last instance, no longer by the national supreme courts but by the Common Court of Justice and Arbitration of OHADA (CCJA). As a jurisdiction independent from states, CCJA is a regional supreme court that ensures the unity of interpretation and enforcement of uniform texts so that legislative unification within OHADA space is complemented by a unification of the jurisprudence.

In any case, the identity of the scope of intervention of the Belt and Road Initiative and OHADA calls for a greater institutional cooperation of both organizations beyond the model differences. This is why our organization can share its experience and legal expertise with the Belt and Road Initiative, whose legal foundations remain incipient and under construction.

Thank you for your kind attention.

General Counsel of the Asian Infrastructure
Investment Bank
Gerard Sanders

# The Asian Infrastructure Investment Bank and the Belt and Road Initiative: Complementarities and Contrasts

(July 2, 2018 Beijing, China)

Excellencies and distinguished guests,

Today, we are meeting in China, where the ancient Silk Road started and where the new Belt and Road Initiative originated. China has been one of the most outward-looking countries in world history. The economic reforms, including the open-door policy it launched in the late 1970s, have provided the country with an environment in which international trade and investment may flourish.

The more recent Belt and Road initiative, albeit originating in China, has been increasingly received overseas. Having served for nearly two years at another initiative of the Chinese Government, i.e., the Asian Infrastructure Investment Bank (AIIB), I am very pleased to have this opportunity to discuss the differences between these two enterprises and how they may complement each other to promote sustained and stable growth in the concerned region, irrespective of such differences.

## Financing the Belt and Road and the complementary role of the AIIB

Any discussion of the Belt and Road Initiative inevitably turns to consideration of how the various projects within it are to be financed. The AIIB, which became operational on January 16, 2016, was conceived at a time when ideas on the initiative were first taking hold. While the AIIB can and does finance infrastructure projects in Asia, it is not confined to doing so. Furthermore, the governance of the bank means that investment policies are not necessarily those that drive the Belt and Road Initiative. Conformity with Belt and Road objectives need not be a consideration in AIIB's evaluation of investment proposals.

The effect is that the AIIB finances projects both within and outside the places covered by the Belt and Road Initiative and its financing extends beyond infrastructure to include what, in undefined terms, the Charter calls "other productive sectors". The differences and potential complementarities can be best understood by considering briefly a number of matters of AIIB membership, geography and mandate.

## Membership, geography and eligibility for financing

The interplay among membership, geography and eligibility for financing is complex at the Bank. While eligibility for membership extends to all members of either the World Bank or the Asian Development Bank, the expectation reflected in the Charter is that in the ordinary course the bank will finance projects in those members that are part of the region of Asia. Asia is defined in the Charter as including the geographical regions classified as Asia and Oceania by the United Nations. Russia is identified in the Charter as a regional member.

However, the bank is expressly authorized to invest in both regional and non-regional member countries, as well as international and regional entities concerned with regional economic development. Exceptionally, and with the approval of its Board of Governors, the bank may even finance projects in non-member countries, within or outside the region, provided the financing serves the bank's purpose and is in the interest of the bank's membership.

## Certain commonality of purpose

Where there is geographic overlap, there is also some commonality of purpose. For its part, the purpose of the AIIB is laid out plainly in the first article of its Charter. It is to "foster sustainable economic development, create wealth and improve infrastructure connectivity in Asia", and it is to do this, through utilizing its $100 billion of authorized capital, by "investing in infrastructure and other productive sectors". The bank is also to "promote regional cooperation and partnership in addressing development challenges" and it is to do with in "close collaboration with other multilateral and development institutions". In this regard, while the bank builds up operational capacity, many projects have been co-financed with the World Bank Group, the Asian Development Bank and the European Bank for Reconstruction and Development. There are now memoranda of understanding in place with all the leading multilateral development banks. These envisage co-financing of projects along the Belt and Road and elsewhere.

Reflecting, then, on shared or overlapping objectives, it seems to me that both the Belt and Road Initiative and the AIIB can be understood, and best justified, as existing ultimately for the purpose of improving the lives of those affected by the projects they sustain. Infrastructure development is a means to achieving this objective, not an end in itself. Transport projects must allow traders to bring their goods to markets efficiently and for children in rural areas to travel to school. More and better energy must drive the factories and ease the manual burdens of those who work in them as well as those working on the land and in the home. Schools, hospitals and places where communities meet must be lit up, heated and air-conditioned. Urbanization and clean water must offer the promise of a happier, safer and healthier future. Faster and more accessible Internet needs to allow for the spreading of knowledge and experience, just as travelers, merchants and pilgrims spread the ideas that accompanied the Silk Road caravans of old. This spreading of ideas, including that most transitory idea, the notion of law itself, was then, as its modern embodiment is now, an embracement of the market.

When supported structurally by the state, trade, investment and entrepreneurship still promise the best prospects for growth, greater inclusiveness and the realization of individual and collective potential. Of course, project location, design and implementation also carry risks and, especially for the largest projects benefiting the most people, some individuals may be adversely affected. Social and environmental safeguards of the host countries and the financiers therefore need to be robust if affected communities are to be treated fairly.

The AIIB is now in its third year of operations. To date, 27 projects have been approved by the bank's Board of Directors amounting to $5.19 billion. The bulk of approved projects are in the transport and energy spheres and are marked by high standards of environmental design. Despite the flexibility regarding where the AIIB may invest, it so happens that for now many of these projects are located in the countries along the Belt and Road. This underscores that, despite the absence of any formal legal or institutional connection, the AIIB financing can sometimes, perhaps often, complement the objectives of the Belt and Road Initiative. Those objectives, in instances where the AIIB finances projects that fall within the Belt and Road corridor, will be shared in that the common purpose of the bank and the Belt and Road can surely best be understood as the betterment of the lives of the people of the region.

Professor at Research Institute of Environmental Law of Wuhan University and Emeritus Professor of University of Sydney
Ben Boer*

# The Green Belt and Road: Challenges for Environmental Law

(July 2, 2018 Beijing, China)

## 1. Introduction

This paper focuses on the development of policies and laws to ensure that environmental impacts are adequately addressed to support overseas investment activities by Chinese public sector entities, state-owned enterprises and private sector entities within the context of the Belt and Road Initiative.

The paper recognizes that many countries have now signed on to the Belt and Road Initiative, and that the scale of Chinese investment and development activity in these countries will inevitably have significant impacts on the

---

* Ben Boer, Distinguished Professor, 1000 Talents Program, China, Research Institute of Environmental Law, Wuhan University, Emeritus Professor, University of Sydney. The research for this paper forms part of a project entitled "Ecological Civilization and International Environmental Law" approved by the Ministry of Education in 2015 (No. 16JJD820012); it is being conducted through the Research Institute of Environmental Law, Wuhan University. Research assistance by Pei Yilin and Wang Xinxin and comments from Professor Alexander Zahar are gratefully acknowledged.

environment of those countries, particularly where major infrastructure projects are proposed. The paper addresses the question as to whether the standards set by Chinese laws and policies on environmental protection for enterprises within China should also apply to all investment initiatives and development activities in the host countries that have signed onto the Belt and Road Initiative, and also how those standards might be implemented. This is particularly important where the environmental standards in the host countries are lower than those of China.

The question of environmental standards is also relevant with respect to China's international commitments in implementing the many multilateral environmental agreements of which China and host countries are members. Some of the most significant of these are the 1992 Convention on Biodiversity and UN Framework Convention on Climate Change, together with the 2015 Paris Agreement. Standards must also be considered in relation to China's commitment to the implementation of the Sustainable Development Goals. ① In addition, the implementation of appropriate environmental standards in Belt and Road host countries is also pertinent to the Chinese concept of ecological civilization, which has become a fundamental aspect of Chinese law② and policy relating to environmental and natural resource matters.

As the paper illustrates the published Chinese policies and guidelines on environmental laws and policies are impressive. However, it is argued that there needs to be more focus on legally enforceable environmental standards with regard to actual implementation on the ground in investment countries. A further question is the extent to which such policies should be incorporated into free trade agreements, investment treaties and contract documents that contemplate comprehensive infrastructure and industrial development projects.

---

① Xi Jinping's speech to the United Nations General Assembly, "Working Together to Forge a New Partnership of Win-win Cooperation and Create a Community of Shared Future for Mankind", New York, September 28, 2015, https://gadebate.un.org/sites/default/files/gastatements/70/70_ZH_en.pdf.

② See China's Environment Protection Law 2015.

For example, there are currently six economic corridors associated with the Belt and Road Initiative stretching from China across Asia, and over to Europe and parts of Africa, as shown on the map below. Each of the countries involved has different environmental laws and variable legal standards for infrastructure planning, environmental impact assessment, pollution and the conservation of biological diversity. Is there a case for attempting to harmonize the laws and standards in order to apply more common approaches to development under the Belt and Road Initiative?③

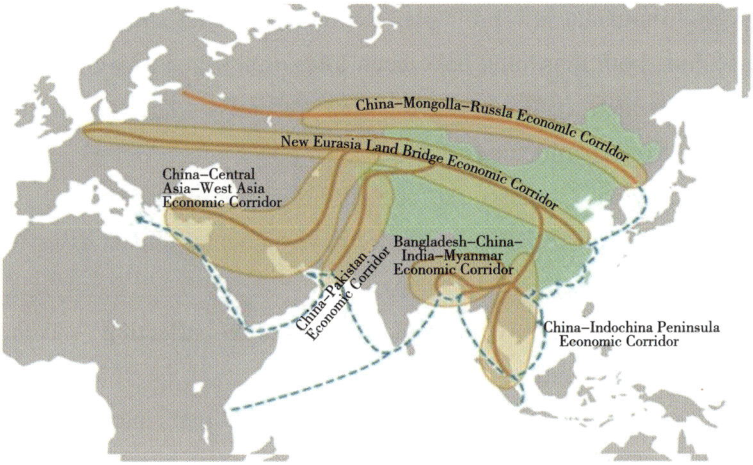


**The Belt and Road Initiative: Six Economic Corridors Spanning Asia, Europe and Africa**

Source: The Belt and Road Initiative. ④

---

③ For example, one of the objectives of the UN Environment Programme for the Development and Periodic Review of Environmental Law (Montevideo Programme) is "to promote, where appropriate, harmonized approaches to the development and implementation of environmental law and to encourage coordination of relevant institutions"; https://www.unenvironment.org/explore-topics/environmental-rights-and-governance/what-we-do/strengthening-institutions.

④ HKTDC Research, http://china-trade-research.hktdc.com/business-news/article/The-Belt-and-Road-Initiative/The-Belt-and-Road-Initiative/obor/en/1/1X000000/1X0A36B7.htm; one example, the China-Pakistan Economic Corridor, is briefly commented on later in this paper.

## 2. Environmental Law Principles and Concepts

This paper argues that fundamental principles of environmental law should be employed in both the development of the policies of the Belt and Road Initiative as well as in the various treaties entered into by governments or contracts and agreements negotiated between Chinese and private sector entities in the host countries concerning investments and proposed development activities.

The environmental law principles and concepts that should be taken into account include both those that have been long-established as well as principles and concepts which have emerged more recently. The older-established principles and concepts include:

(1) The necessity to carry out obligations of due diligence.

(2) Preparation and dissemination of environmental impact assessment for all development proposals.

(3) Availability of environmental information affecting stakeholders, including local communities.

(4) Transparent decision-making, including public participation mechanisms, and access by individuals and communities to justice in environmental matters.

The new and emerging principles are generally associated the new concept of the "environmental rule of law". The environmental rule of law is relevant to all development activities around the world. It assumes that any major industrial or infrastructure proposal should attract the attention of environmental law mechanisms. While these mechanisms operate primarily at domestic level, they are often based upon principles and concepts found in international and regional instruments relating to the protection of natural and cultural environments.

The idea of the environmental rule of law was first developed through the

United Nations Environment Programme (now known UN Environment).⑤ The concept was subsequently defined by the IUCN World Declaration on the Environmental Rule of Law:

As the legal framework of procedural and substantive rights and obligations that incorporates the principles of ecologically sustainable development in the rule of law. Strengthening the environmental rule of law is the key to the protection, conservation, and restoration of environmental integrity. Without it, environmental governance and the enforcement of rights and obligations may be arbitrary, subjective, and unpredictable.⑥

There are 13 principles associated with the environmental rule of law, according to the IUCN World Declaration on the Environmental Rule of Law. As noted by the IUCN, the principles form the central part of the Declaration, aimed at promoting and achieving ecological justice through the environmental rule of law. The list of principles is not intended to be exhaustive. It is recognized that there are other environmental law principles, many of which are widely accepted and well stablished, including procedural rules such as the right to information, participation in environmental decision-making and access to justice. While the focus of the declaration is on substantive principles, some can be characterized as having both substantive and procedural aspects.⑦ The principles are:

(1) Obligation to protect nature;

(2) Right to nature and rights of nature;

(3) Right to environment;

---

⑤ UN Environment, "Environmental rule of law", https://www.unenvironment.org/explore-topics/environmental-governance/what-we-do/strengthening-institutions/promoting-1; See also Decision 27/9, on *Advancing Justice, Governance and Law for Environmental Sustainability*.

⑥ International Union for the Conservation of Nature (IUCN) World Declaration on the Environmental Rule of Law; Chinese: 世界自然保护联盟(IUCN)关于环境法治的世界宣言, https://www.iucn.org/sites/dev/files/content/documents/chinese_world_declarationon_the_environental_rule_of_law_final.pdf; English: https://www.iucn.org/sites/dev/files/content/documents/english_world_declaration_on_the_environmental_rule_of_law_final.pdf; https://www.iucn.org/commissions/world-commission-environmental-law/our-work/environmental-rule-law-1.

⑦ See above, note 6.

(4) Ecological sustainability and resilience;

(5) In dubio pro natura;

(6) Ecological functions of property;

(7) Intra-generational equity;

(8) Inter-generational equity;

(9) Gender equality;

(10) Participation of minority and vulnerable groups;

(11) Indigenous and tribal peoples' rights;

(12) Non-regression;

(13) Progression.

Several of these principles have been broadly accepted in some international instruments and in some instances, at national level, such asintra-generational equity, inter-generational equity, gender equality, participation of minority and vulnerable groups and the rights of indigenous and tribal peoples. Emerging principles are not so broadly accepted as yet, but some have been included in a number of national constitutions and/or accepted by the courts. These include the obligation to protect nature, right to nature and rights of nature, right to environment,⑧ ecological sustainability and resilience, in dubio pro natura, ecological functions of property, non-regression and progression.

Many of these principles will become better-known in the future, by being incorporated into international environmental instruments and national

⑧ For discussion of the right to environment, see Ben Boer, "Environmental principles and the right to a quality environment" in L. Kramer and, E. Orlando (eds.) Principles of Environmental Law, Edward Elgar, 2017.

environmental laws, as well as by adoption in the courts. [9] Some of them are likely to grow in importance with respect to the drafting of codes of conduct and guidelines concerning investment decisions and infrastructure proposals that fall within the Belt and Road Initiative.

### 3. Chinese Policy Instruments and Guidelines

Since the introduction of the Belt and Road Initiative in 2013, a range of policy instruments and guidelines have been produced by the Chinese Government as well as by and private sector organizations, setting out policies for addressing environmental protection with regard to foreign investment by Chinese enterprises. [10] A number of documents are listed in the annex to this paper. Several of the concepts and principles referred to above are already included in the various guidelines for environmental and social risk management of overseas investment by Chinese private sector entities, such as banks and finance organizations as well as by the Chinese Government entities. [11] However, it would be desirable to have more consistency of approach between them.

In summary, the various guidelines cover the identification and prevention of environmental risks, guiding enterprises to actively perform

---

⑨ This is already occurring with regard to several principles; for example, the principle of in dubio pro natura, which was absorbed into the law of Pakistan: *Maple Leaf Cement Factory v. Environment Protection Agency*, High Court of Lahore, Pakistan W. P. No. 115949/2017 2018. Thar case relied on in dubio pro natura together with the related precautionary principle as a basis of its decision concerning the cement factory: cited Principle 5 of the IUCN World Declaration on the Environmental Rule of Law: "In cases of doubt, all matters before courts, administrative agencies, and other decision-makers shall be resolved in a way most likely to favour the protection and conservation of the environment, with preference to be given to alternatives that are least harmful to the environment. Actions shall not be undertaken when their potential adverse impacts on the environment are disproportionate or excessive in relation to the benefits derived therefrom."

⑩ The Ministry of Commerce and Ministry of Environmental Protection, February 18, 2013, Foreign Investment Cooperation Environmental Protection Guide; http://www.ghub.org/cfc_en/? p = 9225.

⑪ For example, see Environmental Risk Management Initiative for China's Overseas Investment prepared by the Green Finance Committee of China Society for Finance and Banking Investment Association of China and the China Banking Association, September 2017.

"social responsibility" for environment protection, establishing a good external image of Chinese enterprises and supporting the sustainable development of the host countries. They also require a respect for religious beliefs, cultural traditions and ethnic customs of people from the host countries. The guidelines also urge the upholding of the "... concept of environmental friendliness and resource conservation, develop low carbon and green economy, implement sustainable development strategies and realize 'win-win' for their own profit and environmental protection". ⑫ Importantly in this context, the guidelines record that enterprises should "know and abide by the provisions of the host country's laws and regulations related to environmental protection". ⑬

Chinese enterprises investing in foreign countries are also obliged to incorporate environmental protection into the development strategies, production and operational plans, and establish rules and regulations for environment protection, etc. Training of personnel with regard to environment protection laws and regulations of the host countries is also required.

In addition, in 2017, the Ministry of Ecology and Environment stated that it intends to "integrate the concepts of ecological civilisation and green development into the Belt and Road Initiative and create a favourable pattern of well-grounded cooperation on eco-environmental protection". ⑭ The question that needs to be asked is: What is "well-grounded cooperation"? Does it mean simply a stronger policy, or does it require legally binding provisions? Another question is how to define and apply the concept of ecological civilization in the context of the Belt and Road Initiative.

Further, the Notice on Further Guiding and Standardising Directions for

---

⑫ The Ministry of Commerce, Notice of the Ministry of Environmental Protection on Printing and Distributing the Guidelines for Environmental Protection of Foreign Investment Cooperation 2013, http://www.zhb.gov.cn/gkml/hbb/gwy/201302/t20130228_248632.htm.

⑬ Foreign Investment Cooperation Environmental Protection Guide, note 10, above.

⑭ Ministry of Ecology and Environment: The Belt and Road Ecological and Environmental Cooperation Plan, May 2017, Article II, Paragraph 3, http://english.sepa.gov.cn/Resources/Policies/policies/Frameworkp1/201706/t20170628_416869.shtml.

Overseas Investment,[15] under the heading "Fourth, limit overseas investment" the provision restricts overseas investments inconsistent with China's foreign policy of "peaceful development, a mutually beneficial and win-win opening strategy and macro-economic control policies for domestic enterprises". A further article provides for prohibition of "overseas investments that do not meet the environmental protection, energy consumption and safety standards of the investment destination country". This appears to be the only specific statement that details a sanction for enterprises that do not conform to host country environment protection standards. Although these guidelines are important, they do not appear to be strictly enforceable. In other words, they seem not to be legally mandatory: If investors and enterprises do not follow the guidelines, no particular legal sanction or penalty is prescribed.

Several Chinese financial bodies have jointly published a document entitled Environmental Risk Management Initiative for China's Overseas Investment.[16] They argue:

> By improving the environmental risk management of their overseas investments and by adopting responsible investment principles, Chinese financial institutions and enterprises can significantly accelerate progress towards key sustainability goals, such as the "greening" of the Belt and Road Initiative, the fulfilment the 2030 Agenda for Sustainable Development and the Paris Agreement on climate change, and the implementation of the Guidelines for Establishing the Green Financial System enacted by the seven state ministries.[17]

---

⑮ Notice on Further Guiding and Standardising Directions for Overseas Investment State Council [2017] No. 74, August 4, 2017.

⑯ Environmental Risk Management Initiative for China's Overseas Investment.

⑰ See note 16, page 1.

### 4. Legal Standards to Be Applied

An issue that requires more clarification concerns the legal standards to be applied for environmental impact assessment, planning and management. The various guidelines rightly specify that the laws and standards of the host countries would apply. However, in the light of the concept of ecological civilization and the leadership that China espouses with regard to environmental matters, the following questions arise: If the relevant Chinese laws contain more stringent standards for environmental protection and conservation than the laws of the host country, should Chinese entities operating in that host country be obliged to apply the more Chinese stringent laws? There is no legal obligation to do so. Alternatively, if the host county has stricter environmental standards, should those standards prevail over the Chinese standards?

The Environmental Risk Management Initiative[18] document referred to above urges that "financial institutions and enterprises engaged in overseas investment should fully understand the environmental laws, regulations and standards of the host countries, as well as the key environmental risks for their projects". Further, the institutions and enterprises are encouraged to "understand the environmental laws, regulations and standards for the specific sectors of their projects, as well as the sector-specific environmental risks and mitigation approaches", as well as "to fully understand relevant environmental standards both in China and in host countries, as well as the prevailing international standards, and adopt the highest standard where feasible".[19] A question that arises here is the meaning of the words "where feasible". Does this mean from an economic point of view, or are there broader considerations that should be taken into account?

With regard to specific sectors of projects, the document states that the entities should conduct in-depth environmental due diligence, and maintain a

---

⑱ See note 16.

⑲ See note 16, page 1.

high level of vigilance for potential environmental impacts from industries such as mining, coal-fired power, infrastructure, steel, cement, building materials, chemicals and textile and dyeing. In addition, they should use environmental risk analysis tools to fully identify and assess potential impacts on air, water, soil and forestry, and take steps to effectively manage such risks. ⑳

The Code of Conduct for Overseas Investment Operations of Private Enterprises㉑ issued by the National Development Reform Commission in December 2017, under Article 27, refers to the need to carry out environmental impact assessment prior to the development of new projects in host countries. Article 28 requires Chinese enterprises to apply for environmental permits for the development and operation of private enterprises overseas in accordance with the host country's environmental protection laws and regulations. Where host countries do not have environmental laws at present, they can refer to environmental standards adopted by international organizations or multi-lateral institutions. It would be important to know which international organizations and multilateral institutions are being referred to here. More details could be included with respect to the international organizations or multi-lateral institutions that could be used as reference points for environmental standards.

Further, with regard to environmental standards, Article 28 requires the adoption of environmental protection measures that are conducive to the ecological development of the host country or region. However, there is no indication about who should determine whether or not those measures are conducive to ecological development, or what standards must be applied in this context. At present, these provisions are too vague and could be

---

⑳ See note 16, page 1.

㉑ National Development Reform Commission: Private Enterprises Foreign Investment Code of Conduct; Reform and Foreign Investment [2017] 2050, http://www.ndrc.gov.cn/gzdt/201712/t20171218_870751.htmlPDF version of the document: http://www.ndrc.gov.cn/gzdt/201712/W020171218502402164940.pdf, 6th December 2017.

considerably strengthened. Article 28 could include more precise obligations of due diligence concerning environmental protection, climate change impacts, nature conservation, protection of the cultural environment and the identification of environmental rights of communities in host countries. Such environmental law mechanisms would promote the Chinese concept of ecological civilization in the context of the Belt and Road Initiative. They would also be consistent with the attainment of the 2030 Sustainable Development Goals both by China and by the Belt and Road host countries.

A further question related to the legal application of codes of conduct and guidelines. Should they be converted to legal regulations that would apply to any Chinese enterprise which invests and carries out the development activities in other countries under the Belt and Road Initiative? While the Code of Conduct for Overseas Investment Operations of Private Enterprises referred to above seems to have the characteristic of a legal regulation, this should be made clearer, for the benefit of both Chinese investors, supervisory institutions as well as for the governments and decision-makers of host countries. As stated by a Chinese environmental lawyer, "A responsible major economy should exercise some degree of oversight of the business activity of its firms overseas, and China should not shy away from that. It is very high standard."[22] If those guidelines were converted to detailed provisions of Chinese law, then environmental protection mechanisms such as environmental impact assessment, pollution control standards, access to environmental information etc., which already applies to enterprises within China, could arguably be applied to Chinese enterprises operating in host countries, as part of the Chinese Government approval for foreign investment.

A further issue is the extent to which strict environmental protection provisions should be incorporated into treaties between the Chinese Government and the governments of host countries with regard to any overseas

---

㉒ *China needs urgent oversight of investments*, Interview with Zhang Jingjing, *China Dialogue*, December 1, 2017, https://www.chinadialogue.net/article/show/single/en/10258-China-needs-urgent-oversight-of-investments.

investments and development activities by Chinese enterprises operating in those host countries. One important matter here is the issue of monitoring, reporting and verification[23] of the implementation of the applicable standards, and what can be done to enforce the standards. This is particularly important where the main focus of many developing countries is on economic development, with environmental protection and conservation often being of secondary importance.

### 5. International Cooperation on the Green Belt and Road

With regard to international cooperation, it is significant to note that both the United Nations Development Programme (UNDP) and UN Environment (formerly referred to as United Nations Environment Programme or UNEP) are both engaging seriously with the Belt and Road Initiative.

UNDP and the People's Republic of China signed a Memorandum of Understanding in 2016, followed by an action plan.[24] Further, a Report on the Sustainable Development of Chinese Enterprises Overseas 2017[25] was prepared by several Chinese Government bodies together with UNDP, in order "to support the Belt and Road region in the implementation of the 2030 Agenda". This report is crucial in terms of understanding the intended relationship between the Belt and Road Initiative and the United Nations 2030 Agenda for Sustainable Development.[26] The report's preface sets out its rationale: "To

---

㉓ Monitoring, reporting and verification is a process that is well established, for example, in relation of greenhouse gas emissions; see Monitoring, Reporting and Verification of EU ETS emissions; see https://ec.europa.eu/clima/policies/ets/monitoring_en.

㉔ UNDP "Belt and Road Initiative", http://www.cn.undp.org/content/china/en/home/belt-and-road.html.

㉕ The report was prepared collaboratively by the Chinese Academy of International Trade and Economic Cooperation, Ministry of Commerce, the Research Center of the State-Owned Assets Supervision and Administration Commission of the People's Republic of China and the United Nations Development Programme; see *Report on the Sustainable Development of Chinese Enterprises Overseas* 2017, page 36, "Environmental Protection", http://www.cn.undp.org/content/china/en/home/library/south-south-cooperation/2017-report-on-the-sustainable-development-of-chinese-enterprise.html.

㉖ United Nations, *Transforming our world: the* 2030 *Agenda for Sustainable Development*, https://sustainabledevelopment.un.org/post2015/transformingourworld.

support the Belt and Road region in the implementation of the 2030 Agenda, the 2017 Report on the Sustainable Development of Chinese Enterprises Overseas examines the critical role of Chinese enterprises and the economic, social and environmental value generated from the integration of business development and the 2030 Agenda."[27] The report's paragraph on "Environment Protection" includes important observations concerning environmental impacts of Chinese overseas investment projects in the context of environmental law:

> There are two obvious trends in the field of environmental protection. First, the environmental laws, regulations and standards in the world-including the countries along the Belt and Road-are becoming stricter, with increasingly severe penalties for violations. Second, the governments, social organizations and the general public of most countries-including the countries along the Belt and Road-are increasingly concerned about environmental impacts, and their demands for environmental protection are getting more serious as well. Some of the Chinese enterprises' overseas investment projects, particularly those in the energy and resource sector, have significant impacts on the local environment, and some of the countries along the Belt and Road are relatively more vulnerable to environmental risks. The environmental impacts of Chinese enterprises' overseas investment projects will, to a large extent, determine the feasibility and economic viability of the projects themselves. Moreover, the chain effects caused by environmental problems often go beyond an enterprise's control, escalating into incidents involving domestic politics and international relations.
>
> In addition, environmental protection standards have also

---

㉗ *Report on the Sustainable Development of Chinese Enterprises Overseas* 2017, note 25, page 3.

> become one of the financing challenges for enterprises investing overseas. Today, the environmental impact of a project is an important assessment indicator in the due diligence conducted by multi-lateral development banks and commercial banks for project financing. This also requires Chinese enterprises to shift to cleaner production and take a low-carbon approach in overseas investment. ㉘

In its "Action Guide", the report sets out eight guidelines concerning investment and operations management practices by Chinese multi-national enterprises. These guidelines are intended to reflect the Silk Road Spirit and the 2030 Agenda. Each of guidelines records the relationship with the relevant SDGs. They cover the following topics: legal compliance, respect for differences, fairness and integrity, openness and transparency, inclusive development, respect for human rights, greenness and environmental protection, and economics and feasibility. Several of these are crucial to promoting the "green" aspects of the Belt and Road Initiative.

UN Environment has also reached out to the Chinese Government by putting forward a Green Belt and Road Strategy. ㉙ The rationale for UN Environment's engagement with the Belt and Road Initiative is that it covers a vast area of land and sea over three continents and some 65 countries. It notes that the countries represent around 40 percent of global land area, 30 percent greenhouse gas emissions, 30 percent of the GDP and 60 percent of global population. UN Environment argues that the outcomes of the Belt and Road Initiative will thus:

---

㉘ Report, note 25, 3.1.4 Environment Protection, page 36.

㉙ UN Environment, "Green Belt and Road Strategy", https://wedocs.unep.org/bitstream/handle/20.500.11822/25178/UN%20Environment%20Belt%20and%20Road%20Strategy%20final.pdf?sequence=38&isAllowed=y; see also Erik Solheim, Executive Director of UN Environment, A Green Belt and Road, https://www.unenvironment.org/news-and-stories/press-release/green-belt-and-road.

> ... have a profound impact on the planet and on human development. With any such large-scale development come significant environmental challenges. In addition to immediate biophysical impacts, if Belt and Road investments lock countries into unsustainable infrastructure, technology and resource extraction, they will have long-lasting negative impacts that could seriously undermine countries ability to meet the 2030 Agenda for Sustainable Development. With all Belt and Road investments, care must be taken to ensure that decisions are based on sound knowledge and science and that social and environmental safeguards are in place so that projects include effective stakeholder engagement and that benefits are equitably shared.

The strategy includes specific provisions on the strengthening of national legal frameworks in Belt and Road countries "in order to ensure that social and environmental safeguards are effective and that best practices in participatory processes and stakeholder engagement are in place. This will also mean support to Belt and Road countries to develop procedures for environmental impact assessments and inclusive and transparent stakeholder consultations".[30]

### 6. National Cooperation on the Green Belt and Road

At the national level in China, the Belt and Road Ecological and Environmental Cooperation Plan published by the Ministry of Ecology and Environment in 2017[31] emphasizes the concept of ecological civilization and the strengthening of policy coordination. It urges the sharing of the concepts and practice of ecological civilization and green development through bilateral and multi-lateral cooperation mechanisms. These are intended to be "fully used to deepen dialogue and exchange on concepts, laws and regulations, policies, standards and technology psychological progress and green

---

[30] See note 29, pages 4-5.

[31] The Belt and Road Ecological and Environmental Cooperation Plan, note 14, above.

development". They are also meant to "facilitate a joint development of bilateral, multilateral, sub-regional and regional strategies and action plans for eco-environmental protection". The plan also contemplates building platforms for eco-environmental protection cooperation. It records that China "will strengthen regional exchanges on eco-environmental protection, expand cooperation with relevant national organizations and agencies, initiate the International Union for Green Belt and Road Development, and establish cooperation platforms with multiple participation that include governments, enterprises, think tanks, social organizations and the public".

These provisions on ecological civilization are consistent with Chinese environmental laws that have been amended in recent years. It therefore makes sense to extend the concepts of ecological civilization to the activities of Chinese entities in Belt and Road host countries. The question is how best to achieve such an objective.

The cooperation plan includes provisions to enable enterprises to play a major role in environmental governance. It refers to a range of guidelines published by the Ministry of Ecology and Environment, the Ministry of Foreign Affairs, the National Development and Reform Commission and the Ministry of Commerce. As with previous guidelines, it notes that "enterprises will be required to conscientiously abide by local environmental regulations and standards".

In its Guidance on Promoting the Green Belt and Road,[32] the Ministry of Ecology and Environment states:

> To promote green Belt and Road, efforts will be made to incorporate the principles of being resource efficient and environment friendly into the whole process of international cooperation on production capacity and equipment manufacturing, spur the enterprises to observe relevant environmental protection

---

[32] The Ministry of Ecology and Environment, Belt and Road Portal, Guidance on Promoting Green Belt and Road, https://eng. yidaiyilu. gov. cn/zchj/qwfb/12479. htm.

> laws, regulations and standards, and boost green technology and industry development so as to enhance China's capability to participate in global environmental governance.

The plan also includes an obligation to observe laws and regulations for risk prevention: "We will urge the businesses to observe international regulations on economy and trade and the laws, regulations, policies and standards of the host countries on eco-environment protection, attach great importance to the appeals of the local residents on environment protection, and build up corporate credit systems to circumvent eco-risk and ensure safety."[33]

It is also noted that in early 2018, the National Development and Reform Commission issued an order to promulgate the Administrative Measures on Overseas Investment of Enterprises. Article 4 encourages investing entities "to innovate overseas investment methods, uphold integrity of management principles, avoid unfair competition practices, safeguard employees' legitimate rights and interests, respect local public order and good customs, perform necessary social responsibilities, pay attention to ecological environmental protection, and establish a good image of Chinese investors".[34]

The various provisions and initiatives set out above form an excellent foundation for the development of trans-border legal mechanisms, either for specific project agreements or more general instruments that incorporate environmental protection obligations on the part of both Chinese entities and host country entities.

## 7. Environmental Provisions in Trade and Investment Agreements

This section briefly discusses the types of provisions found in trade and

---

[33] Guidance on Promoting Green Belt and Road, note 32, p. 2, under "Basic Principles".

[34] Order No. 11 of the National Development and Reform Commission of the People's Republic of China, promulgating the Administrative Measures on Overseas Investment of Enterprises, in effect from March 2018.

investment agreements, both bilateral and multi-lateral, around the world specifically address environmental issues. Such instruments will become increasingly important as the Belt and Road Initiative grows in scale and importance.

One of the best-known sets of environmental provisions of free trade agreements is the side accord under the North American Free Trade Agreement 1993, entitled North American Agreement on Environmental Cooperation, between Canada, Mexico and the United States.[35] Among the objectives of the agreement is a clause on strengthening cooperation with regard to development and improvement of environmental laws, regulations, procedures and policies.[36]

In the European Union, EU law now requires all trade policies to promote sustainable development, encompassing social justice, respect for human rights, high labor standards and high environmental standards.[37] The trade policies of the EU promote the implementation of a range of multi-lateral environmental agreements, including the Convention on Trade in Endangered Species of Wild Flora and Fauna in 1973, the UN Framework Convention on Climate Change in 1992 and the 2015 Paris Agreement, the Convention on Biological Diversity in 1992, the Montreal Protocol on the Ozone Layer, the Stockholm Convention on Persistent Organic Pollutants the Rotterdam Convention on international trade in hazardous chemicals and pesticides and the Basel Convention on hazardous waste movement and disposal. The EU has many other policies and strategies to address various aspects of environmental and natural resources issues related to trade.

Environmental law issues are dealt with in a wide variety of ways in

---

[35] CEC. org/about-us/NAAEC.

[36] Article 1 (d): North American Agreement on Environmental Cooperation.

[37] EU Trade Policy and Sustainable Development, http://ec. europa. eu/trade/policy/policy-making/sustainable-development/index_en. htm.

bilateral agreements. For example, the China—Australia Free Trade Agreement[38] of 2015 includes reference to the adoption or enforcement of measures that are necessary to protect human, animal, plant life or health, or to ensure compliance with laws and regulations not inconsistent with the agreement. It includes a specific paragraph to clarify what is meant by such measures: "The Parties understand that the measures referred to in subparagraph 1(a) include environmental measures to protect human, animal or plant life or health, and that the measures referred to in subparagraph 1(d) include environmental measures relating to the conservation of living or non-living exhaustible natural resources."

On the other hand, the Korea—Australia Free Trade Agreement[39] has more specific provisions on the application and enforcement of environmental laws, with a requirement that "neither Party shall fail to enforce its environmental laws, regulations and policies, through a sustained or recurring course of action or inaction, in a manner affecting trade or investment between the Parties..." and that "each Party recognizes that it is inappropriate to encourage trade or investment by weakening or reducing the protections afforded in its environmental laws, regulations and policies".

A specific agreement under the Belt and Road Initiative is the China—New Zealand Memorandum of Arrangement[40] concluded in 2017. It includes one clause that mentions environmental matters:

> Through connectivity and mutual learning among the countries along the Belt and Road, and drawing on the comparative

---

㊳ China-Australia Free Trade Agreement article 9.8, Paragraphs 1 and 2; Australian Government, Department of Foreign Affairs and Trade, http://dfat.gov.au/trade/agreements/in-force/chafta/official-documents/Pages/official-documents.aspx.

㊴ Extracted from Article 18 of Korea-Australia Free Trade Agreement, http://dfat.gov.au/trade/agreements/in-force/kafta/Pages/korea-australia-fta.aspx.

㊵ Memorandum of Arrangement on Strengthening Cooperation on the Belt and Road Initiative between the Government of New Zealand and the Government of the People's Republic of China, March 27, 2017; such a memorandum has also been concluded between China and Australia, but details are not currently available.

advantage and contributions of the Participants and their private sectors, the Participants will promote the exchange and integration of goods, technologies, capital and personnel, push forward coordinated economic, social, environmental and cultural development and common progress, and promote dialogue and fusion among civilizations. ㊶

While this memorandum is brief, it contemplates a "more detailed work plan of bilateral cooperation based on the above areas as soon as possible, within 18 months of the Arrangement coming into effect". ㊷Given the strong environmental and natural resource protection laws in New Zealand, ㊸ it would be expected that a detailed work plan would incorporate robust provisions regarding environmental protection and conservation.

## 8. Conclusions and Further Research

This brief paper has outlined somc of the challenges facing environmental law at international, regional and national levels in the context ofthe Belt and Road Initiative. The burgeoning expansion of the Belt and Road Initiative to an increasing number of countries, with the continuing addition of investment proposals, infrastructure projects and other development activities, calls for a correspondingly comprehensive set of environmental law responses at international, regional and domestic levels. The paper has noted that relevant Chinese ministries and other government entities have produced impressive codes of conduct, cooperation plans and other measures focusing on "greening" Belt and Road Initiative. However, few of these instruments appear to be legally binding.

Clearly, Belt and Road Initiative proposals and projects will differ in their sizes and scopes. Some are or will be straightforward investment operations in

---

㊶ See note 40, third preambular paragraph.

㊷ See note 40, paragraph III. 5.

㊸ See Resource Management Act 1991, New Zealand.

host countries by state-owned enterprises and private companies, while others involve the deployment of Chinese workers and machinery in host countries. Thus, the capacity to exercise effective control over compliance with Chinese environmental laws and/or host country environmental laws will vary considerably. Not every Belt and Road Initiative investment or project can be treated in the same way. In order to ensure that the Belt and Road Initiative conforms to the philosophy of green development, it is suggested that, building on the Chinese guidelines and other documents mentioned in this paper, further research should be conducted to investigate and recommend adequate and enforceable environmental law mechanisms to be incorporated into relevant Belt and Road Initiative treaties, agreements and development contracts.

In his address to the 19th National Congress of the Communist Party of China, President Xi Jinping stated that "the entire Party and the whole country have become more purposeful and active in pursuing green development, and there has been a clear shift away from the tendency to neglect ecological and environmental protection" and that "efforts to develop a system for building an ecological civilization have been accelerated". [44]

The key point is that since this statement applies to the whole of China, it must logically also apply to all of China's activities in host countries under the Belt and Road Initiative, both to public sector as well as to private sector investments and projects. In order for green investment and development to occur in Belt and Road host countries, the highest environmental standards must be applied, backed by adequate environmental laws both in China and the host countries. This is the true meaning and spirit of the green Belt and Road.

---

[44] Xi Jinping's speech at the 19th National Congress of the Communist Party of China, October 18, 2017, *China Daily*, May 19, 2018.

**Annex: Chinese Laws, Guidelines and Policies Relating to Environmental Aspects of the Belt and Road Initiative**

| Publication Date | Name of Document | Articles Relating to Environmental Protection Requirements | Promulgation Authorities | Legal Nature |
|---|---|---|---|---|
| December 26, 2017; effective from March 1, 2018 | Regulation Measures of Enterprises Investing overseas[45] | Article 41 encourages investing entities to innovate overseas investment methods, adhere to principles of good faith management, avoid unfair competition practices, protect employees' legitimate rights and interests, respect local public order and local customs, perform necessary social responsibilities, pay attention to ecological environmental protection, and establish a good image of Chinese investors | National Development and Reform Commission | Regulation/legally binding; but the obligations are too vague to be legally enforceable |
| December 6, 2017 | Code of Conduct of Private Enterprises' Overseas Investment Operation[46] | Article 28 on environmental permits, including in countries where there is a lack of relevant regulations, companies can refer to environmental standards adopted by international agencies or multi-lateral agencies | Jointly by the National Development and Reform Commission, Ministry of Commerce, the People's Bank of China, Ministry of Foreign Affairs, National Federation of Industry and Commerce | Normative document (not an official type of regulation but stipulated by legislation; appears to have legal force) |

---

㊺ NDRC, http://www.ndrc.gov.cn/zcfb/zcfbl/201712/t20171226_871560.htmlNDRC PDF: http://www.ndrc.gov.cn/zcfb/zcfbl/201712/W020171226340410103048.pdf.

㊻ NDRC, http://www.ndrc.gov.cn/gzdt/201712/t20171218_870751.htmlPDF version of the document: http://www.ndrc.gov.cn/gzdt/201712/W020171218502402164940.pdf.

Continue Table

| Publication Date | Name of Document | Articles Relating to Environmental Protection Requirements | Promulgation Authorities | Legal Nature |
|---|---|---|---|---|
| August 4, 2017 | Guiding Opinions on Further Guiding and Standardizing the Development of Overseas Investment⑰ | The guideline has divided investment areas into three categories: 1) encouraged investment, article 3; 2) limited or not advised investment, article 4; 3) prohibited investment. Article 4 item 4 is about foreign investments that do not conform to environmental, energy efficiency and safety standards of the country which are not advised/limited | National Development and Reform Commission, Ministry of Commerce, the People's Bank of China, Ministry of Foreign Affairs | Guideline/non-binding |
| June 12, 2017 | State-owned Enterprises' Overseas Investment Financial Management Measures⑱ | Focused on the accounting system of enterprises | Ministry of Finance | Normative document (not an official type of regulation but stipulated by the legislation; appears to have legal force) |
| May 8, 2017 | Guidance on Promoting Green Belt and Road⑲ | Prioritizes ecological civilization and green development, focuses on the incorporation of eco-environment protection and socio-economic development, promoted integration of strategies and plans with countries or regions along the Belt and Road route, etc. | — | Guideline/non-binding |

⑰ Central government website, http://www.gov.cn/zhengce/content/2017-08/18/content_5218665.htm.

⑱ Ministry of Finance, http://zcgls.mof.gov.cn/zhengwuxinxi/zhengcefabu/201708/t20170802_2664341.html.

⑲ Website of MEE, Belt and Road Portal, http://eng.yidaiyilu.gov.cn/zchj/qwfb/12479.htm.

Continue Table

| Publication Date | Name of Document | Articles Relating to Environmental Protection Requirements | Promulgation Authorities | Legal Nature |
|---|---|---|---|---|
| May 15, 2017 | Belt and Road Ecological Environment Protection Cooperation Plan⑩ | To build an environmental protection platform and promote environmental protection in different ways such as companies, NGOs, infrastructures, trade, supply chains, finance…etc. | Ministry of Environmental Protection (now Ministry of Ecology and Environment) | Government policy/ guideline |
| April 24, 2017 | Guiding Opinions on Promoting the Development of Green Belt and Road⑪ | All on environmental protection, but mainly about government behaviors and policies | Jointly by Ministry of Environmental Protection, Ministry of Foreign Affairs, National Development and Reform Commission, Ministry of Commerce | Guideline/government policy, non-binding |
| February 18, 2013 | Environmental Protection Guidelines on Foreign Investment and Cooperation⑫ | All content on environmental protection, published for companies operating overseas | Jointly by Ministry of Environmental Protection, Ministry of Commerce | Guideline, non-binding |

⑩ Website of MEE, http://www.mee.gov.cn/gkml/hbb/bwj/201705/t20170516_414102.htm.

⑪ Website of MEE, http://www.zhb.gov.cn/gkml/hbb/bwj/201705/t20170505_413602.htm.

⑫ Website of MEE, http://www.zhb.gov.cn/gkml/hbb/gwy/201302/t20130228_248632.htm.

## Other links

Belt and Road Portal (official Chinese): https://www.yidaiyilu.gov.cn/index.htmEnglish version: https://eng.yidaiyilu.gov.cn/.

Official document/Belt and Road Portal (English): https://eng.yidaiyilu.gov.cn/info/iList.jsp? cat_id = 10059.

Green Belt and Road, Green Belt and Road Initiative Section/Ministry of Environmental Protection (Chinese, and English translation): http://gjs.mep.gov.cn/lsydyl/.

Deputy Director General of the Legal Department of China Development Bank
Meng Gang

# Belt and Road Financial Innovation: A Legal Perspective

(July 2, 2018 Beijing, China)

Distinguished guests, ladies and gentlemen,

Good afternoon! The Belt and Road Initiative has achieved remarkable results in the past five years. China has a wider "circle of friends" now, and partnership projects have seen considerable growth. The year 2018 is a year of intensive growth for the Belt and Road Initiative. Moreover, it is also an important year for China Development Bank (CDB) for implementing the outcomes of the Belt and Road Forum for International Cooperation. It is a great honor for me to be present at this forum jointly organized by the Ministry of Foreign Affairs and the China Law Society, to share with our friends from various countries CDB's experience in serving the Belt and Road Initiative and managing legal risks. I would also like to share my thoughts on the legal perspective of Belt and Road Initiative-related financial innovation.

As China's biggest development financial institution as well as the biggest bank specializing in foreign investment and financing cooperation, CDB has made great efforts to promote the Belt and Road Initiative's development. As of the first quarter of 2018, CDB's total assets had reached 15.55 trillion yuan. The non-performing loan ratio has been kept under 1 percent for 52 consecutive quarters. The loan balance for Belt and Road countries amounted to $110.1 billion, covering 46 countries and supporting more than 600 projects in infrastructure and other sectors. In the construction of the Belt and Road, the participating countries have deepened the synergy of their development strategies. They should fully uphold the fundamental role of various rules and the rule of law in building consensus, balancing interests and supporting development and other aspects, so as to build a stable, sustainable and risk-manageable financial security system. I would like to elaborate this point from four perspectives.

First, in terms of international cooperation, CDB endeavors to deepen mutual trust and cooperation on the rule of law, and encourages different players to play an active role in improving regional governance rules. The Belt and Road Initiative is based on the principle of "extensive consultation, joint contribution and shared benefits", which is in accordance with the trends of multipolarization and economic globalization. To improve the international governance system of equality and reciprocity, we need to make full use of the existing mechanisms and explore new cooperative frameworks and rules. The G20 Guiding Principles for Global Investment Policy—making was formally adopted in 2016, providing a solid foundation for building consensus among the parties and exploring new rules for global multi-lateral investment. The Belt and Road countries have been actively promoting free trade area agreements, setting guidelines for liberalization and facilitation of global trade and investment. Financial institutions, such as the Asian Infrastructure Investment Bank, the New Development Bank (formerly referred to as the BRICS Development Bank), CDB and the Silk Road Fund, as well as providing financial support for major projects, are promoting the establishment of procedural rules and decision-making mechanisms that better conform with the national conditions of the Belt and Road countries and can be widely accepted. In recent years, CDB has taken the initiative to establish a number of cooperation mechanisms such as the SCO Interbank Association, China-ASEAN Interbank Association and BRICS Interbank Cooperation Mechanism, and has conducted credit cooperation with more than 50 financial institutions from 21 countries along the route. We also have cooperation with the member banks in both bilateral and multi-lateral frameworks to deepen pragmatic cooperation and promote the accommodation of funds.

Second, regarding risk management at national levels, CDB attaches great importance to the legal traditions and culture of different countries, and makes efforts to conduct forward-looking studies on their legal environments and dynamic management. The Belt and Road Initiative provides new opportunities for global economic recovery. However, the cultural diversification of the countries is obvious, and the different legal systems are intertwined. On the one hand we have highly developed modern legal systems, and on the other, we have double-track systems combining both religious laws and secular laws. Similarly, common law systems run parallel with civil law systems. The legal environment of the host country is of critical importance for Belt and Road cooperation. In recent years, with an aimto serve business practice and sustainable development, CDB has been promoting national legal risk management. In 2016, CDB released the Legal Risk Review of the Belt and Road Countries, covering the investment and financing law system of each and every country along the route. The report provides a comprehensive guide for preventing legal risks associated with those countries. In doing so, CDB has played an important role as a high-end think tank. The report, by applying both quantitative and qualitative evaluation methods, has also created an internal risk rating system of national legal risks. The ratings have been incorporated into the pricing mechanism of international business loans, which helps to reasonably direct the flow of funds. So far, the rating system already covers all the countries along the route. In addition, CDB is working to improve legal risk identification and early warning mechanism following global legal changes, updating national legal information monthly and issuing country reports of legal risks annually, thus providing legal guarantee for international businesses.

Third, at the project management level, CDB has established a comprehensive legal risk management and control system, utilizing innovative financing mechanisms and financing models to help strike a balance between development and risk. Rule of law is the cornerstone for deepening financial innovation and preventing financial risks. CDB attaches equal importance to business development and risk prevention, and has established a full-process legal protection system to support the implementation of the Belt and Road. Firstly, extending the role of law from risk resolution to risk prevention, CDB has specified the requirements of due diligence investigations for Belt and Road projects. At the project review stage, in-depth studies and prudential analysis are being carried out on major issues such as qualifications of project participants, project examination and approval, guarantee measures, transaction structure, governing laws and dispute resolution, in order to identify credit risks in advance. Secondly, CDB is enhancing innovation of the Belt and Road investment and financing mechanism. It has implemented different strategies in response to diverse needs, particularly to solve financing difficulties for quasi-public infrastructure projects such as railways, highways, ports, airports, etc. An overseas investment and financing model that can effectively control risks within the legal framework has been put in place. Thirdly, drawing on the latest development of international practices and market rules, CDB has established a contract-centered risk management system. The bank's management system on the texts of international contracts covers multiple business categories, jurisdictions and types of text, ensuring that project review and contract clauses are well connected. Finally, for the post-loan management, CDB examines the potential risks at an early stage. Detailed legal recourse plans are made for different countries and different companies, with market-based and legal measures being comprehensively used to address risk, including litigation, arbitration, bankruptcy, debt restructuring and other ways.

Fourth, in terms of corporate governance, rules and regulations and internal management systems have been developed pursuant to Belt and Road investment and financing characteristics, with the aim of comprehensively improving our ability to govern CDB by law. Starting from optimizing its governing system and governing competence, CDB has developed its core competitiveness through the construction of rule of law, in particular, by establishing an international business department. Taking into account different resources, regional characteristics and financing requirements of the countries along the route, CDB conducts differentiated authorization in terms of credit access, loan pricing and risk tolerance, thus contributing to the stable development of Belt and Road-related business. In keeping with the philosophy of governing the basics and securing long-term development with rules and institutions, CDB has established rules and regulations covering all aspects of management and internal control. By enhancing the electronic and digital level of key legal risk management on credit contracts and other sectors, CDB has strengthened scientific and fine management. All management requirements of actual international business operations are evaluated with quantitative appraisal indicators.

At present, the Belt and Road Initiative has entered the stage of full implementation, and cooperation in all fields continues to develop in depth. CDB will continue to provide all-round services for the construction of the Belt and Road. It will adhere to market-oriented and rule of law principles, make comprehensive efforts to improve its financial services, expand financial innovation and strengthen risk management with a view to contributing its strength to the strong, inclusive and sustainable growth of economies along the Belt and Road.

# Panel 3:

# The BRI and International Dispute Settlement

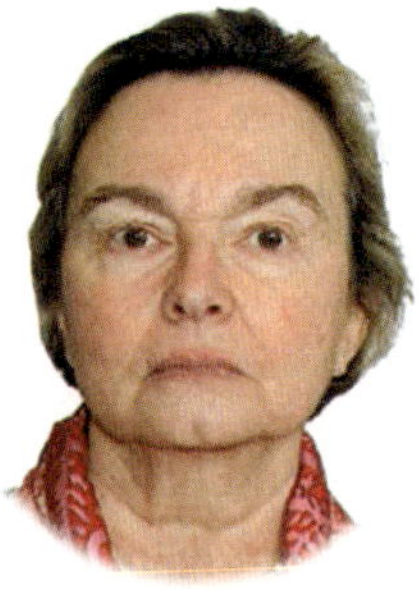

Secretary of UNCITRAL
Anna Joubin-Bret

# Relevance of UNCITRAL Texts on Dispute Settlement in the Context of the Belt and Road Initiative

(July 3, 2018 Beijing, China)

Excellencies, ladies and gentlemen, distinguished participants,

It is a pleasure and an honour for me to participate in this Panel on Belt and Road Initiative and International Dispute Settlement.

The Belt and Road is one of the most ambitious economic and geopolitical initiatives of recent times. Its economic impact and political implications have been the subject of extensive and intensive analysis at the international level, which I leave to specialists to elaborate on. In the scope of this forum, and from the perspective of a legislative body of the United Nations devoted to the progressive harmonization on the law of international trade, we are interested in an aspect that attracts less public attention, namely: the role of law and the rule of law in the context of the Belt and Road Initiative.

In our panel, we will discuss in particular the role of dispute settlement mechanisms in the Belt and Road Initiative, but allow me to first place this question within a broader context.

The Belt and Road Initiative aims at connecting over 80 countries with very different legal systems and legal culture and that richness and diversity need to be preserved. While it would be impossible to have one uniform legal framework governing the initiative, efforts should be made to harmonize laws that govern trade and investment.

Legal certainty for international transactions coming out of the Belt and Road Initiative will benefit from the use of uniform law instruments designed to facilitate the most common international contracts and their enforcement.

The central mandate of the United Nations Commission on International Trade Law (UNCITRAL), which I have the honour to represent here today, is to promote the progressive harmonization and modernization of the law of international trade, with a view to the removal of investment and trade barriers, and for the creation of sound business environment. Let me share with you that last week, at the 51$^{st}$ UNCITRAL session in New York, we have been tasked to start work on an international convention on the judicial sale of ships and to develop the framework for warehouse receipts, and to explore ways to develop online tools and instruments to respond to the exponentially growing digital economy.

Ladies and gentlemen,

The progressive harmonization of international trade law, removal of trade and investment barriers and creation of a sound business environment are shared interests of the initiative and UNCITRAL.

UNCITRAL develops its international legal standards with universal participation from memberstates of the United Nations as well as international inter-governmental and non-governmental organizations with relevant value added. Over the last 50 years, UNCITRAL instruments have bridged the gap between the civil law and the common law as well as Islamic law and we stand ready to continue to do so in any areas of international trade law.

Our common achievements are extensive and range from international sales contracts to insolvency law, from secured transactions and payment system, to electronic commerce and digital economy, from carriage of goods to public procurement and public-private partnerships, from legal issues related the establishment and operation of small and medium enterprises to dispute settlement.

The latter area, which is the topic of our panel, has been a long-standing itemon the work programme of UNCITRAL. The first international instrument on the matter, the 1958 Convention on the Recognition and Enforcement of Foreign Arbitral Awards—or "the New York Convention"—even precedes the establishment of UNCITRAL. We have since produced a whole series of landmark instruments, all very well known to lawyers in international practice: the 1976 UNCITRAL Arbitration Rules, the 1980 UNCITRAL Conciliation Rules, the Model Law on International Commercial Arbitration of 1985, as amended in 2006, and the Model Law on International Commercial Conciliation of 2002.

International commercial arbitration has been growing exponentially: In 1985, the year of the publication of the UNCITRAL model law, only 43 countries, mostly in Europe and North America, had arbitration institutions handling international cases. After a little over 30 years, in 2018, there are already permanent arbitration institutions in at least 125 countries on all continents. The enactment of legislation based on the UNCITRAL model law has become a "seal of quality" and an important factor for the attractiveness of a venue for international arbitration.

More recently, the work of UNCITRAL has reached beyond purely commercial arbitration, with the adoption, in 2014 of the Rules on Transparency in Treaty-based Investor-State Arbitration, and the United Nations Convention on Transparency in Treaty-based Investor-State Arbitration (or "Mauritius Convention"), in force since October 18, 2017. The careful and effective work done by UNCITRAL on the Mauritius Convention eventually persuaded member states that UNCITRAL was also the proper forum for hosting a much broader and potentially far-reaching discussion, namely, the feasibility and desirability of a reform of the current investor-state dispute settlement system, which is the topic under consideration at UNCITRAL Working Group III. This is a consensus-based process led by governments, and the Secretariat has been asked to ensure that the views of practitioners, industry, academia and civil society are also heard and the work moves ahead in a transparent and inclusive fashion.

Excellencies, ladies and gentlemen,

I am proud to share with you the latest developments in UNCITRAL in the area of dispute settlement.

Only last week UNCITRAL finalised its latest instrument: the draft convention on international settlement agreements resulting from mediation, an interesting and innovative new text, on which I would like to share a few thoughts with you.

The use of conciliation for settling commercial disputes has increased considerably since the adoption of the UNCITRAL Model Law on Conciliation and the Conciliation Rules. A growing number of jurisdictions have enacted legislation on conciliation. For example, in 2008, the European Union issued a directive on mediation, requiring that its member states implement a set of rules designed to encourage the use of mediation in cross-border disputes within the EU. ① Conciliation and mediation institutions have proliferated, as well as trainings for conciliators and mediators. We can expect increased use of conciliation in the years to come, as companies continue to seek options that reduce costs and provide faster resolutions.

Nevertheless, difficulty in the enforcement of settlement agreements limited the effectiveness of conciliation as a tool for resolving international disputes. At the time UNCITRAL prepared the Model Law on Conciliation, there was general agreement among member states that "easy and fast

---

① Directive 2008/52/EC of the European Parliament and of the Council of 21 May 2008 on Certain Aspects of Mediation in Civil and Commercial Matters, 2008 O. J. (L 136) 3.

enforcement of settlement agreements should be promoted". ② Accordingly, the Model Law on Conciliation included a provision on enforcement stating the principle that settlement agreements should be enforceable, without attempting to specify the method by which such settlement agreements may actually be enforced, a matter that the Model Law left to each enacting state. ③

The new Convention provides an effective mechanism for parties to seek enforcement in different courts a settlement agreement reached through mediation with other parties.

Pursuant to its Article 3, each Party to the Convention shall enforce a settlement agreement in accordance with its rules of procedure and under the conditions laid down in the Convention and shall allow a party to invoke the settlement agreement in order to prove that the matter has already been resolved by a settlement agreement.

The requirements for reliance on settlement agreements are set out in Article 4, which requires a signed agreement and evidence "that the settlement agreement resulted from mediation".

In the same way as the New York Convention, the new Convention lists the grounds upon which the competent authority may refuse to grant relief. The list in Article 5 of the new Convention is broader than the list in Article V of the New York Convention but maintains the same level of flexibility and respect for the sovereignty of enforcing authorities for instancc as regards public policy as a ground to refuse granting of relief.

The new Convention will essentially put mediation on equal footing with arbitration. Considering the increasing cost of international arbitration, the new Convention provide yet another alternative for resolving commercial disputes, which may be more effective and ensure that business relationships

---

② Guide to Enactment of the Model Law on Conciliation, para. 88.

③ Article 14 of the Model Law on Conciliation (Enforceability of settlement agreement) reads as follows: "If the parties conclude an agreement settling a dispute, that settlement agreement is binding and enforceable... [*the enacting State may insert a description of the method of enforcing settlement agreements or refer to provisions governing such enforcement*]."

are preserved and not unnecessarily severed. It will also allow those cultures and legal traditions, such as the ones present in this room today, to cultivate less adversarial methods and to give full effect to their preference for mediation and conciliation. The new Convention will support wider international use of mediation and conciliation by affording the resulting settlement agreements the same enforceability of arbitral awards under the New York Convention.

I personally believe that the new Convention will be particularly useful in fostering efficient settlement of commercial disputes along the Belt and Road. You can rest assured that we will spare no efforts to promote broad adoption of this new international convention and I count on the Forum on the Belt and Road Legal Cooperation to support us in this endeavour.

Thank you.

Member of Adjudication Committee, Chief Judge of the Fourth Civil Division, the Supreme People's Court of the People's Republic of China
Zhang Yongjian

# Towards Fair, Efficient and Convenient Resolution for Belt and Road-Related International Commercial Disputes: China's Practice and Innovation

(July 3, 2018 Beijing, China)

Moderator, ladies and gentlemen,

Good afternoon!

It is my great honor to speak during the session of international dispute resolution before such highly distinguished guests. Please allow me to thank the Ministry of Foreign Affairs and the China Law Society for their invitation and organizing this conference. I'd like to give a brief introduction of China's latest practice and innovation in the field of international dispute resolution.

On January 23, 2018, General Secretary Xi Jinping presided over a meeting of the Central Leading Group for Deepening Overall Reform and adopted the Opinion Concerning the Establishment of Belt and Road International Commercial Dispute Resolution Mechanism and Institutions

(Hereinafter "Opinion"). The Opinion calls for learning from the beneficial experience of the current dispute resolution system, to establish a new international commercial dispute resolution mechanism and corresponding institutions in order to resolve international commercial disputes fairly, efficiently and conveniently, which are generally accepted by the international community and adapted to the diversified characteristics and conditions of countries participating in the Belt and Road Initiative. The Opinion consists of three major measures, i.e. the Supreme People's Court will establish international commercial courts, take a leading role in establishing an international commercial expert committee, promote the establishment of a diversified dispute resolution mechanism which effectively integrates litigation, mediation and arbitration, and form a convenient, efficient, and low-cost "one-stop" dispute resolution center.

The new international commercial dispute resolution mechanism has the following characteristics:

First, professionalism and credibility. To better solve increasing international commercial disputes in the wave of economic globalization, several countries have established international commercial courts. For instance, the United Arab Emirates established the Court of Dubai International Financial Center in 2004, and Singapore established the Singapore International Commercial Court in 2015. Kazakhstan, the Netherlands and other countries have also passed legislation to establish international commercial courts. The Opinion calls for the establishment of two international commercial courts in China, the First International Commercial Court in Shenzhen, Guangdong Province, and the Second International Commercial Court in Xi'an, Shaan'xi province. This key reform measure shows China's determination to create a business environment based on the rule of law, to enhance international cooperation on the rule of law, and to guarantee the Belt and Road Initiative by the rule of law. The Supreme People's Court just issued a judicial interpretation to clarify the jurisdiction of the international commercial courts, the procedural rules, trial system, and measures to support the diversified dispute resolution mechanism. In order to ensure the professionalism and credibility of the court staff, the Supreme People's Court has set strict criteria for the selection of judges, requiring judges to have profound trial experience, be familiar with international treaties, international conventions, international trade and investment practices, and be proficient in Chinese and English. The international commercial judges will be carefully selected from current pool of judges of the Supreme People's Court. As permanent institutions of the Supreme People's Court, they will give full play to the advantages of professional dispute settlement, better deal with international commercial disputes under the new situation of the Belt and Road Initiative.

Second, respect for party autonomy. The new mechanism established by the Opinion respects the principle of party autonomy, embodied in two aspects: One is to guarantee the right of the parties to choose the dispute resolution mechanism. The other is to respect the parties' agreement to choose the applicable law. The parties may agree to choose either their own domestic law or the law of a third country with which they are familiar as the law applicable to resolve the dispute, which effectively enhances the predictability of dispute resolution. It is noteworthy that the international commercial courts accept disputes between commercial entities on equal footing, and so has expanded the channels for the parties to choose the most suitable dispute resolution. It will not change the existing international dispute resolution system, but will be a beneficial alternative to the parties.

Third, diversity. The Supreme People's Court of China has been committed to supporting the development of the diversified dispute resolution mechanism including arbitration, mediation and so on. In the field of international commercial arbitration, Chinese courts have properly handled a large number of judicial review cases concerning arbitration in accordance with the New York Convention, Chinese Civil Procedure Law, Arbitration Law and related judicial interpretations, and accumulated rich experience. The Supreme People's Court will lead the establishment of International

Commercial Expert Committee and select qualified domestic mediation and arbitration institutions with sufficient qualification and good international reputation to build up the mechanism for the resolution of international commercial disputes. The international commercial court will lend its support for international commercial arbitration, including providing interim measures and enforce the arbitral award in the way of convenient and speedy judicial review; the international commercial court will also give full play to the role of international commercial experts and international Commercial Conciliation institutions in fields of mediation. After reviewing the international commercial conciliation agreement reached by the parties, the court may give the enforcement force in the form of conciliation book or judgment, thus forming a "one-stop" dispute settlement center which can effectively connect the lawsuit, mediation and arbitration, convenient, fast and low-cost.

Fourth, internationality and inclusiveness. Upholding the position of being open and inclusive, the Supreme People's Court initiates the International Commercial Expert Committee system, encourages expert members from different countries to proactively participate in Belt and Road international commercial dispute resolution by using their advantages and potential and looking for the best solution. The Supreme People's Court will invite Chinese and foreign prestigious legal experts who are proficient in international law with a good command of domestic law and rich practical experience to form international commercial experts Committee. The expert members may provide advice on specialized legal issues such as the determining of a foreign law. They may mediate cases while being chosen by the parties. The committee system highlights the internationalization features and embody the spirit of "planning together, building together and benefiting together". The Supreme People's Court will also set up a pool of legal talent from Belt and Road participating countries, bring together topnotch dispute settlement resources, and guide legal scholars to strengthen the research on international commercial dispute settlement to form high-quality research fruits.

Fifth, convenience. In recent years, the Supreme People's Court of

China has made remarkable achievements in the application of information technology to trial work and judicial management. By the end of 2016, 3520 courts, 9238 people's tribunals and 39 maritime court dispatched tribunals had all been connected to the court's intranet. In 2014, the Supreme People's Court of China established a large data management and service platform, the courts at all levels have generally set up litigation service centers and online litigation service platforms and so forth, to create an "Internet + litigation service" intelligent court system. We will establish online legal databases for international treaties and international customs, legal databases for legislation of countries participating in the Belt and Road Initiative, and centers for determining foreign law. We will make full to promote big data analysis to assist judges' adjudication work by providing intelligent services to ensure that law is applied correctly and judgment standards are unified. International commercial court website, e-litigation service platform will be set up to support online case acceptance, litigation fee processing, evidences exchange, case file reading, and other court services with advanced capacity of the international commercial courts, providing convenience to litigation parties.

Ladies and gentlemen,

The establishment of a fair, efficient and convenient international commercial dispute settlement mechanism is of great significance forand far-reaching impact on the Belt and Road Initiative. It also leads to the establishment of stable, fair, transparent and predictable business environment based on the rule of law, and will deepen judicial cooperation between China and other countries. I sincerely hope that the experts and scholars at this conference will give valuable suggestions and participate in the creation of the international commercial dispute mechanism, promoting economic globalization towards more open, inclusive, universal, balanced and win-win development.

Thank You.

Secretary for Justice of the Goverment of Hong Kong
Special Administrative Region of China
Teresa Cheng

## Speech at the Forum on the Belt and Road Legal Cooperation

(July 3, 2018 Beijing, China)

Excellencies, ladies and gentlemen,

It is a great honour and privilege for me to be here sharing with you some of the important items that we, in Hong Kong, have considered about dispute resolution in the context of the Belt and Road Initiative.

First of all, I would like to thank the organisers, the Ministry of Foreign Affairs and the China Law Society, for inviting me to give the speech, and also importantly, for agreeing to the Department of Justice of the Hong Kong Special Administrative Region of China being one of the supporting organisations. It is a great pleasure to participate in this very important initiative to look at legal cooperation in the context of the Belt and Road Initiative. I am also very pleased to participate in the very first forum and would like to see the continuation of such forum in the future.

Having just heard Judge Zhang (Chief Judge of the Fourth Civil

Division, the Supreme People's court of the People's Republic of China, Judge Zhang Yongjian) who explained to you about the setting up of the China international commercial court, I am going to ask all of us to think about the essential ingredients for a sustainable dispute resolution centre for Belt and Road Initiative disputes-sustainable for the implementation of the Belt and Road Initiative projects that will meet the standard of international rule of law and transparency and provide a fair, efficient and impartial result for disputes.

In analysing this, I would like to approach it in two stages. First, by looking at the main features of the Belt and Road Initiative, and from there to build the main qualities that may be necessary for such dispute resolution mechanism and centre.

First, let's look at the main themes of the Belt and Road Initiative. We have heard a lot from our distinguished speakers this morning and earlier this afternoon about the main ideas and themes. I would like to, without repeating everything, summarise by reminding ourselves of the three collaborations and the five connectivities that are being highlighted by a number of our speakers. Partnership and sharing is really the main theme of the Belt and Road Initiative. China is the initiator, but the benefits are being shared by all the participating states, as well as the people in those states.

People connectivity is particularly important, as it marks the difference between a mere economic investment and the idea of the Belt and Road Initiative projects that have been discussed. As the United Nations Secretary-General, Mr. António Guterres, said in the 2017 Belt and Road Forum in Beijing, one of the overarching objectives between the Belt and Road Initiative and the 2030 Agenda is the idea of sustainable development. The Belt and Road Initiative, he said, created opportunities, making of global public good and creating win-win cooperation, and if I may add, among states, investors as well as people in the Belt and Road Initiative countries.

The second matter we must look at is how to characterise the Belt and Road Initiative. Is it a mere national policy, or is it regional or international? I would venture to suggest that it is international but with special features unique to participating states. Hence, there is a very important element of national as well as regional particularity in the Belt and Road Initiative. As Dr. Surakiart Sathirathai said this morning, it is a new globalism. As stated by Under-Secretary-General of the United Nations, Mr. Liu Zhenmin, it is a transgression from bilateral arrangements to multi-lateral and later on, plurilateral arrangements. In a way, the Belt and Road Initiative provides a very good opportunity for states that have not been able to participate in the formulation and evolution of principles of international law to take part in the further development of international law for the harmonisation and peace for the world as a whole.

With these qualities and attributes of the Belt and Road Initiative in mind, I would like to go on and look at some of the essential foundation for a sustainable dispute resolution centre, and appropriate dispute resolution mechanisms. In so doing, one has to bear in mind that there are various types of disputes-business to business, business to government and government to government, and hence a number of different types of entities involved. There are also different sizes of disputes and therefore, the appropriate mechanism to be adopted becomes an important feature to be borne in mind.

If I am trying to encapsulate the idea by putting it into one sentence, I would like to suggest that a sustainable Belt and Road Initiative dispute resolution centre should be established through collaboration, based on credibility and sensitive to cultural diversity. And therefore, three words: collaboration, credibility and culture.

Collaboration first. It is easy to understand that collaboration is important because it is something that will allow investor states, host states, as well as the investors themselves as parties to the Belt and Road Initiative projects to collaborate and participate in the projects and to be involved in the formation of the dispute resolution centre. So whether it should be a new body, or it should be a modification of an existing one, the answer is relatively straight forward. In order for a body to be set up, it must be formulated and participated by all these participants in these projects.

The next question is looking at how to collaborate—Should it be a treaty-based body, or should it be merely another NGO that is set up like in many other places? There are a lot that have to be considered, whilst bearing in mind that G2G disputes are probably better dealt with by a treaty-based type of dispute resolution centre.

The second essential ingredient is credibility. In terms of credibility, one has to look at it by bearing in mind that it takes a long time to build up credibility and trust on any particular body or particular place.

In terms of credibility, I like to propose two ideas. One is to look at neutrality, and the other is whether a particular place is a free and open market.

Neutrality first. Is neutrality merely by looking at another venue or a third place? I would suggest not. If one is to analyse neutrality, it really boils down to three matters again. First, the neutrality of the third party—That is the arbitral tribunal or the mediators. The second is the neutrality of the rules—The law that is being applicable in a relevant place. The third is the neutrality of the supervising body that is overseeing the credibility of the process itself. Those three are important elements of neutrality, not where the venue physically or nationally is located.

The second element to credibility is free and open market. For people to have trust in a particular place, one should not undermine the importance of free flow of people, capital, goods and information, the four freedoms that we all hear about a lot recently on Brexit.

The third essential ingredient I would like to share with you is culture. Not just social culture, but legal culture. It is important to bear in mind the civil law as well as common law system. The nature and the ability of the particular body to master and understand the two types of legal system is extremely important. Hong Kong, under the "one country, two systems", within China which is a civil law country, practises common law and has the final adjudication power within Hong Kong.

The innovation of dispute resolution mechanism also emanates from diverse social culture. The Asian culture is a lot more harmonious in nature than that of the more adversarial type Western culture when disputes are being dealt with. How does one merge the two types of cultures and devise a particularly useful form of dispute resolution mechanism will be a very important consideration.

The one word to note is mediation. Hong Kong has been successfully practising mediation, and also promulgating investment mediation with a view to adopting and implementing that when disputes arise under the CEPA Investment Agreement concluded between Hong Kong and the mainland. Training in investment mediation also started this year.

Thank you very much.

Former President of the American Society of International Law and Director of Center for International Law of National University of Singapore
Lucy Reed

# Enhanced Settlement of Investor-State Disputes

(July 3, 2018 Beijing, China)

## I. Introduction

The Belt and Road Initiative undoubtedly will bring investor-state disputes, which are inevitably difficult and disruptive. The People's Republic of China is already taking steps to anticipate and manage resolution of such disputes.

There are growing concerns about the costs of investor-state arbitration, in terms of funds, time and lost opportunity. Most cases take years. The claimants' administrative and legal fees in the Yukos v. Russia arbitration reportedly exceeded $60 million.

According to the empirical work of Professor Susan Franck, the average claim is for $600 million, the average award is $16 million, and the average counsel fee is $10 million. In Professor Franck's words at the 2016 Annual Meeting of the American Society of International Law, "Is this a value proposition? No."

Reform is overdue, with the caveat that high litigation expense may be unavoidable in disputes where the relations between the investor and the host government are fractured, or where alleged fraud underlies the claim. In such cases, the only realistic dispute resolution mechanism may be binding arbitration under an investment law or treaty.

The same cannot be said, or at least should not be said, for investor-state disputes where the outcome is fully or partially predictable from the outset. Predictable by whom? By government and private counsel with (1) solid experience in the field and (2) common sense.

My personal experience over more than 35 years is that the basic outcome is predictable in at least 30 percent of claims that are litigated to the bitter end. Yet settlement rates are low.

There are reported settlements of investor-state cases, but the statistics do not reveal the details or motivations. International Center for Settlement of Investment Disputes (ICSID) reports that, as of 2013, 37 percent of ICSID arbitration proceedings were settled or "otherwise discontinued". But, if you examine statistics, actual settlement can be confirmed in only 16 percent of that 37 percent of cases, where arbitrations that result in an award on agreed terms.

This raises concerns not only about wasted public and private resources, but also about whether investor-state arbitration is fostering international justice. If the outcome of a claim is reasonably predictable, then it should be readily settleable by direct negotiation or by third-party assisted mediation or conciliation.

None of this is new to those of us practicing in Asia, and certainly not in China—But the Belt and Road Initiative will involve investors and states from many other systems. It is relevant in this conference that, in the West, there are increasing calls for more mediated settlement of investor-state disputes.

As everyone at this conference appreciates, states and private commercial entities are different creatures. States face unique obstacles to settlement. The challenge is to sort the legitimate from the illegitimate obstacles to settlement.

One place to start is with research to confirmor disrupt-assumptions about such obstacles. You should find relevant results of research done by my Center for International Law.

## II. CIL Survey on Obstacles to Settlement of Investor-State Disputes

We sent a detailedsurvey to almost 100 experienced investor-state arbitrators, private counsel, academics and institution representatives. We had a strong reply rate of 50 percent.

In the survey, we (1) asked the participants to rank several specific factors as possible obstacles to investor-state settlement; and (2) in an open-ended question, asked for the three most salient reasons for low settlement rates.

I will highlight certain key survey results today. Our full report and the survey are available on the CIL website.

## III. CIL Survey Results

First, confirming common sense, 70 percent of the participants identified the state-which is always the respondent in an investment claim-to be more reluctant to settle than the investor.

Second, the leading reason identified for this reluctance was, at heart, fear. There are different types of fear. The most significant obstacle flagged across all the questions—whether ranked or open-ended-was the desire to avoid or defer responsibility for taking a decision to settle with a foreign investor. The participants connected this overarching political factor to other fears:

These include: (1) the fear of facing suspicion or even prosecution, for recommending a voluntary financial settlement with a foreign investor; (2) the fear of being criticized internally or by the media in high-profile cases; and (3) the fear of being responsible for creating a precedent that might prompt other investors to bring claims to obtain early payouts.

The desire to avoid responsibility for settling manifests itself in two main ways: (1) officials want to "kick the can down the road" to their successors; and (2) as there is always some litigation risk in a claim, they want to put the responsibility for any loss, especially for damages, on a tribunal. Based on personal evidence, this can be the case even when a settlement sum is far lower than the best possible arbitration award against state.

Third, another important factor preventing settlement is the perceived breakdown of the relationship between investor and state; participants mentioned "distrust" and "enmity". Yet another important factor was a party's unrealistic expectations and an inaccurate evaluation of the likely outcome of the dispute.

Fourth, the survey also confirmed structural obstacles to settlement. What is treated as a unified entity in international law is, in most countries, a complex organization comprising ministries, agencies, legislatures and subnational authorities, overseen by the judiciary and the executive. The administrative process of vetting a settlement proposal, especially one that might lead to a payment to a foreign investor—through the horizontal and vertical government channels, takes an extraordinary amount of time, effort and political capital. Even in the rare case of consensus, the final budgetary hurdle may be high. In many systems, it is easier for a state to pay a binding arbitration award than to program funds for a voluntary settlement payment.

## IV. Navigation Around the Obstacles: Possible Solutions

Once the parties, counsel and mediators are aware and convinced of the special obstacles to settlement of investor-state disputes, how can we navigate around these obstacles to improve settlement rates?

First, we know that having a central ministry or commission in a state to anticipate, avoid, manage and settle investment disputes is proving successful. Peru has done this, and seen a marked decrease in successful claims and defense costs. At my center, we have a task force working with Asia-Pacific states on a guiding government handbook for disputes. I am working with a committee of the International Mediation Institute and Energy Charter Treaty

Secretariat on a model protocol for states to the same end.

Second, training is important. There are expert mediators within countries, but few have real international and cross-cultural mediation experience. There is a critical need for a roster of trained and credible investor-state mediators. UNCITRAL Secretary-General Anna Joubin-Bret and I are working with ICSID on investor-state mediator training.

Third, even though government and outside lawyers can do little about calming officials' fear of taking responsibility, we can do more in relation to other obstacles to settlement. Lawyers can play key roles in helping restore the parties' relationship, insofar as legal issues are concerned, and certainly to give clear and frank assessments of litigation risk. Important traits include experience, cool-headedness, patience, communication skills, neutrality and advanced training in negotiation/mediation. Counsels need to tell clients what they need to hear, and in the case of state officials, what they may fear to hear.

Fourth, existing arbitration institutions and arbitrators can do more to be alert to negotiation and mediation opportunities, as is the case in China. Singapore also deserves special mention for its financial, legislative and judicial support for international dispute resolution, and a matrix of strong institutions: the new Singapore International Commercial Court, as well as the Singapore International Arbitration Center (SIAC) and the Singapore International Mediation Center (SIMC) with their pioneering SIAC—SIMC "arb-med-arb" offering. For purposes of this conference, it is noteworthy that Chinese parties are consistently among SIAC's top five foreign users (in 2017, the second highest user) and that over 70 percent of the parties in new SIAC cases in 2017 came from China and the Belt and Road Initiative jurisdictions.

## V. Conclusion

The Belt and Road Initiative involves an unprecedented level of international infrastructure investment. Some number of construction, contract and other disputes are inevitable, which makes investment in neutral, innovative and agile investor-state dispute resolution mechanisms all the more important.

President-Elect of the Bar Association of India
Prashant Kumar

# Reinventing and Reimagining Disputes Resolution Framework for the Emerging World

(July 3, 2018 Beijing, China)

The scale at which the Belt and Road Initiative has been conceived demands the highest levels of efficiency and cost effectiveness in its every aspect. Viewed from this objective the current disputes resolution institutions and practices are completely unsuitable and even counterproductive. Emerging economies and the Belt and Road Initiative cannot afford the profligacy of time and money required to be spent on resolving disputes through the prevailing regimes.

Till sometime back the jurisdictions that host the current institutions were also substantial contributors to the global economic generation, which now they are not. This has given rise to a disputes-centric economy with visible rent-seeking behaviour from disputes. Average cost of resolving a $1-million worth of dispute can be $300,000, or a whopping 30 percent. Emerging economies and the Belt and Road Initiative require quick, effective and inexpensive resolutions that do not impact the projects and their economic progress.

Turning disputes resolution process into a mulch cow also presents a distinct prospect of slowing down resolutions and allowing disputes to fester on an adversarial slippery slope. Quicker and cheaper resolution of disputes is after all against the perpetuation of self-interest in a system that thrives on disputes. Obviously, like any other business, their interest lies primarily in expanding markets and maximising profits.

This symptom of self-serving bias of experts to structure their service in a way that expands the market and makes it more lucrative for themselves is even more visible in the field of international investment treaty disputes. One can mark an increased propensity to invoke amorphous general principles which are termed "universal in acceptance" in this field. With obvious lack of any proof of their "universality", these principles are being used to expand tribunals jurisdiction and provide determinations beyond the written text of treaty instruments. This is purely a self-serving devise as the disputes business will expand on more awards being rendered favouring parties approaching the fora, much like a casino runs on the noise of coins dropping in a bingo. We all know that in a casino there are always more losers than winners—Here losers mostly are the emerging economies.

Therefore, it is absolutely necessary that we completely reimagine the disputes resolution universe and bring it in alignment with today's global economic realities and requirements of the emerging world.

For this, we need to explode a few myths and understand their hollowness.

Firstly, that the commercial disputes resolution service is so specialised that the high professional skill is available only with a very limited pool of practitioners who share almost similar backgrounds and endorse each other. Remember alternate disputes resolution was conceived in the first lace to do away with the complexities of procedure and approach in litigation.

Second, the method of commercial disputes resolution is primarily adversarial in nature, with almost gladiatorial instincts, where each party is made to contest till the limit of its resources. For emerging economies these resources are vital to their economic wellbeing and the impact is not limited to win or loss to a private party alone.

Third, that agreements are to be drafted in complex legal English, which uses terms from 1000-year-old version of English and is to be peppered with Latin terms as well. This may not account for any precision required to reduce in writing understanding of parties but certainly ensures that parties no longer understand their own intent as written down in such agreements. And most certainly it ensures that the work regarding any interpretation or application of such agreements remains exclusive preserve of the tribe which promotes the use of such language.

All these three factors together and individually in theory supply solid grounds to mount a restrictive trade practice challenge as these are artificial devises to retain monopoly and serve no purpose other than that.

Now we come to what is the way forward.

(1) Support, strengthen and create not-for-profit institutions of credibility and repute in the emerging world, in a collaborative space, pooling the resources of arbitrators and experts.

(2) Create a library of standard format agreements in simple English. Encourage use of precise and simple sentences. In case any complex legal term or phrase is still required to be used, put its every-day simple English meaning in bracket where it is possible.

(3) Create a network of collaborative institutions and leverage their infrastructure to bring dispute resolution closer to where parties are, to help reduce costs.

(4) Develop and implement a Belt and Road Initiative capacity building program to create a group of legal experts in each jurisdiction to carry out dispute resolution.

(5) In the fields where complex issues of facts and expert evidence is required, create a pool of experts and a database.

(6) Leverage technology to reduce costs, increase efficiency and reduce physical travel and accommodation costs.

(7) Take into loop bar associations and law societies of Belt and Road Initiative countries for capacity building, and establish and strengthen institutions.

(8) Develop and encourage commercial mediation. A mediation award can be enveloped as an arbitration award by choice of parties for the purposes of enforcement under the New York Convention. One need not wait for a separate convention to come into effect. This practice is already behind International Commercial Courts concept.

(9) Create viable solutions for small and medium industries to cater to their requirements.

(10) Network of institutions in the Belt and Road Initiative should make available to parties pre-arbitration services structured to encourage and help to reach an agreement with built-in incentives to settle the dispute.

Already this model is being actively developed for implementation in the BRICS Legal Forum where emerging economies are being integrated. We can work to develop active synergies with efforts made in each of BRICS jurisdictions, other Belt and Road Initiative countries and like-minded institutions like Kuala Lumpur-based Asian International Arbitration Center and AALCO.

Otherwise we may end up promoting business that thrives on disputes rather than providing a service that in real terms promotes and serves the economic interests ofthe Belt and Road Initiative stakeholders.

Secretary General of Institute for Belt and Road Initiative and Legal Diplomacy Studies of East China University of Political Science and Law
Zhang Jiao

# Proposal for a Treaty-based Comprehensive Belt and Road Dispute Settlement Body

(July 3, 2018 Beijing, China)

Distinguished guests,

Ladies and gentlemen,

Good afternoon! It's a great honor for me to share with you some of my thoughts on a Belt and Road dispute resolution mechanism. I'd like to make a bold proposal at this innovative forum: let's set up a treaty-based comprehensive Belt and Road dispute settlement body. "Treaty-based" means that the body will be established in accordance with the relevant treaties of the countries participating in the Belt and Road Initiative. "Comprehensive" indicates that the body's jurisdiction will not be limited to only one specific subject. "Body" suggests that disputes may not necessarily be resolved through arbitration or judicial procedures.

I'm wondering if you share the same feeling with me that when discussing Belt and Road dispute settlement mechanism, we pay much more attention to contract-related disputes than treaty-related ones, and we pay much more attention to disputes between private parties than those between a private party and a state or those between states. To put it simply, disputes that involve a state or states have so far been largely neglected. Here arise questions. Is it necessary to set up a dispute settlement mechanism within the Belt and Road framework to deal with such disputes? In other words, are the existing mechanisms capable of settling such disputes?

Dispute settlement mechanisms can be divided into two categories—national and international. Strengthened domestic judicial system will surely contribute to dispute resolution. However, in case the domestic system fails to offer adequate judicial protection or if a dispute arises between countries, a demand will arise for an international dispute settlement mechanism. International commercial arbitration plays a key role in dealing with international commercial cases. Nevertheless, neither the domestic judicial system nor international commercial arbitration is the best solution for disputes in which countries are involved. Upon these disputes, treaty-interpreting techniques should be fully deployed, public policies of the relevant countries taken into consideration, and the international cooperative system valued and defended, all of which are essentially different from handling commercial cases.

Can the existing international dispute settlement mechanisms, such as the World Trade Organization Dispute Settlement Body and the International Center for Settlement of Investment Disputes, cope with the disputes arising from the implementation of the Belt and Road Initiative? Today, we do have a variety of international mechanisms for tackling international disputes on different issues.[①] However, these mechanisms themselves are fragmented. This gives rise to three questions. First, how shall we deal with the situation if only one or neither of the parties is signatory to a specific dispute settlement mechanism? Second, is the jurisdiction of the existing mechanisms broad

① For the evolution of an international dispute settlement, see Maurice Mendelson, "International Dispute Settlement: Developments and Challenges", *RHDI*, Vol. 61, 2008, pp. 463-475.

enough to cover Belt and Road disputes? Third, can their procedures adapt to Belt and Road disputes? These questions indicate that Belt and Road disputes have distinctive characteristics.

On the one hand, the Belt and Road Initiative advocates communication and connectivity in five respects, namely policy, infrastructure, trade, finance and people. Countries along the Belt and Road may conclude bilateral treaties in various sectors, which suggests that disputes can occur in different areas. On the other hand, the current fragmented international dispute settlement regime has failed to integrate different branches of international law. ② During the implementation of the Initiative, while the participating countries will manage to select the most relevant mechanism, they will have to submit their cases to more than one settlement body since a dispute may involve several sectors, such as trade, investment or tax. ③ Without a treaty-based comprehensive dispute settlement body, each bilateral cooperation agreement may need to develop its own dispute settlement mechanism, which is neither efficient nor constructive to advancing the Initiative as an integrated project.

Ladies and gentlemen,

When considering the necessity of a new dispute settlement mechanism, we have to bear in mind that the mechanism will have extraordinary importance in promoting international norms and the maintenance of international cooperative agendas. ④ Imagining the World Trade Organization

---

② See Maurice Mendelson, "International Dispute Settlement: Developments and Challenges", *RHDI*, Vol. 61, 2008, p. 471.

③ See Wang Guiguo, "The Belt and Road Initiative: In quest for a Dispute Settlement Mechanism", *China Legal Science*, Issue 6, 2017, p. 68.

④ The idea is generated by Yuval Shany's article "No Longer a Weak Department of Power? Reflections on the Emergence of a New International Judiciary". In his analysis of some recent changes in the field of international dispute settlement, he points out that "these developments point to the emergence of a new judiciary the operation of which is governed by a new ethos (international norm-advancement and the maintenance of co-operative international arrangements), which is different from the traditional ethos of international courts (conflict resolution)". See Yuval Shany, "No Longer a Weak Department of Power? Reflections on the Emergence of a New International Judiciary", *European Journal of International Law*, Vol. 20, No. 1, 2009, p. 73.

without a dispute resolution body or the European Union without its Court of Justice, I think you will realize the significance of a carefully designed international dispute settlement mechanism for a specific international cooperation agenda. Most new and specialized international dispute settlement mechanisms place a special emphasis on advancing specific normative goals,⑤ strengthening target international cooperative regimes and promoting a given set of values. ⑥

Accordingly, besides providing resolutions to disputes, the proposed body will undertake important missions to promote values of the Belt and Road Initiative, such as building a community of shared future; advocating peace, cooperation, openness, inclusiveness, drawing on one another's experience and sharing benefits; as well as expanding cooperation among Belt and Road countries. Such a comprehensive dispute settlement body based on the principles of extensive consultation, joint contribution and shared benefits will surely contribute to the Initiative with respect to the rule of law and facilitate rule-based cooperation among the Belt and Road countries. ⑦

The proposed body would be established in accordance with the rules and principles of the current international legal system. It must be emphasized that various international dispute settlement mechanisms are not mutually

---

⑤ See Yuval Shany, "No Longer a Weak Department of Power? Reflections on the Emergence of a New International Judiciary", *European Journal of International Law*, Vol. 20, No. 1, 2009, p. 81.

⑥ In an article discussing the models of dispute settlement mechanisms in regional trade agreements, the author points out that no matter how scientific the rules of trade liberalization are, they would lose their value without an effective dispute settlement mechanism to ensure their implementation. See Zhong Liguo, "Models and Choices of Dispute Settlement Mechanisms in Regional Trade Agreement", *Law Review*, Issue 3, 2012, p. 57.

⑦ In the article "Between Law and Politics: Explaining International Dispute Settlement Behavior", the authors point out that in the view of institutionalism, "States are willing to comply with international legal norms because they are aware that any violation might endanger the international legal order whose credibility is in their own interests." This also shows that a well-functioning international legal order is in the interest of most countries. See Bernhard Zangl, Achim Helmedach, Aletta Mondre, Alexander Kocks, Gerald Neubauer, and Kerstin Blome, "Between Law and Politics: Explaining International Dispute Settlement Behavior", *European Journal of International Relations*, Vol. 18, No. 2, 2011, p. 372.

exclusive. The proposed body aims at efficient resolution of disputes, instead of replacing any existing mechanisms. The Belt and Road countries are supposed to decide on practical and acceptable means of dispute settlement through joint consultation. The settling procedures of the body should be flexible and adaptable to meet the demand of the Initiative. For example, the body should intensify mediation in order to settle disputes in an efficient and amicable manner; it should first resort to diplomatic means rather than legal means in cases concerning sensitive state interests. ⑧

Ladies and gentlemen,

Rome was not built in a day. The birth of such a comprehensive dispute settlement body requires further research by scholars and experts with the state organs of the Belt and Road countries on issues like jurisdiction, organization structure, rules and procedures, as well as recognition and enforcement of decisions. It depends on extensive consultations and negotiations among these countries. It is the result of these countries' aspiration for effective dispute resolution. When we try to find solutions to Belt and Road-related disputes, I believe a treaty-based international, comprehensive dispute settlement body deserves our serious consideration and in-depth study.

Thank you.

---

⑧ In an article discussing the means for dealing with international disputes, the author mentions three elements that parties may consider when they choose the method for dealing with a specific case, namely choices for dealing with the issue, the nature of the dispute (whether the dispute involves the core interests of the State parties), and the perception and capability of the parties. See He Zhipeng, "Menu, Demand, and Capacity: Resolutions to International Disputes", *Social Science Journal*, Issue 5, 2015, pp. 71-72.

Chairman of the Arbitration Foundation of Southern Africa
Michael David Kuper

# Speech at the Forum on the Belt and Road Legal Cooperation

(July 3, 2018 Beijing, China)

Your Excellencies, ladies and gentlemen,

First, let me repeat the question posed just now by Dr. Zhang:

Should the Belt and Road Initiative platform include a bespoke arbitral mechanism to resolve commercial and investment disputes?

To put the question bluntly what can such a mechanism offer that the established international and regional arbitration centres do not already offer in their separate ways.

The answer, I suggest, is that a bespoke Belt and Road Initiative arbitral mechanism can offer a great deal. I would argue that such a mechanism is essential to a viable Belt and Road Initiative system. I say that because at the end of the day the Belt and Road Initiative promises the creation and the evolution of a shared jurisprudence and a shared legal culture, an inclusive jurisprudence and legal culture, an equitable jurisprudence and a legal culture.

The arbitral mechanism should be the voice of that jurisprudence and of that culture.

Let me give content to those high sounding phrases by reference to an existing prototype. In 2015, the 50 African member states of the Forum on China-Africa Cooperation, together with China, established the China-Africa Joint Arbitration Center (CAJAC) project under the aegis of the China Law Society. The founding countries look to CAJAC to serve as a bridge-a shared platform-for the hugely diverse legal and business cultures, both within Africa and between Africa and China.

Thus far-and the framework is not yet complete-five international arbitration centres, with no previous connections, have joined together in an open-hearted partnership to lead the way in constructing that CAJAC mechanism: the Shanghai International Arbitration Center, the Beijing International Arbitration Center, the Shenzhen Court of International Arbitration, the Nairobi Center of International Arbitration and the Arbitration Foundation of Southern Africa.

Intensive consultation between them has produced asix-point road map-one that I commend to the Belt and Road Initiative.

First, uniformity: A single set of rules throughout the Belt and Road Initiative. Rules crafted to optimize expeditious and cost-effective outcomes in an administered arbitration format.

Second, inclusivity: Suitable arbitration centers operating throughout the Belt and Road Initiative will partner each other in a collaborative venture so that business communities, wherever they are, will enjoy immediate access to a shared system throughout a familiar center.

Third, certainty: Published case studies will allow academics to discuss and clarify emerging principles; and practitioners will advise disputes with greater confidence and certainty than can be done at present.

Fourth, standardization: Basic contractual arrangements in standardized form will become the common currency or Belt and Road Initiative mercantile practice.

Fifth, cultural empathy: Through the shared mechanism, Belt and Road Initiative arbitrators will need to understand and appreciate the challenges of cultural diversity and above all avoid the perception, or the reality, of institutionalized bias.

Sixth, training: Shared training through the Belt and Road Initiative to produce a common understanding of the ethos which will allow that arbitral mechanism to make a unique contribution in support of the Belt and Road Initiative.

A mechanism founded on these precepts, I suggest, will go far to achieve the essence of the Belt and Road Initiative promise.

# Panel 4:

# BRI Legal Exchange and Cooperation

Vice-President and Secretary General of the Viet Nam Lawyers Association
Le Minh Tam

# Several Issues on Legal Exchange and Cooperation and Judicial Assistance in the Implementation Process of the Belt and Road Initiative

(July 3, 2018 Beijing, China)

Ladies and gentlemen!

I am very happy to be attended to the Forum on the Belt and Road Legal Cooperation in the beautiful capital, Beijing. On behalf of the Viet Nam Lawyers Association, I would like to thank the China Law Society and the organizing committee for inviting and facilitating us to attend this workshop.

We all felt that the world is changing dramatically and rapidly under the impact and influence of a variety of factors, especially the fourth scientific and technological revolution. Development models that used to bring success in the past decades are no longer effective; economies are increasingly linked and interdependent with interwoven opportunities and challenges. The world is facing traditional and non-traditional security challenges that no nation, whether big or small, can solve on its own. Countries seek and encourage new approaches, initiatives and innovations to maximize the potential and advantages of each country and each region and to effectively exploit the advanced achievements of science and technology as well as ensuring a peaceful, stable and cooperative environment for sustainable development.

In this context, the Belt and Road Initiative is an important initiative to promote multinational, interregional and intercontinental economic cooperation with the idea of "peace and cooperation, openness and inclusiveness, mutual learning and mutual benefit". Although the new initiative has proposed recently, it has a dramatic impact on many countries and regions, and those countries participating in the Belt and Road Initiative have also achieved remarkable initial results. We welcome the Belt and Road Initiative and results achieved over the past three years. It has contributed to promote economic linkage and regional connectivity, support least developed and developing countries in infrastructure development and market expansion, narrow development gaps between countries and bring new opportunities for businesses and people.

The practical implementation of the Belt and Road Initiative is expected to create a large economic and commercial network covering a large area with a population of around 4.4 billion, connect more than 20 countries and promote cooperation and interaction at different levels among countries along the road in all fields.

Diverse complex multi-dimensional relationships will inevitably increase the objective need for legal exchange and cooperation and mutual legal assistance between nations at various levels, contents and forms.

Therefore, along with the need to cooperate to carry out common basic measures to have a right common perception of the importance and necessity of participating in the Belt and Road Initiative, fully recognize the benefits, opportunities and challenges set for countries participating in the Belt and Road Initiative as well as to create consensus and implement specific suitable programs and plans, it is important to promote legal cooperation and judicial assistance from now on to create a steady legal basis for promoting the implemention process of the Belt and Road Initiative in accordance with common goals and requirements of each participating country.

Legal exchanges and cooperation and judicial assistance can be conducted in many different methods, including several basic approaches such as including a number of basic methods as follows:

—Organize meetings among government officials, judicial officials and legal experts at various levels to enhance mutual understanding and specify general and specific goals, requirements and contents of legal cooperation and judicial assistance of each country participating in the Belt and Road Initiative.

—Organize joint researches and independent researches on legal issues related to the implementation of the Belt and Road Initiative to create a theoretical and practical basis for implementing the contents, assessing the impact of the issues implemented and proposing initiatives and solutions to ensure mutual interests and interests of each country; limit adverse effects that may occur; create trust and consensus among nations and within the social community of each nation.

—Conduct collaborative activities to build common unified rules system to provide a full legal basis for promoting the construction of the Belt and Road Initiative; on the basis of respect for diversity and certain differences in the legal culture of each country participating in the initiative, properly settle arising legal relations, ensure harmony of the common interests and interests of each country participating in the Belt and Road Initiative, and minimize the negative impacts that can be generated from legal conflicts.

—Promote cooperationactivities in training of high qualified legal human resources to participate in the implementation of the Belt and Road Initiative. This method can be conducted by the development and implementation of general training program of legal rule system on the Belt and Road Initiative.

—Intensify law training cooperation activities between prestigious law training universities and the training and fostering of judicial cadres and lawyers in the countries participating in the initiative; strengthen the financial support from the government for the countries participating in the initiative to send lawyers for training and fostering abroad to improve professional qualifications and skills; enhancing knowledge and professional skills for legal officials and lawyers in international cases.

—Expand and enhance cooperation of lawyers in countries participating in the Belt and Road Initiative; create favorable conditions for lawyers' organizations to exchange and learn experience to enhance mutual understanding and organize annual activities to discuss issues concerned by each country's lawyers; mobilize and promote the wisdom and experience of lawyers actively participating in programs and activities in the implementation of the Belt and Road Initiative.

For the field of judicial assistance, it can be predicted that in the coming time, a number of issues require strengthening cooperation in the judicial field. To implement the Belt and Road Initiative, countries participating in the initiative must sign and implement international treaties in order to regulate cooperative relations among judicial agencies and among parties about issues such as determining the jurisdiction of court, applying law, ensuring the procedural rights of individuals and foreign legal entities, fully implementing the judicial entrustments, and recognizing and execute court decisions or foreign arbitration on matters of civil, trade, material transfer, extradition and other matters in the criminal field. In other words, international judicial assistance is a process whereby countries through judicial agencies to assist each other in judicial matters (including civil, commercial and criminal) on the basis of relevant international treaties, on the principle of reciprocity, independence, sovereignty and territorial integrity of the nation, non-interference in other's internal affairs, ensuring the rights and interests of states, citizens and legal entities in each other's territories.

Below is an overview of some points on the judicial assistance of ASEAN countries to suggest this cooperation direction.

ASEAN countries are a key factor in the implementation of the Belt and Road Initiative and as a region having strong vitality and ability to adapt quickly to the process of international integration. In addition, with high community cohesion, ASEAN is also a dynamic region with great potential for development. However, there are problems arising in this area, requiring international judicial assistance and cooperation. On the other hand, the cooperation mechanism on judicial assistance in the civil and commercial field of ASEAN countries still have not had adequate development.

In recent years, there are many open and positive discussions at law forums, regional and international conferences and seminars. At the Fourth ASEAN Law Forum held in Hanoi in April 2008 on strengthening judicial assistance, ASEAN countries have clearly recognized: (1) Strengthening judicial assistance in civil and commercial matters is an objective urgent need requiring transnational cooperation for settlement. (2) In the context of globalization, the Hague Conference on Private International Law and the conventions of the conference plays an important role in contributing to the most effective settlement of the need of judicial cooperation in civil and commercial matters. (3) On the international level, in judicial assistance, there are almost 40 different conventions in the Hague Conference on Private International Law. These international treaties are important legal bases for settlement of international justice.

Five years ago, at the time when Viet Nam held the Sixth ASEAN Ministerial Meeting in Hanoi, these conventions were mainly contents being studied and reviewed by ASEAN countries. Currently, six out of 10 members of ASEAN have become members of one or more of the legal instruments of The Hague. This includes the active presence of Malaysia, Brunei, Singapore, Thailand, the Philippines and Cambodia in the Hague Conference on Private International Law. It is essential for ASEAN countries to share information, experiences, difficulties in implementing multi-lateral institutions on judicial assistance of civil and commercial matters. In the global integration trend, multi-lateral cooperation is indispensable. Countries are aware that it is very convenient for ASEAN and international community to use the same multi-lateral legal instruments. It is important that ASEAN countries have to harmonize their multi-lateral goals with regional goals, and create a supportive and complementary framework for mutual development.

All ASEAN countries consider that it is important to thoroughly research the actual values of the Hague Conference as well as its conventions and the accession into international treaties of the Hague regarding judicial assistance in civil and commercial fields setting for ASEAN countries. This is the right path in the long-term choice of Viet Nam and other countries in the association.

However, in order to achieve the above goals in international judicial assistance, ASEAN countries must pay much attention to implement many tasks such as: concentratiing on the discussion on exemptions for legal documents using in judicial assistance among ASEAN countries; strengthening the sharing of experience and exchange of information on the domestic law of each country related to judicial assistance on civil and commercial matters, especially on the content of exemption of document legalization and study of the impact of exemptions on document legalization; discussing to come to agreement on the drafting of bilateral agreements on the exemption of legal documentation using in judicial assistance, which is the basis for consideration of the drafting of the regional convention on this issue; promoting the implementation of reviewing, reporting and evaluating situation of judicial assistance in criminal matters among countries in the region; researching to sign bilateral agreements on judicial assistance in criminal matters among countries in the region; organizing regional conferences and seminars related to legal assistance in criminal matters for member countries to exchange practical experience on judicial assistance as well as provide suitable solutions to solve problems; completing the legal framework on judicial assistance of each country and actively organizing activities of negotiating, signing and participating in international treaties on judicial assistance.

The above analysis on judicial assistance status of ASEAN countries can predict the objective needs of judicial assistance among the countries participating in the Belt and Road Initiative. It is necessary to have practical activities to discuss early and propose solutions for strengthening legal cooperation and judicial assistance among countries in the implementation process of the Belt and Road Initiative.

Thank you very much!

President of the All-China Lawyers Association
Wang Junfeng

# Building a Communication and Cooperation Bridge Among Lawyers in Belt and Road Countries

(July 3, 2018 Beijing, China)

The Belt and Road Initiative proposed by President Xi Jinping is a new strategy for open and high-level international cooperation that meets the participating countries' aspiration for win-win results and development in this era. The initiative covers cooperation in different spheres, including policy consultations, infrastructure connectivity, trade promotion, financial cooperation and people-to-people exchanges. The recent years have seen frequent high-level mutual visits by state leaders, the signing of many significant cooperation agreements and memoranda of understanding, the implementation of infrastructure construction and investment projects, as well as the win-win concept being increasingly applauded by people. All this proves that a regional cooperation framework calling for extensive consultation, joint contribution and shared benefits has gradually taken shape.

The rule of law is fundamental and crucial to building the Belt and Road regional cooperation framework. The initiative involves dozens of countries in Asia, Europe and Africa with different levels of rule of law, various legal systems and complicated legal environments. These countries may face a variety of legal risks in many fields. Therefore, creating a sound legal environment has become a common appeal and concern of all participants. Based on the principle of maximizing all parties' interests, legal scholars and practitioners from the participating countries need to make vigorous efforts to promote the formulation of international rules, coordinate the improvement of domestic legislation to attract and protect foreign investment, and to help establish civil and commercial arbitration mechanisms in order to resolve the conflicts ensuing from different legal systems.

Legal services play a significant role in the implementation of the Belt and Road Initiative. The main legal service providers, including lawyers, are expected to make full use of their professional expertise to advise on Belt and Road legislation and policymaking to assist enterprises to avoid legal risks, and to take part in international commercial arbitrations and multiple trade or investment dispute settlement.

As a national self-regulated lawyers' organization, the All-China Lawyers Association (ACLA) is dedicated to promoting communication and cooperation between lawyers from the participating countries and regions and to providing quality, efficient, timely and comprehensive legal services to the initiative.

First, ACLA will deepen cooperation with lawyers' associations in Belt and Road countries. ACLA signed memoranda of understanding on cooperation with its counterparts in India, Laos, Mongolia, Poland and Thailand on June 24, 2017. In accordance with the memoranda, ACLA will work together with its counterparts in the five countries to expand legal services in various fields, such as infrastructure construction, enterprise investment and financing, manufacturing, agricultural technology, information technology, clean energy, supervision and coordination as well as public financial management to ensure that key cooperative projects are accomplished smoothly.

Second, ACLA will encourage Chinese lawyers to go abroad. It will provide support and guidance to help Chinese lawyers participate in legal activities in key infrastructure projects including transportation, energy, telecom and other aspects of international cooperation. It will also offer legal services to Chinese enterprises and citizens going abroad and help them avert investment risks. Besides, ACLA will support Chinese law firms to set up representative offices in Belt and Road countries.

Third, ACLA will accelerate the joint building of a cooperation platform for legal services. It has initiated a lawyers' alliance among the Belt and Road countries, a new platform for lawyers to communicate and collaborate. It has also established a cross-border talent pool of lawyers, which has recruited 143 law firms and 205 lawyers across the world.

Fourth, ACLA will strengthen communication and unblock information channels. It is striving to build up a database covering the legal information and legal service information of all Belt and Road countries. It is also drafting a report on the legal environment of Belt and Road countries, aiming to provide policy and legal support for enterprises and people who invest and work in the countries concerned.

Only communication can eliminate distrust and improve understanding.

Only cooperation can expand common views and produce win-win results.

ACLA will enhance its communication with lawyers and legal organizations from Belt and Road countries through mutual visits, business seminars and training programs. It will seize the opportunities arising with time and work with its counterparts for a common prosperous future.

Thank you!

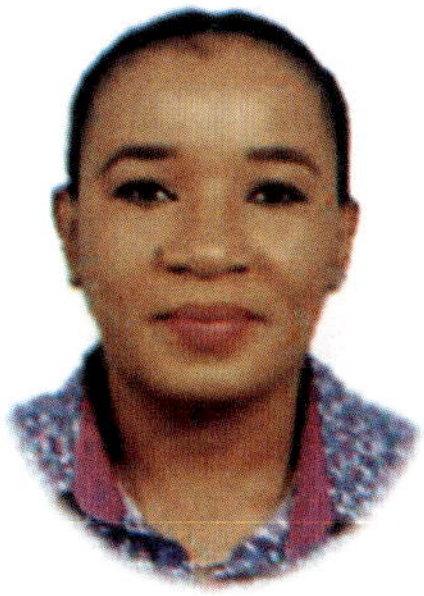

Director for Legal Affairs of the Ministry of Foreign Affairs and East African Cooperation of Tanzania
Caroline Chipeta

## Speech at the Forum on the Belt and Road Legal Cooperation

(July 3, 2018 Beijing, China)

Mr. Wang Lequan, President of China Law Society,
Moderator Professor Kennedy Gaston, Secretary General of Asian—African Legal Consultative Organization,
Distinguished participants,
Ladies and gentlemen,

Good morning.

It is the second day of our meeting, but since I am taking the floor for the first time, allow me to join other delegates who have spoken before me in expressing my profound gratitude to the Ministry of Foreign Affairs of the People's Republic of China and the China Law Society for hosting this forum and for the warm welcome. It is an honour and privileged for Tanzania delegation to be part of this exchange.

In the era we live, connectivity and cooperation is not only becoming a driving force to revitalize the global economy but also a stimulus for sustainable development. Indeed, as reflected in the theme of our session, legal exchange and cooperation is a crucial factor in the implementation of the Belt and Road Initiative. May I therefore, seize this moment to reiterate Tanzania's support to this noble initiative.

Tanzania views this initiative as an inter-generational renewal of the long-standing friendship established by Chairman Mao Zedong and President Julius Kambarage Nyerere, the founding fathers of the Peoples' Republic of China and the United Republic of Tanzania respectively.

Revival of the Silk Road Economic Belt and the 21st Century Maritime Silk Road, first proposed by President Xi Jinping in 2013, has attracted close attention from around the world and there is now a broad international consensus on its importance to exchange and cooperate in different fields and hence speed up its implementation. Forums like these will definitely catalyze the process and it is encouraging to see so many distinguished guests and experts here, a real testament to the strength of support for the Belt and Road Initiative.

Centered on connectivity to improve and create new trading routes, links and business opportunities with China, the Belt and Road Initiative will not only help to promote economic prosperity of the countries along the Belt and Road but will as well enhance regional economic cooperation and strengthen exchanges and mutual learning between them. This is a great undertaking that owes our support.

Distinguished guests,

Tanzania backs the Belt and Road Initiative because it is open for cooperation to all countries, as well as international and regional organizations. Tanzania believes this is an initiative that will inject new positive energy into world peace and development. On this basis, Tanzania looks forward to signing a memorandum of understanding (MoU) on jointly promoting the Silk Road Economic Belt and the 21st Century Maritime Silk Road Initiative during the FOCAC summit to be held here in Beijing on

September 1—4, 2018.

Certainly, Tanzania's determination to best unlock the potential of ever-more closely interlinked production networks and value chains has allowed commencement of implementation of the Belt and Road Initiative well in advance even before signing of the MoU.

The expansion of the port of Dar es Salaam, the ongoing rehabilitation and expansion of Mtwara port to international standards and construction of the main terminal building (Terminal 3) at the Julius Nyerere International Airport are vivid examples of putting Belt and Road Initiative in operation.

Tanzania has as well begun the first phase of upgrading the Central Railway Line to a standard gauge. We are pleased to inform that our efforts have received full support of our friend, China, following the signing of the letters of exchange on conducting feasibility study for the standard gauge railway project in May 2018. It is obvious that China is ready to give a helping hand in the next phases.

This project will intensify Dar es Salaam port as a trade gateway for landlocked African states (such as Zambia, Rwanda, Malawi, Burundi and Uganda, as well as the eastern region of the Democratic Republic of the Congo) and pairs well with the aspirations of the Belt and Road Initiative.

Ladies and gentlemen,

Recognizing important role that the Belt and Road Initiative can play in causing new connections to spring up across the spine of Asia and the world, we have to restrain the real challenges to realizing the economic benefits emanating from this global connectivity. There is thus a need to create predictable and stable legal environments that give businesses and individuals the confidence to work together-to innovate, to trade and invest.

Tanzania and China are strong partners in all these areas including investment law where there is legal regime guaranteeing business certainty over a number of issues including mechanisms that can be used for resolving commercial disputes, rules and standard to govern business operations, and degree of protection for the physical and intellectual property. This trails from the signing of the Agreement on the Promotion and Reciprocal Protection of Investments between the two governments in 2013.

Moreover, in exchange and capacity building aspect, Tanzania is pleased to inform that there are currently about seven Tanzanian students who have been undergoing training in legal systems within the Belt and Road Initiative framework, just another testimony of the exchange and cooperation by the Government of the Peoples Republic of China.

Distinguished guests,

However, from the lectures and experiences exposed to us yesterday, we have seen that the Belt and Road Initiative is a continuing work that may be polished by identifying other legal barriers for more collaboration. This is essential if we are to sustain a prosperous and stable execution of the Belt and Road Initiative. There is much we can learn from each other on the strengths and history of our legal systems and this forum has just provided the right platform to do that.

We look forward to seeing more legal exchanges and cooperation through consultations and capacity building among governments, judiciaries, private sectors and academia in order to help find practical legal solutions to challenges that may hinder coordinated implementation of Belt and Road Initiative.

Ladies and gentlemen,

Readiness expressed by the Government of the Peoples Republic of China to provide funds in this endeavor will enhance cooperation within the Belt and Road countries. This is very encouraging and I hope the Belt and Road countries will seize this opportunity to exchange and cooperate even more.

The importance of cooperation and exchange in the legal field for a better Belt and Road Initiative cannot be emphasized enough.

Thanking you all for your kind attention!

Xie Xie.

Chief Expert of National Social Science Foundation for Major Projects "Research Mechanisms of Legal Supply for the Belt and Road", President of Beijing Law Society of the Belt and Road, President of Beijing College of Politics and Law
Xu Chuanxi

# The Belt and Road Initiative is in Urgent Need of Legal Research

(July 3, 2018 Beijing, China)

## I. The Proposition of the Belt and Road Initiative and the Necessity of Legal Safeguards

During his visits to Central Asia and Southeast Asia in September and October 2013 respectively, President Xi Jinping proposed jointly building the Silk Road Economic Belt and the 21$^{st}$ Century Maritime Silk Road. Subsequently, on March 28, 2015, the Chinese Government promulgated its Vision and Action on Jointly Building the Silk Road Economic Belt and 21$^{st}$ Century Maritime Silk Road. On March 17, 2016, the Chinese Government formally released its 13$^{th}$ Five-Year Plan for National Economic and Social Development and continued to place great emphasis on the Belt and Road Initiative. On May 14—15, 2017, the first Belt and Road Forum for International Cooperation was held in Beijing, which launched a new stage of full implementation of the initiative. As China's most important vision for global development at present, the Belt and Road Initiative aims, in accordance with the principles of "extensive consultation, joint contribution and shared benefits", to improve bilateral and multi-lateral cooperation mechanisms with enterprises as the main participants in the market, to promote solid, mutually beneficial, win-win cooperation with relevant countries in various fields, to build a new, fully opened economic framework characterized by effective land-maritime, domestic-international and east-west coordination.

To attain the goals of the initiative, legal safeguard is a fundamental and indispensable element. Only with a reasonable and effective legal framework can we coordinate and regulate the behavior of various parties, promote bilateral and multi-lateral cooperation, and produce win-win results. Therefore, we must conduct in-depth and systematic research on the legal systems of relevant countries and based on that, promote and safeguard bilateral and multi-lateral cooperation. Current research and discussions about the initiative focus primarily on political, economic and cultural topics while there is still a lack of legal subjects. As a matter of fact, legal differences and even conflicts have become an important hindrance in the implementation of the initiative. Especially in non-World Trade Organization (WTO) member countries, where laws and regulations are not bound by WTO rules, there tends to be uncertainty, casting a negative influence on bilateral and multi-lateral cooperation. Against this background, we are in urgent need of focused, in-depth and systematic research into relevant legal issues concerning the Belt and Road Initiative.

## II. Theoretical Value and Practical Significance of Belt and Road Legal Research

The theoretical value of Belt and Road legal research is two fold. First, it works to establish "a comparative law within the branches" and promote comparative law to grow in constructiveness and practical rationality. The initiative involves a great number of countries, and there are dramatic differences in their legal systems and legal cultures. In order to effectively coordinate and resolve such legal differences and conflicts, we must make use of the notions and methods of comparative law in studying concrete branches of law, adopt the approach of "a comparative law within the branches", conduct more constructive and practically rational comparative legal studies, and thus promote the development of comparative law [*cf.* Xu Chuanxi, *From Practical Rationality to Rational Practice: Establishing Comparative Law Within the Branches*, first edition, Beijing, China: China Legal Publishing House (2013)]. Second, it strengthens the interaction between legal studies and other disciplines by applying a cross-discipline perspective and method. For example, with the notions and methodology applied in the anthropology of law, we can, while respecting the differences among relevant countries, attempt to find common legal ground that will support joint consultation on and construction of the initiative and ensure shared benefits for all parties. The innovative theoretical and methodological explorations that we conduct will also help improve the global governance system.

The practical significance of legal research related to the Belt and Road Initiative has the following four aspects. First, it will help us find, coordinate and resolve legal differences and conflicts among countries participating in the BRI, and help us remove legal obstacles to international cooperation in various fields, such as trade and investment. For instance, for trade and investment facilitation and liberalization, we can, based on the actual circumstances of relevant countries, through consultations and treaties, establish relevant objectives, set specific timetables for eliminating trade and investment barriers, specify each other's rights and obligations, and promote extensive consultation, joint contribution and shared benefits by all parties. Second, it will, through specific legal rules, help us resist and eliminate political, cultural and other factors that hinder the initiative's implementation. Being such a large complicated project, the initiative's implementation is bound to encounter various influences and interferences, both inside and outside China. Only by specific legal means that cannot be easily modified or diluted, can relevant matters be stipulated clearly and safeguarded effectively. Only by doing so can relevant duties be strictly and fully performed, and the initiative's implementation best promoted. Third, it will, by proposing specific, legally binding standards or agreements, push forward relevant countries' efforts to improve their soft assets as well as infrastructure, in order to meet the requirements of the initiative. Take transportation facilities for example. Relevant countries can, in accordance with their economic development, population distribution, natural resources and actual demand, negotiate and conclude agreements that specify the deployment of routes and stations, construction standards (e. g., whether to build high-speed railway, whether to adopt broad or narrow gauge for the railway etc.), and the construction schedule. Fourth, it will help us establish, as early as possible, a dispute resolution mechanism appropriate for implementing the initiative. Belt and Road countries can benefit significantly from improved infrastructure connectivity and enhanced facilitation and liberalization of trade, investment, financial services etc. But they will also face necessary restrictions on their relevant rights and interests, and hence possible disagreements and even disputes. In their market operations, enterprises cannot totally avoid legal disputes either. Therefore we must expedite the study of how to establish reasonable and effective mechanisms that will take into account all the participating countries and by proper judicial or arbitration means, coordinate and/or resolve such disputes in a timely manner.

## III. Five Major Fields of Legal Research Regarding the Belt and Road Initiative

Belt and Road legal research should, in accordance with the general layout of the initiative, focus on the five fields of foreign investment, foreign trade, transport and infrastructure construction, dispute resolution and legal cooperation. In light of the real needs of the initiative's implementation, practical in-depth research should be conducted on specific legal issues in these fields:

First, Research on legal issues concerning investment under the BRI. One of the major objectives of the initiative is to promote various forms of foreign investment. We should focus our study on at least five aspects. 1. Studying relevant international treaties, pacts and/or agreements, including the Convention on the Settlement of Investment Disputes Between States and Nationals of Other States, the Convention on Establishing the Multilateral Investment Guarantee Agency, the Agreement on Trade-Related Investment Measures, as well as existing and increasingly emerging bilateral and multilateral investment agreements. 2. Studying the laws and regulations of countries participating in the BRI that govern foreign investment, and their company laws, partnership laws, etc. Particular attention should be paid to whether such laws and regulations require specific forms of legal entities for foreign investment, whether such countries set legal restrictions on and conditions for foreign investment into different industries, and specific legal issues related to the establishment, capital contribution, internal governance, business, registration, labor protection and social responsibilities of a company, etc. 3. Studying the securities law systems of countries participating in the BRI. One important form of foreign investment is through acquisition of companies' shares in the host country, including acquisition in the public securities market and acquisition of shares in private transactions. Therefore we must conduct research on the securities laws of host countries, including specific laws and regulations governing securities transactions, as well as specific legal issues concerning restrictions on and conditions for foreign capital flowing into the securities market of host countries. 4. Studying laws and regulations of countries participating in the BRI that govern financing and foreign exchange control. Foreign investment depends on the support of substantial amounts of capital and involves capital integration, foreign exchange control and other important legal issues. China has already established the Silk Road Fund and led the joint efforts in establishing the Asian Infrastructure Investment Bank. It has been promoting internationalization of the RMB and cooperation between banks and enterprises in making foreign investments. It has also been improving its banking and financing legislation. The host countries also have a variety of laws and regulations concerning banking, insurance, foreign exchange control and so on that we must conduct in-depth research and analysis on. 5. Studying the laws and regulations of countries participating in the BRI that govern taxation. Both investment and equity acquisition involve such legal issues as taxation. Therefore we must conduct sufficient detailed study of tax laws of the countries so that we can, on one hand, protect investors from double taxation and other unreasonable taxation, and, on the other hand, protect them with legitimate, appropriate means of tax avoidance to maximize their legitimate rights and interests.

Second Research on legal issues concerning trade under the BRI. Unimpeded trade is another cooperation priority of the initiative and as important a research area as foreign investment. We should mainly focus on the following issues: 1. Legal issues related to imports, exports and customs, especially the laws and regulations of countries participating in the BRI that restrict import and export and impose tariffs. 2. Legal issues concerning anti-dumping and anti-subsidy. We should pay attention to the anti-dumping and anti-subsidy laws and judicial policies of the countries where we export goods, and adopt appropriate *ex ante* and/or *ex post* counter-measures to effectively avoid and/or resolve relevant legal disputes. 3. Basic laws that govern transactions. The most basic rules that govern commodity transactions consist of contract law. Although different contract laws have common provisions, we should not ignore the specific distinctions in the contract law of any Belt and Road country, especially provisions regarding international payment. 4. Issues of intellectual property protection and parallel imports. When we expand foreign trade in commodities or technology within the Belt and Road framework, attention must be paid to the protection of the intellectual property in question. 5. Legal issues concerning free trade zones. The Chinese Government has stated clearly that it is willing to discuss setting up free trade zones with countries and regions participating in the BRI. We should pay close attention to the special rules and preferential policies of such free trade zones.

6. Legal issues concerning service trade. Commodity trade requires and facilitates the development of service trade. We should research into legal issues concerning the service industry of countries participating in the BRI, such as logistics, transportation, accounting etc.

Third, Research on legal issues concerning transportation and infrastructure construction under the BRI. Infrastructure connectivity is another priority of the Belt and Road Initiative and consists primarily of the connectivity of transportation, oil and gas pipelines, and telecommunications facilities. We should conduct dedicated research on the following issues: (1) Rules governing international and foreign transportation of goods. With regard to transnational carriage of goods, the United Nations Convention on International Multimodal Transport of Goods includes relevant provisions. The laws and regulations on maritime and cross-border transportation of countries participating in the BRI govern the transportation of international goods as well. We should focus on in-depth research on such international and foreign rules regulating transport of goods, so as to lay a solid ground for anticipating and resolving potential legal problems concerning transportation and infrastructure connectivity. (2) Rules governing international and foreign air transportation. As the basic international treaty governing international air transportation, the Convention for the Unification of Certain Rules Relating to International Carriage by Air (Warsaw Convention) should be a primary subject of our study. In addition, we must pay close attention to other relevant international rules and to the domestic air transportation laws and regulations of countries participating in the BRI. In view of the destabilizing factors in certain regions, we must also study with great attention laws and regulations concerning air transportation insurance and claims. (3) Rules governing infrastructure construction and project contracting. Within the Belt and Road framework, the construction of transportation facilities, oil and gas facilities and telecommunications facilities will necessarily entail signing and performing large, long-term project contracts. Therefore, we must do in-depth research on the legal rules on construction and project contracting in order to ensure smooth construction of the facilities.

Fourth, Research on dispute resolution mechanisms for the Belt and Road Initiative. Legal disputes that might occur during the initiative's implementation may involve equity investment, anti-dumping and anti-subsidy, product liability, breach of contract and so on. We should therefore strengthen study of the following issues: 1. International treaties and agreements concerning transnational dispute resolution. For example, in the field of international investment, we should focus on studying the Convention on the Settlement of Investment Disputes Between States and Nationals of Other States, and the substantive and procedural rules of the International Center for Settlement of Investment Disputes. As to international trade, we should study the dispute resolution mechanisms of the WTO and other international organizations. Serious research should also be conducted on countries participating in the BRI' bilateral and multi-lateral agreements on dispute resolution. 2. Foreign judicial and arbitral mechanisms for dispute settlement. For trade and investment disputes between equal parties, the judicial processes of the country (or countries) in question as well as neutral arbitration mechanisms are inevitably the top two options. In practice, more and more economic disputes arising from international trade and investment are suitable for arbitration. In order to strengthen the Belt and Road dispute resolution mechanisms, it is worthwhile to set up one or several neutral, impartial arbitration institutions. 3. Recognizing and enforcing judicial judgments of other countries. In resolving transnational legal disputes, both court judgments and arbitration awards will face the challenge of enforcement. Therefore, as to international treaties, we should focus on studying the New York Convention on the Recognition and Enforcement of Foreign Arbitral Awards and other relevant bilateral or multi-lateral agreements. But as to foreign law, we should pay attention to relevant legal provisions of the host country or countries that govern the recognition and enforcement of judgments by foreign courts and awards by foreign arbitration institutions.

Fifth, Research on legal exchange and cooperation among countries participating in the BRI. On the basis of the above-mentioned research, we should explore how to effectively promote legal exchange and cooperation within the Belt and Road framework. In particular, we should, on the premise of respecting one another's legal sovereignty and differences in our legal systems and cultures, in accordance with the principle of extensive consultation, joint contribution and shared benefits, promote in due time the establishment of unified legal rules that regulate the major fields of cooperation within the Belt and Road network (and even an internal arbitration institution). This will enable us to better handle, coordinate and solve legal issues as mentioned above, reduce transaction costs in the implementation of the initiative, and help all parties maximize their cooperation and achieve mutual benefits and win-win results. Because of the complexity of international negotiations, these objectives cannot be achieved anytime soon. We can, however, based on existing international treaties and bilateral and multi-lateral agreements, take them as mid-or long-term objectives and promote them whenever appropriate.

President of the ASEAN Law Association
Avelino V. Cruz

# Speech at the Forum on the Belt and Road Legal Cooperation

(July 3, 2018 Beijing, China)

The honorable Mr. Gastorn, today's Chairman for Panel IV,
Distinguished legal luminaries of the China Law Society, the prestigious learning institutions and legal entities represented this morning,
Excellencies, ladies and gentlemen,

*Ni hao* and good morning and my warmest greetings on behalf of the ASEAN Law Association or ALA. To us in ALA, today's forum has become more meaningful as this year marks the $16^{th}$ year of collaboration of the China-ASEAN strategic partnership in law.

First, a quick backgrounder. When ASEAN was founded in 1967 during the Cold War, most expected it to close in a few years. More than 50 years hence, the 10-country ASEAN is now an unqualified success. With free trade in goods and services almost complete, ASEAN economic development has accelerated in this geo-political block sitting next to China of more than 650 million citizens, poised to become the world's fifth largest economy by 2020.

The rise of the 10-country ALA, founded in Jakarta in 1979, mirrors the ASEAN success story. Our unique organization binds together the best legal minds in the ASEAN legal community amongst high court judges, bar society leaders, government lawyers and teachers of law. Thus, ALA is not your ordinary bar association of practicing lawyers seeking to network for clients. Instead, ALA is now the only law organization designated in the 2007 ASEAN Charter itself as the ASEAN's civil society legal adviser, a role affirmed in 2009 by former ASEAN Secretary General Surin Pitsuwan. Since 1979, ALA has fostered legal cooperation amongst its members through legal forums, assemblies, committee meetings, publications and countless legal cooperation events with such dialogue partners as the China Law Society. That is why I find our topic "Belt and Road Initiative Legal Exchange and Cooperation" especially on the Belt and Road Initiative, to be timely and relevant. I submit though that successful legal exchange and cooperation presupposes a strong and solid background of the international rule of law, some aspects of which were discussed in yesterday's panels.

History tells us that in the domestic concept, the rule of law is a restraint thru legal rules on the sovereign exercise of power over a nation's subjects. In short, a rule over the ruler. But how is this guaranteed? Equal protection of law amongst citizens is primarily enforced by an independent judiciary. In the international community however, legal superiority over a group of states is hard to find. Nevertheless an unbridled and abusive exercise of sovereignty by one state, even where restricted only to its borders, renders a nation a "rogue" state, alienates other nations, and invite collective sanctions. Therefore in international relations, a government must, in its own self-interest, maintain a working rule of law to ensure its country's international legitimacy.

That said, let me refer to the existing ASEAN Master Plan for Connectivity (AMPC) which parallels in many ways China's Belt and Road Initiative in terms of major shared goals. Both envisage transport connectivity bringing countries closer, improving access to trade, investment, tourism and people-to-people exchanges. Such shared vision is mutually beneficial. And why not? China has been ASEAN's largest trading partner since 2009 and ASEAN has been China's third largest trading partner since 2011. It makes ASEAN's burgeoning economies a key priority of the Belt and Road Initiative. Indeed, ASEAN countries, many located just around the corner of Chinese mainland, are the priority destination for Chinese businesses and companies. No doubt the Belt and Road Initiative should provide a pathway for China to bolster this relation. It will for instance support China's extensive rail networks development already in place in railway constructions in Malaysia, Thailand, Laos and Indonesia, with a major one being planned in the Philippines.

China's initiative though has raised some concerns for ASEAN nations. For instance, would not China use economic initiatives to lead ASEAN states into broader cooperation with China, threatening the regional body's unity? This is particularly true of Lao PDR, Cambodia, Myanmar, Viet Nam, and to some extent, Brunei which exports most of its petroleum output to China. Could not Chinese economic might and strategic pathways in the ASEAN region pressure ASEAN members to recalculate their own strategic alliances with other powers? Notwithstanding these concerns, the results from the Belt and Road Initiative so far has evidently supported the ASEAN need for infrastructure development regionally, with the aid of new entities such as the Asian Infrastructure Investment Bank (AIIB) which has currently 80 members including ASEAN countries, such as the Philippines.

Next, I must highlight the successful holding of the year-long ASEAN 50$^{th}$ Anniversary Summit in Manila in 2017 when the 10 member countries interacted along with their dialogue partners, including China, the United States, Japan and Russia. What are some significant outcomes of the summit?

First, A joint statement on climate change addressed to the UN, calling to expedite the implementation of the Paris Agreement, and its mitigation and adaptation commitments.

Second, A declaration by the ASEAN and China for a "decade of coastal and marine environmental protection in the South China Sea" as well as a framework for multi-lateral agreement on the Code of Conduct of Parties in the South China Sea to be implemented in early 2018.

I cannot over emphasize the strategic significance of this second subject. The Belt and Road Initiative which revives the ancient Silk Road overland from China to Western Europe has a second component. That second one is not really a paved road. Instead it is a "maritime route" which runs south bound down the East Coast of China, through the South China Sea, into the South Pacific before heading westbound for Europe through the Indian Ocean and the Mediterranean Sea.

At the moment, however, the maritime Silk Road must overcome the current potentially conflicts in the disputed islands of the South China Sea between China and several members of the ASEAN. Yes, before it goes out of control.

Fortunately in 2016, when the Philippine President Duterte took office, he single-handedly reversed years of tension in the disputed South China Sea. This, Nomura of Japan recently reported, was the most "pivotal development that made the Philippines a winner under the Belt and Road program". President Duterte is paving the way for a slew of proposed China-funded infrastructure projects and investments in the Philippines, thus instantly improving relations between the two countries.

As early as 2015 when I delivered a keynote speech in Chongqing at the Sixth China—ASEAN Legal Forum on the Rule of Law, I advocated a revisit to the China—ASEAN Declaration on the Conduct of Parties in the South China Sea. This declaration was signed back in 2002 to promote peace and to hammer out a mutually acceptable code beyond mere declarations.

Well, that was precisely what the parties, namely ASEAN and China, agreed on last year in Manila at the ASEAN 50—a framework for multi-lateral agreement on the Code of Conduct of Parties in the South China Sea to be implemented in 2018.

Third, Further to the results of last year's ASEAN 50 Summit in Manila, a memorandum of agreement to combat terrorism and ensure regional peace and security.

Fourth, Promotion of regional business activities which include the Focused and Strategic Action Agenda on Investment pursuant to the ASEAN Comprehensive Investment Agreement, the ASEAN Inclusive Business Framework (AIBF), and Economic Ministers' ASEAN Seamless Trade Facilitation Agreement Indicators (ASTFI); and

Fifth, New business initiatives to include: (1) The ASEAN Program on Electronic Commerce (AWPEC) and the AIBF for 2017-2025; (2) The ASEAN Declaration on Innovation; (3) Action Agenda on Mainstreaming Women's Economic Empowerment in ASEAN; and (4) the ASEAN Consensus on the Protection and Promotion of the Rights of Migrant Workers.

The last two above, all ASEAN treaties and agreements that impact especially on infrastructure projects must be paid attention to by the Belt and Road Initiative entities and officials moving the project. The ASEAN 50 Summit in Manila has addressed carefully infrastructure gaps requiring significant investments, whether in transport, power, telecom, etc. As confirmed by the McKenzie Global Institute report for 2017, the ASEAN region needs $75 billion in annual investments in infrastructure to catch up and sustain rapid economic growth.

Beyond all these, pertinent is resolution of conflicts in cross-border commercial transactions through arbitration. In 2016, the ALA came up with unified Guidelines on Best Practices on the Enforcement of Arbitral Awards within ASEAN proposing instant cross-border recognition of arbitral rulings once authenticated. This proposal is now pending with the ASEAN Senior Law Officials Meeting. I consider helpful though, the diplomatic stance confided to me by Chinese Ambassador to the Philippines Zhao Jianhua and his predecessor as well, Ambassador Ma Keqing, of China's preference for bilateral engagements with individual ASEAN countries including the Philippines. I agree that in lieu of full blown arbitration, such approaches could use "soft but effective" give-and-take process amongst friendly neighbors. I believe though that at all times, such initiatives must carefully reckon with multi-lateral agreements already detailed above amongst the ASEAN countries as they do not necessarily present a policy contradiction.

In closing, I believe that China's Belt and Road Initiative is a global game-changer that has gained grounds since its announcement in September 2013. Subsequent discussions and speculations then arose as to what the Belt and Road Initiative is all about and how it works. The holding of this legal forum in my view, would help put to rest many countries' concerns on such risks as (1) commercial and operational viability (2) debt risks under large infrastructure projects, and (3) even suspicions of China leveraging access to resources for strategic interest. I believe though that all these should pale in comparison with the Belt and Road Initiative's impressive prospects for ASEAN nations, because of its unprecedented scale and potential. The success of the Belt and Road Initiative will no doubt impact China and all participating countries, with favorable implications spanning economic, political and socio-cultural development. These, after all, are the three pillars for success found in the ASEAN Charter of 2007.

Once more, I wish to congratulate the Ministry of foreign Affairs of China and the China Law Society who are jointly hosting this forum, as well as the involvement of its prestigious learning institution partners.

*Si she* and many thanks for your kind hospitality and support.

Founder and Director of China Guiding Cases Project
at Stanford Law School
Mei Gechlik

# Facilitating Belt and Road Initiative Legal Exchange and Cooperation: How the China Guiding Cases Project of Stanford Law School Makes a Difference

(July 3, 2018 Beijing, China)

In February 2011, a few months after the Supreme People's Court of China (the SPC) established the Case Guidance System, a ground-breaking system in which certain Chinese court judgments are selected and re-issued as *de facto* binding guiding cases to guide the adjudication of similar subsequent cases and ensure the uniform application of law, I founded the China Guiding Cases Project (the CGCP) to advance the understanding of Chinese law and to help develop a more transparent and accountable judiciary in China.

Subsequent developments show that select important cases issued to date by the SPC under the Case Guidance System also include "Belt and Road typical cases", which showcase how courts in China adjudicate legal issues related to the country's Belt and Road Initiative.① Given the growing significance of Belt and Road typical cases and the Belt and Road Initiative as a whole, the CGCP launched its Belt and Road Series in November 2016 to facilitate Belt and Road Initiative legal exchange and cooperation by:

(1) Engaging legal experts and other stakeholders around the world to contribute to a unique knowledge base related to the Belt and Road Initiative;

(2) Undertaking capacity-building events for legal actors to find solutions to legal problems encountered during the implementation of the Belt and Road Initiative; and

(3) Promoting public education and participation through the CGCP's extensive network of social media channels, website and mobile platform.

In the remaining part of this note, I will describe the implementation of activities (1)—(3) and related outcomes, as well as discuss lessons learned, in the hope of sharing insights about how other interested parties may also contribute their efforts to facilitate legal exchange and cooperation related to the Belt and Road Initiative.

1. Three Activities

(1) Knowledge-Base

The CGCP's comprehensive knowledge-base is available to users around the world for free through the project's website: https://cgc.law.stanford.edu. The knowledge base encompasses, among other products, the following two directories:

- Beltand Road Cases™ (https://cgc.law.stanford.edu/belt-and-road/b-and-r-cases), which includes all typical cases related to the Belt and Road Initiative that that have been released by the SPC and the CGCP's high-quality English translations of most of these cases; and
- Belt and Road Texts™ (https://cgc.law.stanford.edu/belt-and-road/b-and-r-texts), which includes over 110 legal cooperation and investment

---

① *See* Mei Gechlik, Chenchen Zhang, Li Huang, "China's Case Guidance System: Application and Lessons Learned (Part I)", Stanford Law School China Guiding Cases Project, Guiding Cases *Surveys*™, Issue No. 3, Mar. 1, 2018, http://cgc.law.stanford.edu/guiding-cases-surveys.

agreements signed by China and countries involved in the Belt and Road Initiative. To enrich this directory so as to benefit researchers, legal practitioners and businesses around the world, any interested parties are welcome to submit to us official versions of such agreements.

The establishment of the above directories is in line with two steps proposed by the Co-Chairs of the Forum on the Belt and Road Legal Cooperation. In a formal statement issued in both English and Chinese at the close of the event, the Co-Chairs of the forum encouraged parties participating in the Belt and Road Initiative to advance legal exchange under the initiative by taking various steps, including the following:

- Develop mechanisms to exchange legal information and practice data, such as establishing an online platform for foreign law ascertaining and sharing, and an exchange platform on judicial cases; and
- Establish a database, for public access, of bilateral and multilateral treaties concluded and acceded to by the parties participating in the Belt and Road Initiative.

Another example of the CGCP's efforts in building a strong knowledge base related to the Belt and Road Initiative is the publication of Belt and Road Initiative-related articles in the project's bilingual journal, *China Law Connect* (*CLC*). Three pieces are representative:

- An introductory article titled "China Law Connect and Belt and Road Countries™", written by Jennifer Ingram, Managing Editor of the CGCP. ② In this piece, Ms. Ingram first points out that there is no official count of the number of countries participating in the Belt and Road Initiative. Then, she explains how the CGCP has identified 101 countries that seem to be involved and what the CGCP plans to do to deepen understanding of the global initiative.
- Two pieces authored by the winners of the 2017 China Cases

② Jennifer Ingram, "China Law Connect and Belt & Road Countries*TM*", 1 China Law Connect 75 (June 2018), also available at Stanford Law School China Guiding Cases Project, CLC Spotlight™, June 2018, http://cgc.law.stanford.edu/clc-spotlight/clc-1-201806-bandr-1-jennifer-ingram.

Insights™ Writing Contest organized by the CGCP. One piece analyzes the SPC's liberal interpretation, in Belt and Road Typical Case 13, of the reciprocity principle for recognition and enforcement of foreign judgments. ③ The other piece reviews actions taken by the SPC before and after the release of Belt and Road Typical Case 12 and concludes that the highest court's liberal interpretation of the term "foreign-related civil relationship" in the case (resulting in an unprecedented enforcement of a foreign arbitral award involving legal persons of China located in a free trade zone) is part of a bigger plan to develop a sound Belt and Road dispute resolution mechanism. ④

The success of the Belt and Road Initiative ultimately hinges on the healthy development of the Chinese legal system as a whole. Therefore, CLC also covers topics related to Chinese law that, for the time being, may not seem to be directly related to the Belt and Road Initiative but may evolve to be so in the near future. Two CLC pieces fall into this category:

- A commentary titled "On the Issue of the Application of the Supreme Court's Guiding Cases", written by Judge Guo Feng, Deputy Director of Research Office of the SPC, that reveals the number of cases in which Chinese courts, from all levels, applied guiding cases and explains two sets of circumstances under which Chinese judges need not refer to guiding cases in rendering judgments or rulings. ⑤ Judge Guo's discussion sheds light on China's Case Guidance System, of which Belt and Road typical cases form a

---

③ Alison Lu Xu, "Belt & Road Typical Case 13: Towards a Liberal Interpretation of the Reciprocity Principle for Recognition and Enforcement of Foreign Judgments", 1 China Law Connect 26 (June 2018), also available at Stanford Law School China Guiding Cases Project, China Cases Insights Ots™, June 2018, http://cgc.law.stanford.edu/commentaries/clc-1-201806-insights-3-alison-xu.

④ Tereza Gao, Edison Li, "Through Siemens v. Golden Landmark, China Reforms Arbitration for Free Trade Zones in Order to Prepare for 'Belt & Road'", 1 China Law Connect 48 (June 2018), also available at Stanford Law School China Guiding Cases Project, China Cases Insights™, June 2018, http://cgc.law.stanford.edu/commentaries/clc-1-201806-insights-5-gao-li.

⑤ Judge Guo Feng, "On the Issue of the Application of the Supreme Court's Guiding Cases", 1 China Law Connect 19 (June 2018), also available at Stanford Law School China Guiding Cases Project, June 2018, http://cgc.law.stanford.edu/commentaries/clc-1-201806-23-guo-feng.

part. Should some Belt and Road typical cases be re-issued as guiding cases and thus become *de facto* binding on judges handling similar subsequent cases, Judge Guo's discussion will provide important insights about these Belt and Road Initiative-related guiding cases.

- In a piece that will be published in September 2018 under CLC's Experts Connect™ series, which is dedicated to the views of Chinese and foreign experts on select far-reaching legal issues presented for the benefit of legal practitioners, business professionals and students around the world, foreign and Chinese experts will discuss the implications of the U. S. Supreme Court's decision in Animal Science Products, Inc. v. Hebei Welcome Pharmaceutical Co. Ltd. , No. 16-1220 (U. S. Sup. Ct. June 14, 2018). The main issue in this case was the degree of deference that should be afforded to a foreign government's interpretation of its own laws. In a unanimous opinion vacating and remanding the decision of the U. S. Court of Appeals for the Second Circuit, the Supreme Court held that a federal court should accord "respectful consideration" to a foreign government's submission but, as reflected by *Federal Rule of Civil Procedure* 44. 1, is not bound to accord conclusive effect to the foreign government's statements, and may instead consider any material or source that is relevant to the determination of the foreign law at issue.

While the case is one of price— and quantity-fixing, the U. S. Supreme Court's determination has the potential to impact a broad range of areas in cross-border practice and may also inspire courts of countries participating in the Belt and Road Initiative to use a similar approach in addressing issues related to Chinese law.

(2) Capacity-Building Events

In order to help legal actors find solutions to legal problems encountered during the implementation of the Belt and Road Initiative, the CGCP has organized and participated in various events.

The most important event to date is a large-scale conference titled China's Case Guidance System and Belt and Road Initiative: Practical Insights and

Prospects (https://cgc. law. stanford. edu/event/20180330-conference-in-beijing), held on March 30, 2018, at the Stanford Center at Peking University, in Beijing. Consisting of a hypothetical case, where top lawyers presented their oral arguments before international judges, and panel sessions covering key areas of Chinese law, including commercial law and intellectual property rights, the full-day conference served as a critical platform for distinguished foreign and Chinese legal experts to share their insights about China's guiding cases and other important cases released by the SPC, such as Belt and Road typical cases, and to discuss their prospects.

More than 160 participants attended the conference, including judges, lawyers, academics, and students from across China, as well as winners and finalists of the 2017 China Cases Insights™ Writing Contest. Speakers included, among many other distinguished experts, Judge William A. Fletcher (Judge of the U. S. Court of Appeals for the Ninth Circuit), Judge Toshiaki Iimura (former Chief Judge of the Intellectual Property High Court of Japan), and Chief Judge Diane Wood (Chief Judge of the U. S. Court of Appeals for the Seventh Circuit), as well as Judge Guo Feng (Deputy Director, Research Office of the SPC) and Mr. Su Chi (former President of the Beijing Intellectual Property Court). A book on the conference will be published in late 2018.

Immediately after participating in the Forum on the Belt and Road Legal Cooperation, on July 5, I will give a talk at the European Union Chamber of Commerce to discuss, among other topics, the establishment of China's international commercial tribunals.

In addition, on July 6, I will meet with more than 20 judges and other legal experts in China's Greater Bay Area to prepare for the organization of a large-scale conference scheduled for 2019. This conference is being built on the success of the CGCP's March 2018 conference. The Greater Bay Area is an important region for the Belt and Road Initiative as it can, *inter alia*, serve as an example of how China's ambitious economic plan can be implemented successfully in an environment where different legal systems are present. The

Greater Bay Area consists of Hong Kong (with a common law system deeply influenced by the British legal system), Macao (with a civil law system rooted in Portuguese codes), and nine other cities in southern China (using a statute-based system supplemented by the expanding Case Guidance System, which, as revealed by the CGCP's in-depth research, covers not only guiding cases but also Belt and Road typical cases and other cases authorized by the SPC to have guiding effect).

(3) Public Education and Participation

The quantity and quality of submissions the CGCP received for the 2017 China Cases Insights™ Writing Contest testify to the importance of this writing contest as a means for public education and participation. To sustain this success, the CGCP is organizing the 2018 China Cases Insights™ Writing Contest. Students and professionals, including judges, lawyers, academics and other experts, both inside and outside China, are invited to submit concise, original pieces analyzing the most important recent cases related to China (e.g., any of the 96 guiding cases and 18 Belt and Road typical cases) and discussing their significance to Chinese and international legal and business communities. Authors of quality submissions will have the opportunity to receive feedback from the CGCP's experienced editorial team and have their pieces published as China Cases Insights™ in CLC.

The world has changed and people are increasingly more connected online. Through itsextensive network of social media channels, website and mobile platform named CGCP Classroom™, the CGCP promotes public education and participation by presenting short and interesting videos about guiding cases, cases related to the Belt and Road Initiative, and other topics, including interviews of leading experts. Three videos stand out:

- Lesson 3 (https://cgc.law.stanford.edu/cgcp-classroom-lesson-3) explains the facts and significance of Belt and Road Typical Case 13.
- Lesson 4 (https://cgc.law.stanford.edu/cgcp-classroom-lesson-4) features *CGCP Interview: Judge William A. Fletcher*. Judge William Fletcher of the U.S. Court of Appeals for the Ninth Circuit explains why, among

recent Chinese legal reforms, he is "most interested in the development of China's Case Guidance System". He also shares how he feels about his opinions being reversed.

- Lesson 5 (https://cgc.law.stanford.edu/cgcp-classroom-lesson-5) features *CGCP Interview: Dr. Hu Zhenyuan*. Dr. Hu Zhenyuan, Partner of Fangda Partners and former Deputy Chief Judge of the Intellectual Property Division and Financial Division of the Shanghai First Intermediate People's Court, recalls his relatively early involvement in the establishment of the Case Guidance System. He suggests three reform measures to improve the system.

All of these videos direct viewers to the related full-text analyses and discussions published in CLC. ⑥

2. Outcomes and Lessons Learned

Two major outcomes of the above-mentioned activities are the widespread recognition of the CGCP's work and the significant increase in the number of CGCP followers. For example, over the past two years, the number of CGCP website visitors has increased 15 times, from around 5000 to over 75,000. The current number of LinkedIn followers is nearly 27,000.

The CGCP has learned three lessons from the implementation of these activities and the positive outcomes seen. First, judicial cases are very important, as they reveal judicial practice and judicial culture, which help instill confidence among parties, including foreign parties involved in the Belt and Road Initiative. Second, while Belt and Road typical cases are important, guiding cases are superior because only they have *de facto* binding effect on judges handling similar subsequent cases and can, therefore, significantly contribute to the consistency and predictability of the Chinese legal system. A

---

⑥ Alison Lu Xu, "supra note 3"; Jordan Corrente Beck, "CGCP Interview: Judge William A. Fletcher", 1 China Law Connect 57 (June 2018), also available at Stanford Law School China Guiding Cases Project, CLC Spotlight™, June 2018, http://cgc.law.stanford.edu/clc-spotlight/clc-1-201806-interview-1-jordan-corrente-beck; and Ke James Yuan, "CGCP Interview: Dr. Hu Zhenyuan", 1 China Law Connect 67 (June 2018), also available at Stanford Law School China Guiding Cases Project, CLC Spotlight™, June 2018, http://cgc.law.stanford.edu/clc-spotlight/clc-1-201806-interview-2-ke-yuan.

more consistent and predictable Chinese legal system is conducive to the success of the Belt and Road Initiative. For this reason, it is strongly recommended that Belt and Road Initiative-related guiding cases be released by the SPC as soon as possible.

Third, and above all, people matter most. The CGCP's impressive progress thus far would not have been possible had we not had the support and guidance of our 50 advisers, consisting of U. S. and Chinese judges as well as other legal experts, and the assistance of our nearly 200 committed members around the world, who are primarily law students, young lawyers and translation professionals. Together, we have made a difference and believe that our story of success can inspire others to explore the roles they may be able to play in the Belt and Road Initiative legal exchange and cooperation.

---

Dr. Mei Gechlik is the Founder and Director of the China Guiding Cases Project (the CGCP). Formerly a tenured professor in Hong Kong, she founded the CGCP in February 2011. The CGCP has quickly become the premier source of high-quality translations and analyses of Guiding Cases, China's *de facto* binding precedents (http://cgc. law. stanford. edu). In November 2016, the CGCP launched the Belt and Road Series, taking the lead to analyze the growing importance of Belt and Road Typical Cases and their role in the development of China's case system. The CGCP has presented at various notable forums, including the World Bank, the Open Government Partnership Global Summit, and U. S. —China Legal Exchange Conferences, and organized events featuring Chinese and foreign judges and other experts.

Prior to joining Stanford Law School in 2007 to teach courses related to China law and business, Dr. Gechlik worked from 2001 to 2005 for the Carnegie Endowment for International Peace, a Washington D. C. —based think tank, testifying before the U. S. Congress on various topics about China and advising the United Nations and the Chinese Government on implementing rule of law programs. Dr. Gechlik is admitted as a barrister in England,

Wales and Hong Kong and is a member of the Bar in New York and the District of Columbia. She received an M. B. A. in Finance from the Wharton School at the University of Pennsylvania and a Doctor of Science of Law (J. S. D.) from Stanford Law School.

President-Elect of LawAsia and a partner at Lee & Ko
Chunghwan Choi

# Belt and Road Initiative Legal Harmonization and LawAsia

(July 3, 2018 Beijing, China)

I am president elect of LawAsia and a partner at Lee & Ko. Today, I would like to discuss Belt and Road Initiative Legal Cooperation and LawAsia.

First, what is legal cooperation? Legal cooperation is harmonizing different legal systems and cultural basis of those legal systems. And, legal cooperation helps to reduce or potentially eliminate differences between legal systems. Legal cooperation is necessary for multi-jurisdictions project because of different structures of national authority, administrative and legal systems, and differences in negotiation procedure and dispute resolution procedure. Legal cooperation is establishment of stable structure as a process.

Next, I would like to discuss how to achieve legal cooperation. We can achieve legal cooperation through several measures such as establishing full scope for long-term strategy, creating responsibility of regional and local authorities for monitoring of the practical implementation of cross-border cooperation, binding forms of cooperation involving social partners and citizens, joint binding decisions by the cooperating parties followed by implementation, delegating tasks or responsibilities to local and/or regional forms of cooperation, finding practical solution tailored to a region's needs for each different form of cooperation, and extending far beyond the provision of information and exchanges of experience which is merger of culture and legal systems.

Then, a process of legal cooperation is as follows. First, spotting cross-border-oriented issues not based on individual cases but based on overall, general cases is necessary. Second, a platform should be established for cross-border relations. Third, different structures and powers of local authorities should be balanced. Fourth, strategy for legal cooperation should be developed. Fifth, cross-border participation of citizens, institutions and social partners in programs, projects and decision-making process is required. Sixth, cross-border decisions at national level should be implemented.

Lastly, competence and structural power conflict should be avoided.

In order to achieve Belt and Road Initiative legal cooperation, Belt and Road Initiative needs a platform. A platform is necessary for a smooth commencement, active discussion and finding solution to cross-border issues of Belt and Road Initiative. In order to set up process for decision making, implementation and assessment of legal harmonization, there are two ways, establishing new platform or utilizing existing platform. It would be more efficient and practical to utilize existing platforms, and LawAsia can be one of those platforms for the Belt and Road Initiative legal cooperation.

LawAsia is a regional association of lawyers, judges, jurists and legal organizations, which advocates for the interest and concerns of the Asia Pacific legal profession. LawAsia's governing body, the LawAsia council, is composed of representatives from peak legal bodies within the United Nations ESCAP region. As such, its policies and agenda are informed by, and directly address, issues confronting the legal profession throughout the Asia Pacific. In addition to the bodies represented on its council, LawAsia has individual, organizational, law firm and corporate members drawn from over 40 jurisdictions.

As the representative of lawyers and peak legal organizations from over 40 jurisdictions, LawAsia's combined activities serve to encourage and facilitate regional interaction at all levels amongst law associations, judges, lawyers and others involved in the legal community, provide an established voice for the interests of the legal community in Asia and the Pacific, promote the rule of law, respect for human rights and high standards of legal practice, facilitate quality cross-border legal education that is available and relevant to all jurisdictions, regardless of resources or level of development, for the purpose of enhancing the caliber of legal practice throughout the region, and promote business law initiatives which strengthen relationships.

LawAsia's central aim is to strengthen professional and business relations among law associations, lawyers, the private sector and government representatives in the Asia Pacific. In the course of its activities across diverse political, social, cultural and economic contexts in the Asia Pacific, LawAsia is further guided by the objects such as promoting the administration of justice, the protection of human rights and the maintenance of the rule of law within the region, advancing the standard of legal education within the region by all practicable means, encouraging communication and liaison between members in relation to general and specialized areas of law, enhancing the development of members' legal practices and their professional and business relations within the region, furthering the diffusion of knowledge of the laws of the various countries within the region, promoting development of the law in the region, advancing the science of jurisprudence in all its phases and promoting the study and development of international law and of comparative law, promoting uniformity within the region in appropriate fields of law, furthering international understanding and goodwill, assisting and cooperating with international, regional or other organizations having all or any of the above mentioned objects or similar objects, fostering relations and exchanging between lawyers and associations and organizations of lawyers within the region, and upholding and advancing the status of the legal profession within the region.

LawAsia also holds a number of legal conferences, seminars and meetings throughout the year as a means of supporting professional development, regional networking and the exchange of legal knowledge and insight. Moreover, LawAsia is open to the broader legal profession and span both generalist and specialized areas of law, such as family law, children's rights, employment law, intellectual property and human rights. Annual conference is LawAsia's flagship event and the highlight of its professional events program. The conference is a platform for the convergence of bar leaders, jurists, professional organizations and individual lawyers from across the Asia Pacific, and is designed to facilitate the discussion of regional developments in law, including such issues as judicial practice, legal education, cross-border business and investment law, and dispute resolution.

LawAsia established Belt and Road Standing Committee in 2017. Mr. Yin Baohu from China and Mr. Jeff Leong from Malaysia are the co-chairs of the committee. The mission of Belt and Road Standing Committee is to hold presentation on Belt and Road Initiative at annual conference of LawAsia, organize Belt and Road Initiative special conferences with legal experts in the Asia Pacific region, do research on harmonization of laws in the Belt and Road countries, and publish special report on legal cooperation for Belt and Road Initiative.

# Closing Ceremony

Minister of Justice of the Kingdom of Cambodia
Ang Vong Vathana

# Remarks at the Closing Ceremony of the Forum on the Belt and Road Legal Cooperation

(July 3, 2018 Beijing, China)

Excellency Kong Xuanyou, Co-Chair of the Forum and Vice Minister of Foreign Affairs of China,
Excellencies, ladies and gentlemen,

The theme of this forum focusing on "Rules, Coordination and Legal Cooperation" is well chosen and timely. We all know that the Belt and Road Initiative has a short history but it has received overwhelming support and response from more than 100 countries and international organizations. There is a broad recognition that the Belt and Road Initiative has definitely brought significant, if not dramatic, changes in the international cooperation landscape, in term of promote sustainable development, advance market-based industrial transformation and stimulate economic diversification.

I recall in the autumn of 2013, President Xi Jinping put forward the Belt and Road Initiative, for the purpose of seeking common development and win-

win cooperation at a time when signs of protectionism and anti-globalization sentiments began to emerge. In fact, against the worrisome global political wind of changes, in his speech at the Davos World Economic Forum 2017 and recently at the Boao Forum for Asia 2018, President Xi had explicitly expressed his full commitment to support globalization, an open economy, free and inclusive trade and opposition to all forms of protectionism, and I do support this rhetoric.

Excellencies, ladies and gentlemen,

Today, we are living in an ever-more interconnected world where businesses from all corners of the globe are making links and forging new relationships with each other. It is quite evident that the Belt and Road Initiative is providing the backbone infrastructure to support such connectivity, be they through massive infrastructure construction projects, transport and economic corridors, financing, manufacturing, and information technologies. I can see huge opportunities for businesses, trade and investment.

For all investment and trade projects, there are legal risks. It is inevitably that there will be disputes among the parties. These are the real challenges to the realization of the economic benefits of the Belt and Road Initiative, which spans multiple jurisdictions across Asia, Europe and Africa. Undoubtedly, there are similarities and differences in many aspects, ranging from economic policies, legal systems, financial systems and investment environment. It is thus necessary to manage these policy and market risks. From a pure perspective of efficiency, it would be ideal if we can convert the legal and regulatory heterogeneity of some many countries along the Belt and Road into some form of legal and regulatory homogeneity. It would remove some serious legal obstacles on these cross-border projects.

Excellencies, ladies and gentlemen,

Let me highlight just a few areas of international legal cooperation that merit some consideration.

At the policy level, I believe that the scale and depth of the cooperation will require a substantial commitment from all of us in establishing a common normative nexus. Perhaps in the long term, it can lead to some form of legal harmonization, but in the short term, we could envisage a preliminary program of legal cooperation on rule of law issues in order to reduce business costs and risks, improve overall transparency and promote stronger corporate governance standards. The important objective is to remove barriers hindering the development of a more predictable, stable and fair legal environment in which businesses can operate.

At the institutional level, judicial and legal cooperation forms an essential aspect of this international partnership. Such cooperation is important for the stability of our economic and trade relations. We must seriously invest in developing a network of sister-institutions along the entire Belt and Road route. I think we should support the creation of regional law centers, with focus on regional issues and taking into account and respect of different national legal systems. These institutions can provide professional legal services such as project financing and legal risk management for Belt and Road projects. They could effectively come up with solutions for problems and risks faced by investors. Regulatory authorities, such as national bar associations and law societies should forge alliances in order to strengthen their cooperation in cross-border disputes resolutions.

At the company level, given the likely increase of commercial and investment activities, the demand for dispute resolution services including arbitration and mediation is bound to increase rapidly. With dozens of different jurisdictions, legal cultures and diverging geo-economic interests, using arbitration as a means of dispute settlement mechanism is perhaps the only common denominator among the countries along the Belt and Road route. International arbitration can deliver viable international best practices to ensure a stable and predictable framework for solving broad-ranging international commercial disputes.

For capacity building, the quality of arbitral institutions and local arbitrators is extremely important. Improving our lawyers' skills to provide legal services in foreign disputes is necessary to increase legal cooperation.

More lawyers, arbitrators, mediators and legal experts and personnel working should be trained in various jurisdictions and international agencies. For the academics, we should explore possible challenges to the success of the Belt and Road Initiative arising from the diversity of national laws and their interface with private international laws. The topic should be of great interest to researchers, academics, policymakers and law students interested in private international law and the policies of international trade. We should encourage joint efforts of academics and experts to develop guidebooks on trade and investment dispute resolutions for Belt and Road Initiative projects.

It cannot be denied that legal cooperation is an important pillar for the development of the Belt and Road. By making good use of legal collaboration and cooperation, we can ensure sustainability of investment and financing, and truly achieve the objective of shared growth among all countries along the Belt and Road.

Particularly, on this occasion I would like to take the opportunity to clarify to the forum about the friendship and cooperation between the Kingdom of Cambodia and the People's Republic of China, which has been in existence for a long time, and based on the cooperation in almost all sectors, the two countries have achieved many success which included the legal sector, commerce and economy.

In addition, in the legal sector cooperation so far the Ministry of Justice of the Kingdom of Cambodia has signed memoranda of understanding with the China Law Society, the Ministry of Justice of the People's Republic of China, and China-ASEAN Legal Research Center of Southwest University of Political Science and Law in order to maintain and strengthen legal sector cooperation and justice including: human resources development, and review of legal aspects to identify the points that need to be reinforced, etc.

In conclusion, I would like to take this opportunity to sincere appreciate to the organizers of this forum, particularly, H. E. Kong Xuanyou for giving me this honor to address in this important forum with warm hospitality. It remains for me to congratulate this conference for its great success and I do wish that we may have an opportunity to hold subsequent conference like this again.

Thank you for your kind attention!

Deputy Head of the Administration of the President of the Republic of Belarus
Valeri Mitskevich

# Remarks at the Closing Ceremony of the Forum on the Belt and Road Legal Cooperation

(July 3, 2018 Beijing, China)

Dear organizers and participants of the forum,
Ladies and gentlemen,

On behalf of the Administration of the President of the Republic of Belarus and the Belarusian Union of Lawyers, let me sincerely thank the organizers of this forum for holding such a large-scale, constructive legal dialogue.

People gathered at this panel are united by one goal-the development of legal cooperation within the framework of the Belt and Road Initiative. Already today we see how, thanks to the ideas of the new Silk Road, the relations between the countries are changing, how arises a need to improve the mechanisms of decision-making and dispute settlement. Vivid interest shown by the participants of the forum to the experience presented by their foreign colleagues confirms the relevance of this event.

Confucius in his time said, "He who wants to succeed himself, should help to become successful others." This thought most accurately reflects the essence of the Belt and Road Initiative, proposed by the distinguished President of the People's Republic of China, Mr. Xi Jinping, and consistently implemented by all the countries that joined it.

Belarus fully supports this initiative and pays close attention to its implementation. In this respect, relevant decisions are made at the highest level.

Thus, the Head of State issued a special program document-Directive No. 5 in the norms of which the basic principles and directions for cooperation with China are systematically defined.

The China-Belarus industrial park "Great Stone" has been created in which one of the best legal regimes for conducting commercial activities operates. Currently, within the framework of this regime, major investment projects are being implemented.

Cooperation is developing in the sphere of law. About 80 treaties have been concluded between our countries in the most different fields. Literally the other day, the Parliament ratified the agreement with China on a visa-free regime. Its implementation will make it possible to intensify business, tourist and private trips of our citizens, and promote legal and cultural exchange.

Thereby, Belarus has created a solid legal foundation for the implementation of the Belt and Road Initiative. However, we should not dwell on what has been achieved. China has always been regarded by us as one of the key strategic partners. We are interested in further development and deepening of cooperation between the states in all spheres, including in the sphere of law.

In our country, the issues of improving legislationare always paid close attention at the highest level. When preparing and adopting legal acts, we proceed from three main messages.

First, to make the legislation simple, logical and understandable not only to lawyers, but also to common persons. This is extremely important, because laws are written for ordinary people, and that's why they must be based on ordinary rules of common sense.

Second, the legislation should be mobile, in order to be able to quickly adapt to rapidly changing social relations and important world processes and trends.

Third, it is important to ensure the compactness of legislation and not to allow excessive growth of normative legal acts.

Work is being constantly continued on the unification of the law with modern international standards in the field of norm-setting.

As a result, we have formed a harmonious, hierarchical, balanced and compact system of legislation. Our legislation is highly appreciated by experts all over the world.

For example, in our country, a comprehensive legal basis to combat corruption has been created, which meets all international standards. Thanks to it, Belarusian law enforcement officers manage to effectively identify and suppress corruption offenses.

We adopted a number of important legislative measures to de-bureaucratize the state apparatus and expand the channels of communication between state bodies and the population.

Effective interaction between the state and society was established in the process of development of legal acts, their bringing to public knowledge and application in practice. So, all adopted acts are subject to official publication on the National Legal Internet Portal, where anyone can familiarize with them.

In order that citizens can discuss legal acts and express their opinion concerning documents being developed, a special electronic resource was created-legal forum. These Internet panels are in great demand by the Belarusian society (24 million views per year with a population of 10 million).

Relations in the sphere of informationzation have reached a conceptually new level. Belarus was one of the first countries in the world to create the necessary legislative conditions for development of the digital economy. The turnover of the crypto currencies has been legalized, such categories as "blockchain technology" and "smart contract" have been introduced into the legal field.

Last year the Head of State adopted a number of key decisions aimed at developing entrepreneurship, stimulating business activity of the population and improving the businessclimate.

The country also carried out serious reforms of the bar, notary, judicial system and the system of enforced execution agencies.

Today, everyone in our republic understands well that in order to be successful, it is necessary to constantly move forward, develop international relations and use the best foreign practices.

In this respect, invaluable assistance in this work can be provided by professional legal associations. Lawyers all over the world speak the same language—"language of law". Dialogue and exchange of views on public venues allows discussing existing legal issues in a relaxed atmosphere and developing proposals on such legal regulation, which most optimally takes into account the national specifics, traditions and foundations of society.

We see what a great importance has the law society in China.

A similar structure—Belarusian Union of Lawyers—has been created in our country. It also, like the China Law Society, plays an important role in solving legal and other state tasks.

In this regard, it is important for us to develop cooperation between these professional legal public associations.

For our part, we are maximally open for contacts, ready to provide support at an expert level on any of the areas of our activity and exchange our experience.

I hope that our event will give the necessary impetus to further development of legal relations, will become the basis for innovative solutions and new significant projects, and will promote the convergence of positions at the interstate level.

I wish the participants of the forum success in their professional activities and the states represented by them prosperity.

Thank you for attention.

Deputy Secretary of Ministry of Law of Singapore
Han Kok Juan

# Remarks at the Closing Ceremony of the Forum on the Belt and Road Legal Cooperation

(July 3, 2018 Beijing, China)

Mr. Ang Vong Vathana, Minister of Justice of Cambodia,
Mr. Valeri Mitskevich, Deputy Head of the Administration of the President of the Republic of Belarus,
Mr. Kong Xuanyou, Vice Minister of Foreign Affairs of China,
Mr. Chen Jiping, Executive Vice Chairman of China Law Society,
Ladies and gentlemen,

Good morning.

It gives me great pleasure to join all of you here today for the Forum on the Belt and Road Legal Cooperation. This forum brings together many distinguished government officials and legal experts from around the world. I would like to express my deepest appreciation to the Ministry of Foreign Affairs of China and the China Law Society for their invitation and warm hospitality and to offer my most sincere congratulations for a well-organised forum.

Over these two days, I have listened intently to each presentation and panel discussion; they have given me much food for thought. Let me take this opportunity to share six personal reflections.

First, globalisation has brought growth and improved lives. A trade war, if one breaks out, will gravely undermine the rules-based multilateral system that has underpinned global prosperity. Countries around the world, big or small, will be hurt. It is more important now than ever that we come together to signal our unwavering commitment to globalisation and to say "no" to protectionism.

Second, growth has to be inclusive to be sustainable. To achieve inclusive and sustainable growth, legal development must underpin economic development. Rule of law facilitates trade and investment. It provides for a transparent and stable business environment, where investments are protected, contracts are enforced, and disputes are fairly and efficiently resolved. When we open our doors, we encourage local businesses to go out and foreign businesses to enter. When we have rule of law, they have the confidence to do so.

Third, set up to strengthen trade and investment ties and enhance integration and interdependence, the Belt and Road Initiativeis the antithesis of protectionism and isolationism. In the last five years, the Belt and Road Initiative has connected governments and businesses and facilitated trade and investment. To resist protectionism and isolationism, we can work together to push on with the Belt and Road Initiative and take it to the next level.

Fourth, to take it to the next level, the Belt and Road Initiative will benefit from having a legal framework that will help provide clarity and certainty amongst project participants and resolve commercial disputes when they occur. As Belt and Road Initiative projects involve cross-border, high-value, long-term investments, occasional commercial disputes are sometimes unavoidable. When they arise, there is no need for finger-pointing and incessant arguments. What parties need is a mechanism for the disputes to be fairly and efficiently resolved. Businesses can then move on. Business is business; no one wishes for a commercial dispute to affect bilateral relations or become distractions to the Belt and Road Initiative's development.

Fifth, for this dispute resolution mechanism to be effective, it has to be trusted, its rules have to be professional, fair and transparent, and its administrator has to be neutral and enjoys international credibility. Our end goal should not be just to resolve particular disputes for particular companies, but to build a dispute resolution mechanism which will help strengthen investor confidence and boost Belt and Road Initiative's further growth.

Sixth, Singapore can work with China and other Belt and Road countries to develop a dispute resolution mechanism to support Belt and Road Initiative's further development. China and Singapore are old friends. China's investments in Singapore alone amount to about one-third of its total investments in Belt and Road countries, while Singapore's investments in China accounted for 85 percent of total inbound investments from Belt and Road countries. When Chinese President Xi Jinping and Singapore Prime Minister Lee Hsien Loong met in September last year and April this year, they agreed that legal and judicial cooperation will be a new area of collaboration between the two countries. Singapore has some expertise in legal services, including in dispute resolution. The Singapore International Arbitration Centre (SIAC), the Singapore International Mediation Centre (SIMC) and the Singapore International Commercial Court (SICC) handle many high-value, cross-border cases. They are international in character and are well regarded. Majority of businesses who use them have no connection whatsoever with Singapore, but choose them because they are neutral and trusted.

Finally, I would like to once again express my gratitude to the Ministry of Foreign Affairs of China and the China Law Society for their warm hospitality and to offer my most sincere congratulations to them for a well-organised forum. I have made many friends here. Let's stay in touch and continue to work together to advance the Belt and Road Initiative and to support trade and investment.

Thank you.

Co-Chair of the Forum, Vice-Minister of Foreign Affairs of the People's Republic of China
Kong Xuanyou

# Remarks at the Closing Ceremony of the Forum on the Belt and Road Legal Cooperation

(July 3, 2018 Beijing, China)

Dear colleagues, Friends,

In the past day and a half, we discussed issues concerning the Belt and Road legal cooperation under the theme and four sub-sessions of the forum. The exchange of ideas and corroboration of experiences helped us gain mutual inspiration. By sharing experience in practice and cooperation and looking into the future, the participants have put forward valuable proposals and suggestions. I believe all of us have found it a rewarding experience. As the co-chair, I would like to share with you some of my thoughts:

First, we have built more consensus. Speaking highly of the significant progress made under the Belt and Road Initiative, we have agreed on the importance of closer legal cooperation to BRI, and hoped to strengthen exchanges, cooperation and coordination, with a view to contributing to the sound, stable, in-depth and result-oriented development of the Initiative. In fact, in our preparations for the forum, we were deeply impressed by the goodwill of all sides to share their views and ideas on the Belt and Road legal cooperation.

Second, we have made more friends. Even mountains and seas cannot separate friends with the same aspiration. The forum has brought together officials, experts and scholars from dozens of countries and international organizations, offering a platform for face-to-face communication that helps enhance mutual knowledge, understanding, and trust. It contributes to the building of a closer partnership network and a "circle of friends" for Belt and Road legal cooperation.

Third, we have identified the direction for future cooperation. We have all agreed that in keeping with the principle of "extensive consultation, joint contribution, and shared benefits", we will jointly turn the Belt and Road cooperation into an open, inclusive and transparent international cooperation platform. In this connection, we need to step up efforts, under the Belt and Road framework, in legal research, developing Belt and Road rules, deepening inter-governmental legal cooperation, actively preventing and diffusing disputes, and conducting diversified legal exchanges at the non-governmental level.

By reviewing the insights and suggestions from different sectors, both at home and abroad, on the legal cooperation in the past five years, we have drafted a co-chairs' statement of the Forum, which will be issued in the name of me and Mr. Chen Jiping, Executive Vice President of the China Law Society. The statement summarizes discussions at the Forum and hopefully has captured the consensus of all sides as much as possible. Last night, we held an informal consultation on the draft and finalized the text after considering the views of all sides. Now, I would like to read the statement:

Statement of the Co-Chairs of the Forum on the Belt and Road Legal Cooperation(See Page 3)

Dear colleagues, Friends,

Before conclusion of the Forum, I wish to express my heartfelt thanks to all the participants for your support to us both during the preparations and in the past one and a half days.

This has been a short but most memorable gathering. It's now the time to bid farewell. I hope you have all enjoyed your stay in Beijing and wish you a pleasant journey.

I now declare the closing of the Forum on the Belt and Road Legal Cooperation.

# Excerpt of Joint Interview with Co-Chairs of the Forum

# Joint Interview with Kong Xuanyou, Vice-Minister of Foreign Affairs of the People's Republic of China, and Chen Jiping, Executive Vice President of China Law Society, at the Forum on the Belt and Road Legal Cooperation

The Forum on the Belt and Road Legal Cooperation was held in Beijing on July 2-3. On the concluding day, the co-chairs of the forum, Kong Xuanyou, Vice-Minister of Foreign Affairs, and Chen Jiping, Executive Vice President of the China Law Society, received a joint interview from the media. This is the transcription of the interview.

**1. Xinhua News Agency: This is the first high-profile forum on the theme of legal cooperation among the Belt and Road countries. What are the reasons and objective for hosting this forum in China? What is the significance of the forum?**

Kong Xuanyou: This year marks the fifth anniversary of the Belt and Road Initiative. In the past five years, the initiative has transformed form guidecine to practice, from vision to action, and achieved progress and results beyond expectations. The First Belt and Road Forum for International Cooperation was held successfully last year and the initiative has entered a new stage of full implementation. As the pursuit of the Belt and Road Initiative advances, in addition to promoting the "hard connectivity" of infrastructure, there is an increasing demand for strengthening the "soft connectivity" of policies, rules and standards. It has become imperative to build a platform for extensive communication on the Belt and Road legal cooperation, gathering ideas, building consensus and planning cooperation, so as to provide better legal support for the initiative.

Against this backdrop, China's Ministry of Foreign Affairs and China Law Society have jointly organized the legal cooperation forum, inviting more than 350 representatives from legal communities of over 40 countries and 10 international organizations, and enabling the governments, international organizations, scholars and legal practitioners to take part in multi-level and diversified exchanges. The forum provides a platform for face-to-face communication that aims to enhance mutual understanding and build a network of closer partnerships as well as a "circle of friends" focused on Belt and Road legal cooperation.

Under the theme of Belt and Road legal cooperation, the forum focuses on common legal issues, new cooperation areas and cooperation models that meet the needs of the Belt and Road Initiative. It seeks not only to strengthen exchanges in the international legal profession but also to boost the international community's understanding and recognition of the initiative. China will hold the Second Belt and Road Forum for International Cooperation next year. So we hold this legal cooperation forum to build up momentum for next year's forum.

**2. People's Daily: The Forum on the Belt and Road Legal Cooperation has been held successfully in Beijing with enthusiastic participation. What are the major features of the forum? What results does it seek to achieve? Many participants think it is a good platform for legal cooperation among the Belt and Road countries and have suggested holding it regularly in the future. What do you think of that?**

Chen Jiping: The forum has four features as follows: First, the forum has a clear guiding notion. Guided by President Xi Jinping's thoughts on the new-era socialist diplomacy with Chinese characteristics and his important views on the Belt and Road Initiative, as well as the principle of "extensive consultation, joint contribution and shared benefits", we have held the forum smoothly. Second, it is high-profile. It is China's first high-level forum on the Belt and Road legal cooperation, jointly hosted by the Ministry of Foreign Affairs and China Law Society. More than 350 officials and representatives from legal communities of over 40 countries and 10 international organizations were invited. They include political leaders, internationally renowned experts and scholars, and heads of international organizations. This ensured extensive participation and gave the forum authoritativeness. Third, its theme was carefully chosen. Based on the issues related to ensuing a legal safeguard system underpinning the Belt and Road Initiative, we chose "Jointly Build the Belt and Road: Rules and Coordination" as the theme and held productive discussions on issues such as the Belt and Road Initiative and international rule of law, rules, treaties and laws supporting the Belt and Road Initiative, Belt and Road international dispute settlement mechanisms, and Belt and Road legal exchanges and cooperation. Fourth, the forum has Produced positive results. The co-chairs of the forum have issued a joint statement, clarifying the goals and principles of the Belt and Road legal cooperation. A partnership network for the legal cooperation has been established through the forum. The statement also stresses promoting the international rule of law through the Belt and Road Initiative, abiding by and improving relevant international rules, preventing and resolving disputes, and deepening Belt and Road legal exchange.

At the forum, China expressed its desire to realize all-round governance based on law, improve its domestic rule of law, adhere to reform and opening up, participate in the formulation of international laws and build the Belt and Road into a road of harmony, justice, democracy and rule of law. The forum provides a high-level dialogue platform for the legal communities of the Belt and Road countries, which has been welcomed by all. We will take advantage of the forum to promote a multi-lateral joint working mechanism and do research on the overall plan and action plan to enhance the Belt and Road legal cooperation. It is necessary to improve the working mechanism of the forum, have exchanges and cooperation with other international and regional legal organizations, and strive to make the forum a think tank for the comprehensive and sustainable development of the initiative.

**3. China Central Television: The Belt and Road Initiative has made significant progress in the past five years. What has China done during the years to legally safeguard the initiative's development? What are the results? What are the priorities to ensure a legal safeguard in the future?**

Kong Xuanyou: A legal safeguard is an essential support for promoting Belt and Road cooperation. Strengthening the legal safeguard will provide a stable, legal and institutionalized environment for developing the Belt and Road Initiative, minimize various risks that may arise during the development of the initiative, and thus stabilize the development. Since the initiative was proposed in 2013, China has worked hard to enhance the legal safeguard and conducted some valuable research. The results can be summed up into three points: first, China has gradually built a Belt and Road treaty safeguard system. China has signed Belt and Road cooperation documents with more than 80 countries, regions and international organizations, and concluded agreements with some Belt and Road countries on trade, investment, judicial assistance, civil aviation, taxation and social security. Second, China has strengthened international exchanges and cooperation. Related Chinese government agencies have established some preliminary exchange and consultation mechanisms with major Belt and Road countries regarding legislation, justice, law enforcement, taxation, anti-corruption and anti-monopoly. China has cooperated with Asian-African Legal Consultative Organization, World Intellectual Property Organization and International Development Law Organization on training programs to strengthen legal safeguard capacity building. Third, China has strengthened risk prevention and dispute resolution. The relevant government agencies have released guidelines on risk prevention, conducted screening of and disposal of overseas legal risks, and implemented the Opinions on Establishing Dispute

Resolution Mechanism and Institution for the Belt and Road Initiative approved by the Central Leading Group for Comprehensively Deepening Reform.

With the Belt and Road Initiative entering a new stage of full implementation, there are higher requirements for a legal safeguard. In the future, we will focus on the following aspects: Firstly, we will strengthen building an internal mechanism of legal safeguard, reinforce overall coordination and form synergies. Secondly, we will enhance international legal exchange and cooperation, and build a "circle of friends" from the international legal community to support the initiative. Thirdly, we will set up and improve a legal protection network for Belt and Road treaties, and conclude or update the treaties and other cooperation documents with relevant countries in a planned manner as per actual needs. Fourthly, we will adopt a problem-oriented approach and do a good job in legal risk control by developing effective platforms and mechanisms for risk prevention and dispute resolution. Fifthly, we will enhance the study of Belt and Road legal safeguards and carry out research on prospective, theoretical and pragmatic issues.

**4. Legal Daily: What's the main contribution of legal cooperation to promoting and safeguarding the Belt and Road Initiative? In what ways will the initiative enrich and improve the international rule of law?**

Chen Jiping: With the comprehensive advancement of law-based governance, the role and status of rule of law have become increasingly important. We must pay attention to the interests and needs of all Belt and Road participants, help them set up steady goals, and comprehensively utilize political, economic and legal means to ensure the attainment of these goals. Legal cooperation is crucial to this end. For countries, long-term economic cooperation must be based on mutual legal trust and legal cooperation. Successful implementation of large-scale projects requires the participating countries to provide a sound legal environment, which can only be created through legal cooperation and policy communication. For enterprises, to reduce legal risks and operate overseas projects, they must study and understand local legal systems, enhance their awareness of legal operation and management, improve their overseas legal risk management systems, and use diversified dispute resolution mechanisms. All of these can only be achieved through legal cooperation.

I believe the Belt and Road Initiative is a new platform for practicing in international rule of law and a new impetus for boosting international rule of law. It will enrich it from the perspective of notion and practice, and Promote its development. First of all, the Belt and Road Initiative is committed to win-win cooperation and common development. It calls on participating countries to jointly develop and safeguard an open world economy, promote equal rights, equal opportunities and equal rules in international economic cooperation, help to promote new international relations, and advance the democratic and law-based global governance system. Second, the participants in the initiative will strengthen fair consultation in policies, rules, standards and mechanisms according to the needs of common development, and build a stable, transparent and non-discriminatory system of rules for the initiative and gradually improve the international rule of law. Third, the participants will boost the rule of law within their countries by carrying out multi-level and multi-channel legal cooperation, learning from each other and improving their own legal capacity building, and thereby improve the international rule of law.

**5. Phoenix TV: We have noticed there are views abroad that the Belt and Road Initiative may have inadequacies in conforming with international rules, transparency and sustainability. What's your response?**

Kong Xuanyou: The initiative is new and serves as an important public product proposed by China to accelerate the resolution of some major global development problems. A new initiative naturally causes different opinions on it. We welcome suggestions from all parties and will synergize them to promote the initiative. It has been noticed that more and more countries, international figures and organizations have highly recognized the initiative and participated in its implementation. This is the mainstream view of the international community that represents its confidence in and approval of the initiative.

The Belt and Road Initiative is transparent. It follows the principle of "extensive consultation, joint contribution and shared benefits". The planning and implementation of its projects are openly discussed among the participants. China will not impose its unilateral will on other countries. There is no backroom deal. All the relevant construction projects operate in a market-oriented way, following the principle of being legal, open and transparent. Any eligible enterprise in any country can participate in them. China has continuously strengthened guidance and supervision of Chinese enterprises' going-global activities, strictly regulated their overseas investment and business practices, and instructed them to abide by local laws and regulations as well as international rules. The Belt and Road Initiative is highly in accordance with the United Nations' 2030 Agenda for Sustainable Development. It focuses on sustainable development of the economy, society and the environment. Based on the actual development of each country, it gradually moves toward higher standards and ensures that its accomplishments better benefit the people of all countries.

There are inevitably some problems in the development process. The Chinese Government has already paid great attention to them. In further joint advancement of the initiative, China will resolve the problems through friendly consultations with countries concerned, so as to ensure that Belt and Road cooperation develops soundly within a framework of transparency, integrity and rule of law.

**6. Democracy and Law Times: Some people say that the Belt and Road is not only a road full of opportunities, but also a road full of risks. How can the forum help the enterprises going overseas?**

Chen Jiping: Legal risk is the primary concern of Chinese enterprises going overseas to join the construction of the Belt and Road Initiative. The political and legal conditions in the Belt and Road countries are complex and diverse. Different countries have different policies and laws on foreign direct investment. There are also major differences in the regulations regarding national security, anti-trust, environmental protection, labor, taxation and trade restrictions. In recent years, the China Law Society has done a lot of work to prevent and address overseas legal risks by conducting surveys and studies. We believe that the enterprises going global must be escorted and supported by the rule of law.

Enterprises can be regarded as the biggest demanders for Belt and Road legal cooperation and the immediate beneficiaries of Belt and Road legal construction. One of the initial intentions of the forum is to facilitate enterprises going global. On the one hand, through extensive and fruitful discussions at the forum, the Belt and Road countries have strengthened their communication on relevant legal issues and consolidated their consensus on the rule of law. At the forum, discussions were held on how to achieve the docking of legal rules and policy, how to improve the investment environment, how to realize investment facilitation and how to establish impartial and efficient dispute resolution mechanisms, with the aim to provide support and optimize the environment for enterprises participating in the Belt and Road cooperation. On the other hand, this forum can help enterprises going global to boost their legal risk awareness and strengthen legal risk prevention and control. It also calls on relevant departments, research institutions and legal service organizations to help the enterprises improve their legal risk control capability and support them with legal talents and legal resolutions to go global steadily.

**7. China Daily: China will host the Second Belt and Road Forum for International Cooperation in Beijing next year. What are the key points of Belt and Road legal cooperation in the next step? What are China's considerations on promoting Belt and Road legal cooperation in the future?**

Kong Xuanyou: As H. E. Mr. Wang Yi, State Councilor and Minister of Foreign Affairs of China said in his opening speech, in the future, we must continue to strengthen legal cooperation and safeguard the development of the Belt and Road Initiative. First, we need to harmonize the rules and regulations of the Belt and Road countries, and enhance the "soft connectivity" of their policies, rules, standards and mechanisms to fully unleash the positive impact of the connectivity. Second, we need to improve legal safeguards for the initiative. We will build a network of treaties that meets the need of Belt and Road cooperation, establish a Belt and Road dispute settlement mechanism that integrates litigation, arbitration and mediation, and create information-sharing and big data platforms. Third, we need to deepen Belt and Road legal exchanges and cooperation, carry out diversified legal exchanges, deepen judicial and law enforcement cooperation among participating countries, and enhance the rule-of-law capacity building and training of international legal professionals.

On the one hand, China will continue to strengthen its own rule of law in the future, improve the socialist legal system with Chinese characteristics as its core, and enhance the docking of international economic and trade rules with its domestic ones. It will greatly relax market access, protect intellectual property rights and create an international first-class law-based business environment. On the other hand, on the basis of full deliberation with all parties, we will jointly determine the overall scheme and action plan for promoting the Belt and Road legal cooperation, and expand and enrich the content and form of future legal cooperation. This is the First Forum on the Belt and Road Legal Cooperation and I believe there will be more such forums. In the future, we will focus on the overall plan and action plan for Belt and Road legal cooperation, and continue to hold in-depth discussions with all parties to provide stronger legal support and safeguard for the advancement of the Belt and Road Initiative.

**8. www.chinapeace.gov.cn: Legal safeguard is an important component in promoting the development of the Belt and Road Initiative, conducive to providing a stable legal environment and ensuring steady development of the initiative. What role do you think the China Law Society and the whole legal community should play in providing legal safeguard for the initiative? What is your advice to legal practitioners?**

Chen Jiping: The China Law Society is a national public organization, a mass organization and an academic group in the legal community. At the 19th National Congress of the Communist Party of China, establishing comprehensive rule of law was decided to be one of the basic strategies for adhering to and developing socialism with Chinese characteristics in the new era. In such circumstances, we must consider the overall situation, strive for strong support from the relevant departments of the Central Government, cooperate in the advancement of the Belt and Road Initiative, as well as sort out, research and resolve legal issues, so as to bring the legal community's role into full play. Specifically speaking, first of all, we should put research results into application. We will propose and publish series of relevant topics, organize experts and scholars to systematically study the Belt and Road legal issues, try to attain quality research results, and accelerate the application of these results. Second, we should take the advantage of its nature as mass organization. We will continue to deepen exchanges and cooperation with the legal communities of the Belt and Road countries by using the international or regional legal communication platforms established by the China Law Society. Third, we should intensify talent training. We will increase training for overseas legal personnel and continue to provide training programs for legal personnel in regions along the Belt and Road, such as Africa, ASEAN, South

Asia and Northeast Asia. Fourth, we should provide quality legal services concerning foreign-related affairs. We should focus on legal consultations and services for the enterprises that invest in developing nations and less developed nations, and promote the establishment of China-Africa Joint Arbitration Center. Fifth, we should actively participate in international affairs. We should take part in the formulation of international rules and promote publicity of China's achievements in rule of law. We should also promote cooperation with LawAsia and other international organizations on legal affairs related to the initiative. Sixth, we should do a good job in legal publicity. We should enhance the research and promulgation of rule of law in the Belt and Road countries. We should send timely risk alerts by various means and help enterprises better understand the laws of different countries and fulfill their social responsibilities.

There are numerous legal professionals working painstakingly in the frontline of legal construction. We should not shirk our responsibility to deepen Belt and Road legal cooperation. It is necessary to thoroughly study General Secretary Xi Jinping's thought on establishing a system of socialist rule of law with Chinese characteristics in the new era. When carrying out international legal cooperation, we must also study and implement Xi's thought on diplomacy, which is the fundamental guidance for conducting foreign affairs with Chinese characteristics in the new time. We should establish a right view of history, the overall situation and our own role, and serve as a legal think tank of the government and legal guardian of economic and trade exchanges. We should act as legal advisors to assist Chinese enterprises and citizens to go global. We should promote and practice rule of law in China to make positive contributions to new progress in the Belt and Road legal cooperation and build a community with a shared future for mankind.

图书在版编目(CIP)数据

规则与协调 :“一带一路”法治合作国际论坛文集 / 外交部, 中国法学会编. -- 北京 : 法律出版社, 2018
ISBN 978 -7 -5197 -2594 -5

Ⅰ. ①规… Ⅱ. ①外… ②中… Ⅲ. ①法律 - 世界 - 文集 Ⅳ. ①D910.4 -53

中国版本图书馆 CIP 数据核字(2018)第 191936 号

规则与协调
——“一带一路”法治合作国际论坛文集
GUIZE YU XIETIAO
—“YIDAIYILU” FAZHI HEZUO GUOJI LUNTAN WENJI

外交部
中国法学会 编

策划编辑 沈小英
责任编辑 沈小英 毛镜澄
装帧设计 李 瞻

**出版** 法律出版社
**总发行** 中国法律图书有限公司
**经销** 新华书店
**印刷** 北京尚唐印刷包装有限公司
**责任校对** 李景美
**责任印制** 吕亚莉

**编辑统筹** 财经法治出版分社
**开本** 720 毫米×960 毫米 1/16
**印张** 29.5
**字数** 500 千
**版本** 2018 年 12 月第 1 版
**印次** 2018 年 12 月第 1 次印刷

---

法律出版社/北京市丰台区莲花池西里 7 号(100073)
网址/www. lawpress. com. cn
投稿邮箱/info@ lawpress. com. cn
举报维权邮箱/jbwq@ lawpress. com. cn
销售热线/010 -83938336
咨询电话/010 -63939796

中国法律图书有限公司/北京市丰台区莲花池西里 7 号(100073)
全国各地中法图分、子公司销售电话:
统一销售客服/400 -660 -6393
第一法律书店/010 -83938334/8335
西安分公司/029 -85330678
重庆分公司/023 -67453036
上海分公司/021 -62071639/1636
深圳分公司/0755 -83072995

---

**书号**:ISBN 978 -7 -5197 -2594 -5
**定价**:180.00 元
(如有缺页或倒装,中国法律图书有限公司负责退换)